中国旅游景区高质量发展研究

钟林生 虞虎 朱鹤 ○著

中国旅游出版社

前言

旅游景区作为我国地域空间开发的重要区域类型，是旅游业发展的主要空间载体和旅游消费的关键环节，也是为人民群众提供高品质生活的重要供给单元，以及展示美丽中国形象和承载中华文化的重要窗口。改革开放40多年来，中国旅游景区取得了长足发展，数量大幅增长，质量极大提升，在促进国民经济发展、推进产业融合、带动精准扶贫等方面做出重要贡献，经济效益和社会效益日益显著。但与不断增长的旅游消费需求相比，当前我国旅游景区总体供给不匹配、公共服务能力欠佳、管理效率不足、综合效益不高等问题突出，与高质量发展要求存在一定差距。随着我国居民旅游消费潜力持续释放，以国民大众旅游为基础的市场格局已经形成，旅游景区的优化提升也需要寻求新质生产力，持续提升旅游经济竞争力和国家形象。

2024年5月17日，习近平总书记对旅游工作作出重要指示，强调"着力完善现代旅游业体系，加快建设旅游强国""推动旅游业高质量发展行稳致远"，如何走独具特色的中国旅游景区高质量发展之路，不断开创旅游景区发展新局面，助力旅游强国建设，是我国旅游景区当前发展面临的现实课题。因此，开展旅游景区高质量研究，探究当前阶段旅游景区发展的主要问题和障碍制约，提出符合不同生态地理单元的旅游景区发展方向，以及推动景区高质量发展的产品体系、管理体系、保障体系等，是实现旅游强国建设的重要理论和实践支撑。

本书围绕旅游景区高质量发展，第一章阐述了开展中国旅游景区高质量研究的背景、意义和目标，解析了旅游景区的定义、功能及其高质量发展的内涵；第二章回顾了中国旅游景区的发展历程，总结了发展现状特征、主要成就和存在问题；第三章分析了中国旅游景区高质量发展面临的形势、机遇和挑战，确定了发展目标、战略和步骤；第四章提出中国旅游景区空间布局框架，分析了各片区发展策略；第五章提出了旅游景区开发的要求与原则，明确了各类型景区旅游产品的发展方向；第六章阐述了旅游景区基础与服务设施建设、公共信息服务和安全保障体系构建的路径；第七章分析了旅游景区市场营销的策略、措施和路径以及品牌建设对策；第八章提出了旅游景区旅游资源与生态环境保护对策，分析了旅游景区实现可持续发展的模式及路径；第九章分析了中国旅游景区管理体制、经营机制和社区与参与机制的创新路径；第十章从组织领导、政策扶持、协调合作、人才保障、科技支撑等方面明确了中国旅游景区高质量发展的保障措施。

本书是中国科学院科技支撑水城农业农村高质量转型发展研究及示范项目的课题"水城产业发展转型升级及小城镇和村庄发展与扶贫搬迁城镇化规划"阶段性成果。本书由钟林生设计整体框架并统稿，第一章和第四章由钟林生、虞虎撰写，第二章和第三章由虞虎撰写，第五章由朱鹤、林诗然、钟林生撰写，第六章和第九章由朱鹤撰写，第七章由朱鹤、高翔宇撰写，第八章由朱鹤、钟林生撰写，第十章由虞虎、徐琳琳撰写。曾瑜晢、肖练练、张香菊、陈东军、李猛、吴昱芳、钟蕾锦等也参与了前期研究和资料收集等工作，在研究过程中，得到了文化和旅游部资源开发司吴科锋副司长、张夕宽处长、何燕博士，中国科学院地理科学与资源研究所陈田研究员、宁志中高级规划师，北京师范大学吴殿廷教授，北京第二外国语学院邹统钎教授，北京联合大学旅游学院李柏文教授，中国旅游研究院战冬梅副研究员等领导专家的指导，在此一并表示诚挚的谢意！

本书可为我国旅游景区高质量发展提供理论支撑和案例借鉴，并能丰富旅游地理学、旅游管理学等学科领域的研究内容，对于从事旅游景区管理者、相关研究的专业人士具有一定的参考价值，可供旅游相关专业的研究生与大学生学习参考。由于作者水平有限，书中错误或不足之处在所难免，敬请读者不吝指正。

作者
于中国科学院地理科学与资源研究所
2024 年 8 月 31 日

目录

第一章 研究意义与目标 1
一、研究背景 1
二、研究意义 3
三、研究目标 5
四、研究文件依据 6
五、技术路线 8
六、旅游景区定义、类型与功能 9
七、旅游景区高质量发展的内涵 18

第二章 厘清现状问题,对接旅游业新时代 20
一、发展历程 20
二、发展特征 26
三、发展成就 38
四、存在问题 42

第三章 制定战略目标,明确发展总体要求 49
一、面临形势 49
二、机遇与挑战 54

三、发展目标 ... 65

四、发展战略 ... 67

五、战略步骤 ... 69

第四章 优化空间布局，实现区域统筹协调 ... 70

一、布局原则 ... 70

二、空间布局方法 ... 71

三、布局总体框架 ... 72

四、旅游片区发展策略 ... 79

第五章 科学开发产品，保障优质旅游供给 ... 95

一、旅游产品开发要求 ... 95

二、旅游产品开发策略 ... 101

三、各类景区旅游产品发展方向 ... 113

第六章 完善公共服务，提升游客体验质量 ... 133

一、基础设施建设 ... 133

二、服务设施配套 ... 147

三、公共信息服务体系构建 ... 152

四、安全保障体系构建 ... 156

第七章 扩大宣传推广，稳步推进品牌建设 ... 161

一、市场营销策略 ... 161

二、市场营销措施 ... 163

三、高质量营销路径 ... 173

四、品牌建设对策 ... 180

第八章　实施绿色发展，贯彻生态文明理念 ... 183
一、旅游资源与生态环境保护 ... 183
二、可持续发展模式与路径 ... 190
三、生态文明制度建设 ... 196
四、生态环境保护工程 ... 201

第九章　创新体制机制，增强景区发展活力 ... 205
一、管理体制 ... 205
二、经营机制 ... 210
三、社区参与机制 ... 216

第十章　明确保障措施，构建高质量发展环境 ... 220
一、加强组织领导 ... 220
二、加大政策扶持 ... 222
三、促进协调合作 ... 225
四、强化人才保障 ... 226
五、强化科技支撑 ... 229
六、营造公平环境 ... 231

参考文献 ... 234

第一章　研究意义与目标

一、研究背景

习近平总书记在党的十九大报告中对当前我国社会的主要矛盾作出与时俱进的新表述，指出"中国特色社会主义进入新时代，我国社会主要矛盾已经转化为人民日益增长的美好生活需要和不平衡不充分的发展之间的矛盾"。党的二十大报告提出要"以中国式现代化全面推进中华民族伟大复兴"，中国式现代化是人口规模巨大的现代化，是全体人民共同富裕的现代化，是物质文明和精神文明相协调的现代化，是人与自然和谐共生的现代化，是走和平发展道路的现代化。而且，在党的二十大报告中首次出现旅游业相关论述，提到"建好用好国家文化公园。以文塑旅、以旅彰文，推进文化和旅游深度融合发展"。2024年5月，习近平总书记对旅游工作作出重要指示，强调"新时代新征程，旅游发展面临新机遇新挑战。各地区各部门要切实增强工作责任感使命感，分工协作、狠抓落实，推动旅游业高质量发展行稳致远"。习近平总书记的重要指示为推动旅游业高质量发展、加快建设旅游强国指明前进方向、作出全面部署、提出明确要求。

旅游业要实现高质量发展，旅游景区是尤为关键。旅游业是推动我国经济高质量发展的重要组成部分，旅游景区高质量发展是新时代解决我国主要矛盾的必然要求。"十四五"时期是文化和旅游融合提升和高质量发展的关键阶段。在新的发展背景、格局和形势下，旅游景区高质量发展是大势所趋。文化和旅游部印发《"十四五"文化和旅游发展规划》指出要完善现代旅游业体系，深入推进大众旅游，积极发展智慧旅游，大力发展红色旅游；推动完善国民休闲和带薪休假等制度，引导各地制定实施门票优惠补贴等政策；支持一批智慧旅游景区建设，发展新一代沉浸式体验型旅游产品，推出一批具有代表性的智慧旅游景区；推进文化和旅游数字化、网络化、智能化发展，推动5G、人工智能、物联网、大数据、云计算、北斗导航等在文化和旅游领域的应用。

　　旅游景区作为一类开展旅游活动的地域空间，是旅游业发展的主要载体之一，是旅游消费的核心区域，是人民群众高品质生活的重要供给，是国家旅游形象的重要组成部分。改革开放40多年来，中国旅游景区取得了长足发展，旅游景区数量快速增长，截至2023年，全国已开放A级旅游景区数量达到1.57万家，县域单元覆盖率超过93%。旅游景区在促进国民经济发展、推进产业融合、带动精准扶贫等方面做出重要贡献，经济效益和社会效益日益显著。随着我国居民旅游消费潜力持续释放，以国民大众旅游为基础的市场格局已经形成，对高品质旅游景区的需求持续提升。旅游景区作为国民出游的主要目的地，始终处于旅游消费和旅游供给的一线，是旅游业核心生产力要素，也是我国旅游产业发展的主体力量和成就代表。

　　当前，旅游景区的发展类型已经从自然人文的单一要素向综合类型转变，驱动要素已经从单一的资源驱动，逐步向文化、创意、技术和资本综合驱动转变。与不断增长的旅游消费需求相比，当前我国旅游景区尚存在结构性供给规模不足、区域布局不平衡、旅游产品同质化、文化内涵挖掘不够、基础设施不足、公共服务能力不强、人才队伍不健全、资源环境保护水平滞后、综合效益不高等问题，景区多头管理体制机制困境依然存在，在数量、类型、结构、设施服务、游客体验等方面的供给水平和质量方面严重滞后于国民高品质旅游消费需求。因此迫切需要加强旅游景区高质量发展研究，分类确定发展目标和重点任务，构建"全国一盘棋"发展布局，科学、规范地开发旅游资源，开发多样化的旅游产品，改善旅游设施和旅游服务质量，健全分类管理、动态管理和退出机制，并进行及时、必要的调整，走一条规模增长与质量效益并重的发展道路。

　　与此同时，随着人民群众生活消费水平的提高和旅游休闲意识的增强，我国旅游产业的多元化、层次化、特色化发展趋势明显，观光旅游需求日益向休闲度假游、深度品质游转变。特别是受新冠疫情全球蔓延的影响，游客的出境游、国内长线游需求向国内近程游、周边游、近郊游转移，新型文旅业态不断涌现，以"距离近、时间短、随心性、慢体验""周末、周边"为特点的"微旅行"和"微度假"悄然兴起。例如，城市近郊的露营经济成为新的市场发展趋势，2019年中国新增露营相关企业4128家，2020年新增露营相关企业1.01万家，2021年新增露营相关企业2.24万家；2022年新增露营相关企业共计3.69万家，彰显了露营营地市场旺盛的生长力；2023年，人们对露营热情不减，相关企业注册量达6.85万家，同比增长85.57%；截至2024年3月，我国现存露营相关企的数量为16.24万家。随着人们对健康生活方式的追求和对户外活动的兴趣增加，预计露营相关企业数量还将继续增长。旅游景区应如何应对这些新趋势以实现高质量发展，也是有待进一步研究的重要命题，为后疫情时代中国旅游经济的全面复苏与长远发展提供了良好的支撑。

二、研究意义

（一）有利于实现美丽中国的宏伟蓝图

旅游业作为资源节约、绿色环保的朝阳产业，是践行"绿水青山就是金山银山"发展理念、保障国土生态品质的重要路径。旅游景区建设是构建美丽中国图景的重要环节、传播美丽中国形象的重要媒介。随着生态文明建设的大力推进，旅游景区发展已经成为推动自然资源资本增值、生态产品价值实现、保护利用人类发展赖以生存的自然和人文景观，以及促进区域经济社会发展和生态环境保护的重要方式，引导着人们树立正确的生态环保意识、促进绿色产业政策体系的逐步完善。探索建立新时期旅游景区高质量发展模式，将绿色发展理念融入旅游景区开发规划和管理运营全过程，处理好自然保护地建设与旅游发展的关系，引导区域经济向低碳化发展，才能充分发挥旅游对保护和利用自然资源的促进作用，实现人与自然和谐相处，推动实现美丽中国愿景。

（二）有利于促进文化和旅游融合发展

文化是旅游景区的灵魂与核心资源，旅游景区是文化的重要载体和传播场所。旅游景区融合了资源、资金、文化、服务、体制等各类要素，其发展能够实现要素之间的相互渗透、交叉融合和整合重组，以旅游传承交流文化、带动文化产业、促进文化繁荣，以文化丰富旅游景区内涵、提升旅游产品层次、增强旅游产品魅力，实现文化旅游的有机统一，构建文化旅游产业体系，推动文旅产业转型升级和高质量发展。以文旅融合推动景区创新是推动旅游高质量发展与实现文化高效能传播的必然要求，有利于加快转变旅游景区发展方式，加大对文化旅游资源的挖掘整合和文化资源的开发利用，推动文化旅游产品多样化发展，打造高品质的文化旅游演艺产品，形成以文化丰富旅游内涵、提升旅游层次，以旅游带动文化消费、促进文化传承发展的文化和旅游融合发展新格局，满足人民群众日益增长的文化和旅游消费的需要。

（三）有利于弘扬中国特色社会主义核心价值观

旅游景区吸引物凝聚着深刻的文化内涵，蕴含着丰富的历史信息，具有重要的生态价值、历史价值、社会价值和教育价值。"游客为本，服务至诚"是我国旅游行业核心价值观，"游客为本"即一切旅游工作都要以游客需求作为最根本的出发点和落脚点，是旅游行业赖以生存和发展的根本价值取向，解决的是"旅游发展为了谁"的理念问题。"服务至诚"即以最大限度的诚恳、诚信和真诚做好旅游服务工作，是旅游行业服务社会的精神内核，是旅游从业人员应当树立的基本工作态度和应当遵循的根本行为准则，解决的是"旅游发展怎么做"的理念问题。旅游景区搭建了社会主义核心价值观走向社会大众的桥梁和平台。推动旅游景区高质量发展，提升全行业综合素质，激发从业人员和群众积极向上、奋发有为的精神，打造中国精品旅游产品标杆，展示中国特有的自然人文景观及其内涵，顺应人民群众对精神文化需求和消费需求升级的意愿，进一步增强旅游业发展的责任感、使命感，通过旅游景区行业核心价值观提升推动旅游行业整体素质优化，开创旅游业发展新局面，有助于传播社会主义核心价值观，使社会主义核心价值观走向社会并扎根人民。

（四）有利于推动国际文化交流合作

旅游景区汇聚了具有较高历史价值、文化价值和科学价值的自然和人文遗产，是展示中国文化的重要载体、展示国家形象的重要窗口。旅游景区一方面是对文化遗产的利用和保护，传承国家和民族精髓，另一方面通过吸引国际游客游览文化遗产，将其蕴含的文化精髓转化为民族认同。旅游景区每年面向数十亿人次的境内外游客，传播展示"美丽中国"及其承载的文化精神，已成为传播中华文明和社会主义核心价值观的重要力量。旅游景区高质量发展能够充分展示中国文化的吸引力和发挥中国文化的创造力，引导国际游客认识、理解、体验和热爱中国文化，有助于推动国际文化交流与合作、提升国家文化软实力，传播中华文明，展示国家形象。

（五）有利于促进景区社会和经济效益的发挥

旅游景区是满足人民群众日益增长的旅游需求和高品质生活的重要供给领域，对区域经济社会文化发展具有综合带动作用，能够增加就业，提升公共服务体系，促进自然资源资本增值。推动旅游景区高质量发展，是改善国民生活品质的重要途径。我国旅游景区存在管理体制机制不够健全、诚信体系基础薄弱、景区从业人员素质有待提高等问题，亟待全面推进景区体制机制创新，建立现代旅游景区科学管理制度，根据旅游景区的资源本底类型、区域旅游业发展形势和市场经济需求，分类确定发展目标和重点任务，并进行及时、必要的调整。加强动态管理、人才培训、智慧科技等各个环节的制度建设，实现旅游景区全面监管，督促旅游景区不断提升旅游管理和服务质量，科学引导游客文明消费，推动旅游景区的发展呈现良性循环，形成绿色产业体系，成为地方经济发展的发动机和助推器，从而带动城镇化和乡村振兴。

（六）有利于推动旅游业高质量发展

旅游景区是我国旅游产业链的中心环节，以旅游景区引领旅游业供给侧改革和全域旅游发展，是促进旅游发展方式转变、实现旅游业可持续发展的重要制度保障。经过40年的发展，我国旅游景区完成了"接待和服务外宾→生活奢侈品→美好生活的必需品"的定位转变，旅游业发展也正由高速旅游增长阶段转向优质旅游发展阶段，需要主动适应新时代发展要求，需要科学规范地开发利用旅游资源，构建"全国一盘棋"的旅游景区发展格局。高质量发展有利于建立现代旅游景区科学管理制度，深化旅游业管理机制创新，不断提升旅游管理和服务质量，改善旅游服务质量，科学引导游客文明消费，转变旅游业发展方式、走规模增长与质量效益并重之路。目前，建设世界级旅游景区、世界级旅游度假区、国家级旅游街区等已成为推动旅游业高质量发展的关键路径。

三、研究目标

（一）识别旅游发展现状问题

识别旅游景区发展的现状与问题是推动中国旅游景区高质量发展的前提，是实施正确改革和政策的基础，有助于理解旅游业在发展中面临的挑战和风险，为实现高质量发展提供依据。同时，对现状问题的认知可以帮助形成可行的发展战略与路径，引领旅游景区朝着更高质量和有序的方向发展。对于中国旅游景区而言，识别现状问题需要关注资源环境本底、旅游产品及其布局、生态保护、在市场竞争中的处境等多方面要素。

（二）提出旅游空间布局优化策略

针对不同区域的资源禀赋和实际情况，科学实施空间布局，有利于形成相互衔接和协同发展的旅游区域网络，实现资源的共享和互补，避免重复建设和资源浪费。同时，通过布局指导下的有序发展，可以减少景区间恶性竞争，优化资源配置，提高行业整体效益，从而实现旅游业高质量发展。另外，明确旅游空间布局也有利于统筹城乡之间的旅游资源开发，确保资源利用充分且不失衡。合理的空间布局可以推动旅游业同城乡一体化发展，促进城市和乡村间的互补协调，并推动城乡空间结构调整优化。

（三）提出旅游高质量发展路径

高质量发展路径的提出可以促使旅游景区在全球旅游市场中获得更大的竞争力，推动地方资源、产品、产业的转化能力提升以更加符合可持续发展的目标，但如何实现旅游景区的高质量发展是目前亟待解决的关键问题。因此，需要以提出旅游高质量发展路径作为研究目标，解答如何从空间布局、旅游产品、基础设施、品牌建设、生态保护、体制机制等多方面实行一定程度的优化、创新与改革，以提高游客满意度，在保护自然和文化遗产的同时，又能解决旅游景区的社会和经济效益提升所面临的一系列问题，为中国景区高质量发展提供科学依据。

四、研究文件依据

明晰旅游景区建设发展的文件依据，是实现中国旅游景区高质量发展的关键环节。本研究依据的文件包括法律法规、标准规范和政策等。

（一）国家相关法律法规

《中华人民共和国环境保护法》，全国人民代表大会常务委员会，2014 年；

《中华人民共和国文物保护法》，全国人民代表大会常务委员会，2017 年修订；

《中华人民共和国城乡规划法》，全国人民代表大会常务委员会，2019 年修订；

《中华人民共和国森林法》，全国人民代表大会常务委员会，2019 年修订；

《中华人民共和国土地管理法》，全国人民代表大会常务委员会，2019 年修订；

《中华人民共和国海洋环境保护法》，全国人民代表大会常务委员会，

2023 年修订；

《文化和旅游规划管理办法》，中华人民共和国文化和旅游部，2019 年。

（二）标准规范

《旅游规划通则》（GB/T 18971—2003）；
《自然保护区生态旅游规划技术规程》（GB/T 20416—2006）；
《旅游娱乐场所基础设施管理及服务规范》（GB/T 26353—2010）；
《旅游信息咨询中心设置与服务规范》（GB/T 26354—2010）；
《旅游景区服务指南》（GB/T 26355—2010）；
《旅游景区数字化应用规范》（GB/T 30225—2013）；
《旅游景区游客中心设置与服务规范》（GB/T 31383—2015）；
《旅游景区公共信息导向系统设置规范》（GB/T 31384—2015）；
《山岳型旅游景区清洁服务规范》（GB/T 31706—2015）；
《旅游厕所质量等级的划分与评定》（GB/T 18973—2016）；
《旅游资源分类、调查与评价》（GB/T 18972—2017）；
《工业旅游景区服务指南》（GB/T 36738—2018）；
《旅游度假区等级划分》（GB/T 26358—2022）；
《旅游景区质量等级划分》（GB/T 17775—2024）；
《国家级生态旅游区运营管理规范》（GB/T 26362—2024）。

（三）国家政策文件

《关于加大脱贫攻坚力度支持革命老区开发建设的指导意见》，中共中央办公厅、国务院办公厅，2016 年；

《全国生态旅游发展规划（2016—2025 年）》，国家发展和改革委员会、原国家旅游局，2016 年；

《关于实施乡村振兴战略的意见》，国务院，2018 年；

《关于促进乡村旅游可持续发展的指导意见》，文化和旅游部等 17 部门，2018 年；

《国家全域旅游示范区验收、认定和管理实施办法（试行）》和《国家全域旅游示范区验收标准（试行）》，文化和旅游部，2019 年；

《关于实施旅游服务质量提升计划的指导意见》，文化和旅游部，2019 年；

《"十四五"文化和旅游发展规划》，文化和旅游部，2021 年；

《"十四五"文化和旅游科技创新规划》，文化和旅游部，2021年；

《文化和旅游部"十四五"时期文化产业发展规划》，文化和旅游部，2021年；

《关于加强旅游服务质量监管 提升旅游服务质量的指导意见》，文化和旅游部，2021年；

《"十四五"旅游业发展规划》，中华人民共和国国务院，2022年；

《国民旅游休闲发展纲要（2022—2030年）》，国家发展改革委、文化和旅游部，2022年；

《关于推动非物质文化遗产与旅游深度融合发展的通知》，文化和旅游部，2023年；

《关于金融支持乡村旅游高质量发展的通知》，文化和旅游部办公厅、中国银行，2023年；

《关于释放旅游消费潜力 推动旅游业高质量发展的若干措施》，国务院办公厅，2023年；

《国内旅游提升计划（2023—2025年）》，文化和旅游部，2023年；

《关于推进旅游公共服务高质量发展的指导意见》，文化和旅游部、国家发展改革委等9部门，2024年。

五、技术路线

本研究综合分析我国旅游景区发展现状，以推动景区高质量发展为导向，在明晰旅游景区高质量发展内涵、标准、特征的基础上，基于关键问题诊断，提出中国旅游景区发展的战略目标、空间布局及优化路径。具体技术路线如图1-1所示。

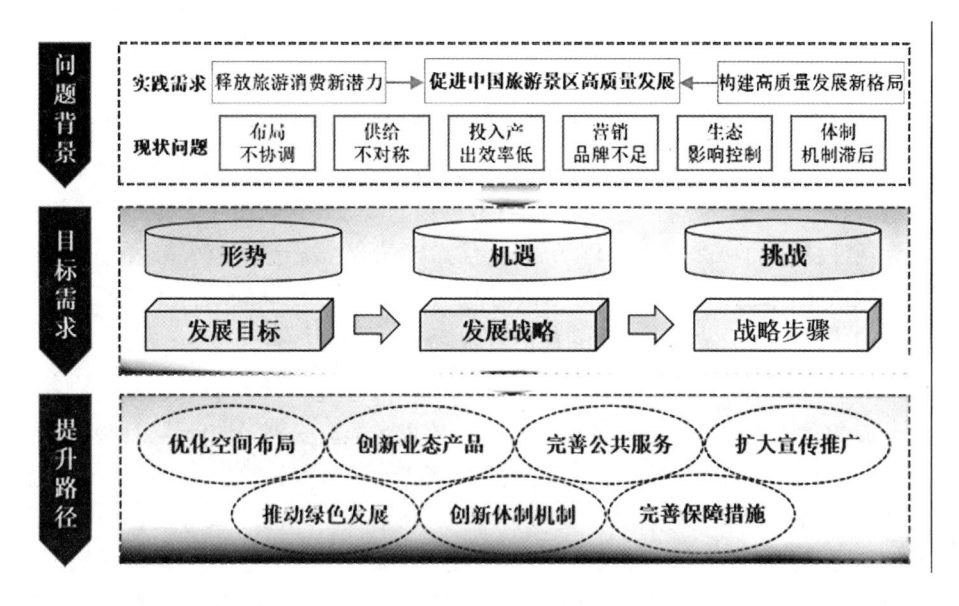

图 1-1 技术路线

六、旅游景区定义、类型与功能

（一）旅游景区的定义与特征

按照国家标准《旅游景区质量等级划分（GB/T 17775—2024）》，旅游景区是以旅游资源为依托，具有明确的空间边界、必要的旅游服务设施和统一的经营管理机构，以提供游览服务为主要功能的场所或区域。该管理区应有统一的经营管理机构和明确的地域范围，包括风景区、文博院馆、寺庙观堂、旅游度假区、自然保护区、主题公园、森林公园、地质公园、游乐园、动物园、植物园及工业、农业、经贸、科教、军事、体育、文化艺术等各类旅游景区。旅游景区的特征主要有：

1. 资源依附性

旅游景区存在的基础是旅游资源，一处或者多处旅游资源的开发利用构成了旅游景区。许多旅游资源并非为旅游目的而存在，例如上海东方明珠、庐山如琴湖、北京奥林匹克中心等，它们因为具备一定的旅游吸引力而被利用，成为旅游景区的一部分，并衍生一定的旅游功能。旅游景区往往不是独立存在，而是依附于一定的旅游资源组合成为旅游景区。

2. 整体性

旅游景区的整体性是建立在旅游资源整体性基础之上的。旅游资源的整体性反映了一种旅游资源与另一种旅游资源之间的景观、生态、功能等联系，旅游资源和社会、自然、环境之间，都有着深刻的联系，它们相互依存，相互作用，互为条件，构成了一个有机整体。旅游资源的整体性，决定了旅游景区的整体性。认识旅游景区的整体性特征和一体化保护利用，可以正确处理自然景观和人文景观的协调一致，做到人文和自然的融合统一。

3. 地域性

旅游景区的地域性是指任何形式的旅游景区都会受到当地自然、社会、文化、历史、环境的影响和制约。无论是自然类旅游景区还是人文类旅游景区，都会受到以上因素的影响而形成明显的差异，从而形成不同的地域特色。旅游景区的地域性表现在旅游资源所在的地域的相对固定上，旅游资源一旦被移植，其特有的内涵就会发生变化。认识旅游景区的地域性特征，可以突出地方的文化、风格和特色，从而树立鲜明的旅游主体形象。

4. 动态性

旅游景区的动态性是指旅游景观、旅游活动的变化。受气候、天气等自然因素影响，景区旅游景观会发生一定的变化。例如，庐山春如梦、夏如滴、秋如醉、冬如玉的景观特点，峨眉山佛光、黄山云海等景象等，都会因季节或天气的变化而展现不同的旅游景观，这在自然旅游景观方面表现较为明显。在人文景观方面，如节庆活动、运动赛事等，可根据主题、目的、区域特征等进行人为策划。

5. 创新性

旅游景区的创新性是指旅游景区并非一成不变，一些旅游景区是可以根据人们的意愿和自然规律进行制作、创新而再生、再现、推陈出新的。创新性是旅游景区的一个重要特征。随着时间的不断变化，人们的兴趣、需要以及社会时尚也随之发生变化，这使得旅游产品的创新成为必要和可能。认识旅游景区的创新性，对旅游景区的内容、形式不断推陈出新，形成新的旅游吸引力，使得旅游景区得以可持续发展。另外，在传统旅游资源匮乏的地区，也可以想方设法地开发旅游资源。

（二）旅游景区的类型

目前旅游景区分类缺乏统一的标准，学者们从多个视角尝试对旅游景区进行分类，形成不同的类型。

1. 按旅游吸引物的要素

格尔德纳（Goeldner et al., 2009）等人将旅游景区划分为文化景区、自然景区、节庆活动、游憩景区和娱乐景区五类，文化景区包括历史遗址、考古遗址、建筑物、风味菜系、纪念碑、工业遗址、博物馆、民俗、音乐会、剧场，自然景区包括地貌风景、海景、公园、山地、动物群、植物群、海岸、岛屿，节庆活动包括超大型活动、社会活动、节事、宗教仪式、运动赛事、专业展览、企业活动，游憩景区包括观光、高尔夫、游泳、网球、远足、自行车游、雪地运动，娱乐景区包括主题乐园、游乐园、赌场、电影院、购物设施、表演中心、运动设施。这种五分法得到较为广泛的认可，产生了重要影响。

张凌云（2015）在格尔德纳等人的旅游景区分类基础上，将旅游景区分为：（1）自然景观，包括国家公园（森林公园、地质公园、自然保护区、野生动植物园等）以及一些吸引游客的自然现象和特征。（2）人文景观，包括文化遗址（古建筑、名人故居、博物馆、古代工程等）、城乡景观、现代建筑成就（工农业旅游点、科教旅游点等）。（3）人造景区，包括主题乐园、游乐园、微缩景区、海洋馆、动物园等。（4）休闲度假区，包括滨海、滨湖、温泉、滑雪、高尔夫等。（5）节事庆典，包括博览会、狂欢节、艺术节等大型活动。

另外，由中国旅游研究院（2016）发布的《中国旅游景区发展报告2016》将旅游景区分为自然景区、主题游乐、乡村旅游、历史文化、科技教育、红色旅游、工业旅游、度假休闲、博物馆、其他等类别。其中自然型景区又可分为森林类、湿地类、地质遗迹类、河湖类和海洋类。

2. 按旅游活动的功能

按照旅游活动的功能不同，结合旅游资源的特色，张芳蕊等（2019）将旅游景区分为观光游览类、历史古迹类、民俗风情类、文学艺术类、娱乐休闲类、科考探险类和综合类。旅游景区可分为四类，即观光类旅游景区、度假类旅游景区、科考类旅游景区、游乐类旅游景区。

3. 按旅游景区等级

国家标准《旅游景区质量等级划分（GB/T 17775—2024）》将旅游景区质量等级划分为5级，从高到低依次为5A、4A、3A、2A、A级旅游景区。在符合可持续发展、满足人民群众的文化和旅游需求、诚信经营、符合经过安全风险评估等景区开放条件且开放满1年、公布景区最大承载量并执行主管部门的承载量管理规定、近3年未发生重大负面事件等前提条件的基础上，主要从旅游景区的资源价值、旅游交通、游览设施、游览服务、旅游安全、文旅融合、智慧旅游、资源与环境保护、综合管理等方面进行等级划分。并强化了景区质量的等级特征和划分要点，其中A级旅游景区强化旅游安全与环境卫生、2A级旅游景区强化旅游设施与便利服务，3A级旅游景区强化游览服务与舒适体验、4A级旅游景区强化完善体系（要素）与优质服务，5A级旅游景区强化文化特色和智慧旅游。另外，根据旅游景区地域面积大小和资源等级，可分为世界级、国家级和地区级旅游景区。

4. 按主体旅游资源特征

本研究依据景区发展所依托的主体旅游资源特征进行分类，即旅游景区范围内占主导地位的旅游资源所呈现出的特征，具体包括类型、组合方式、旅游功能3个方面的特征。类型是指主体旅游资源所属类型，组合方式是指主体旅游资源的集聚规模与地域组合规律，集聚规模反映旅游资源类型在空间上的集聚程度与形态，地域组合规律反映一定空间范围内主体旅游资源类型的共现特征；旅游功能是指主体旅游资源所具有的转化为某种旅游产品或满足旅游者某种需求的功能。通常来说，不同类型的旅游资源之间既有功能相似性，也有功能相异性。按照旅游资源的功能进行旅游景区分类更加强调功能相异性。

根据上述分析，本书提出中国旅游景区类型体系。该体系分为"主类""亚类""基本类型"3个层次，包含自然生态类、历史文化类、现代游乐类、产业融合类、其他等5个大类，并进一步划分为16个亚类、46个基本类型，各基本类型释义见表1-1。本分类方案的创新点在于紧密结合《旅游资源分类、调查与评价GB/T 18972—2017》界定的旅游资源类型，确定旅游景区范围内旅游资源的类型，以及旅游资源的组合方式和旅游功能，并依据主体旅游资源的相关特征对景区进行划分。

表1-1 旅游景区分类体系

主类	亚类	基本类型	释义
自然生态类（4）	地质地貌	地质遗迹	以断裂景观、褶曲景观、地层剖面、生物化石点为主体旅游资源的旅游景区
		山地峡谷	以山丘型景观、台地型景观、沟谷型景观、滩地型景观、台丘状地景、峰柱状地景为主体旅游资源的旅游景区
		沙漠戈壁	以荒漠、半荒漠、干草原地沙地、砾质、石质荒漠和半荒漠平地为主体旅游资源的旅游景区
		岩溶洞穴	以垄岗状地景、沟壑与洞穴、洞窟为主体旅游资源的旅游景区
		特殊地貌	以奇特与象形山石、岩土圈灾变遗迹、奇异自然现象、自然标志地、垂直自然带为主体旅游资源的旅游景区
	水域景观	海洋海岛	以游憩海域、涌湖与击浪现象、小型岛礁为主体旅游资源的景区
		河湖湿地	以游憩河段、古河道段落、游憩湖区、潭地、湿地为主体旅游资源的旅游景区
		瀑布泉水	以瀑布、泉、埋葬水体为主体旅游资源的旅游景区
		冰雪景观	以积雪地、现代冰川为主体旅游资源的旅游景区
	生物景观	森林景观	以林地为主体旅游资源的旅游景区
		草原景观	以草地为主体旅游资源的旅游景区

续表

主类	亚类	基本类型	释义
		花卉景观	以大面积花卉为主体旅游资源的旅游景区
		动物栖息地景观	以某一种或几种野生珍稀动物栖息地为主体旅游资源的旅游景区
	天（气）象景观	天象景观	以极光、星空等天象景观为主体旅游资源的旅游景区
		气象景观	以云海、雾凇等气象景观为主体旅游资源的旅游景区
历史文化类	文化遗迹	历史遗迹	以古人类及其活动遗迹、军事遗迹与古战场、建筑遗迹、社会与商贸活动场所遗迹、建设工程与生产地遗迹或交通运输场站遗迹等为主体旅游资源的旅游景区
		古建筑	以古建筑为主体旅游资源的旅游景区
		石窟石刻	以石窟造像、文字碑刻、石壁雕刻等为主体旅游资源的旅游景区
		古墓葬	以古墓葬为主体旅游资源的旅游景区
		历史人物故居	以在历史发展中起过重要影响、在历史上有明确记载的人物故居为主体旅游资源的旅游景区
	古村古镇	传统村落	以保留较长历史沿革，具有独特民俗民风的传统村落为主体旅游资源的旅游景区
		古村古镇	依托具有较长历史、保存较为完好、具有一定规模的古代集中居住建筑群开展旅游活动的旅游景区

续表

主类	亚类	基本类型	释义
历史文化类	文博场馆	博物场馆	依托征集、典藏、陈列和研究代表自然与人类文化遗产实物的博物场馆开展旅游活动的旅游景区
		文化场所	以具有文化展示、交流与传播功能的文化活动场所为主体旅游资源的旅游景区
		陈列馆	依托以具体实物标识事件过程或重大历史进程、人物特征集中展现的陈列馆开展旅游活动的旅游景区
	传统习俗	仪式场所	以传统文化活动场所、文化仪式等为主体旅游资源的旅游景区
		民间习俗场所	以民间习俗活动及其载体为主体旅游资源的旅游景区
	红色旅游	杰出人物故居	以鸦片战争以来，中国人民在革命战争、社会主义建设和改革开放时期以及中国特色社会主义新时代建树丰功伟绩过程中所涌现革命人物、时代楷模等杰出人物的居住地为主体旅游资源的旅游景区
		革命纪念场地	以鸦片战争以来，中国人民在革命战争、社会主义建设和改革开放时期以及中国特色社会主义新时代建树丰功伟绩过程中所形成的纪念地、场馆、特性屋舍、独立厅室、桥梁、陵墓、雕塑、人物或事件等为主体旅游资源的旅游景区

续表

主类	亚类	基本类型	释义
现代游乐类	城市公园	主题公园	围绕一个或多个主题元素进行组合创意和规划建设，营造特定的主题文化氛围，集诸多娱乐活动、休闲要素和服务接待设施于一体的旅游景区
		专类公园	依托具有特定内容或形式，配备有游憩设施的公园形成的旅游景区
		综合公园	依托用地规模较大，设施相对齐全，旅游活动类型较丰富的公园形成的旅游景区
	特色街区	城市风貌街区	依托城市中能综合反映其环境底蕴、形态结构、文化格调、景观形象和产业功能等特征的街区形成的旅游景区
		历史文化街区	依托城镇中保存文物丰富、历史建筑集中、能够较完整和真实地体现传统格局和历史风貌的街区形成的旅游景区
		旅游商业街区	具有典型游览特征，依托由众多不同规模、不同类别商店组成的商业街道形成的旅游景区
	休闲健康	综合休闲区	依托良好资源环境条件，具有综合性休闲功能，相对完整的度假设施聚集区
		健康旅游区	依托具有健康价值的资源环境或设施，并以康复疗养或医疗为主要功能的旅游景区
产业融合类	工业旅游	工业遗产	以具有历史、技术、社会、建筑或科学价值的工业文化遗迹为主体旅游资源的旅游景区
		工业展示园	依托具有旅游功能的现代工业生产与展示场所形成的旅游景区
	农业旅游	农业休闲园区	依托农林渔牧生产、农业经营活动、乡村文化及乡村生活场所形成的旅游景区

续表

主类	亚类	基本类型	释义
		田园景观	以具有观光功能的景观农田、景观牧场、景观林场、景观养殖场为主体旅游资源的景区
		现代村镇	依托具有旅游功能的现代乡村聚落形成的旅游景区
	文体科教	文化艺术	以围绕文化科技、演艺或创意产业形成的旅游资源为主体旅游资源的旅游景区
		体育旅游	依托体育场所或产业园区形成的旅游景区
		科技教育	依托科技或教育场馆、园区形成的旅游景区
其他	—	—	以上类型无法涵盖的其他旅游景区

（三）旅游景区的功能

旅游景区具有参观游览、休闲度假、科普教育等自身属性功能，同时也附带着生态保护、文化传播、区域发展等关联性功能。主要包括以下五项功能（宁志中、王婷，等，2020）。

1. 旅游休闲功能

旅游休闲是旅游景区的基本功能和首要功能，它为各类旅游休闲活动提供良好的资源条件、环境氛围和配套服务，从而成为公众放松身心、游览观光、休闲度假、运动娱乐、康乐健身的空间。

2. 科普教育功能

旅游景区是依托具有独特吸引力的自然和文化旅游资源形成的，类型复杂多样，它们是在历史长期形成或具有巧妙构思的基础上形成的，蕴含着丰富的科学文化内涵，包括文化价值、审美价值、艺术价值等，能够为公众提供自然、历史、文化等领域的科普教育。

3. 生态保护功能

旅游景区是基于自然或人文生态系统的独特性和相对完整性，通过适度干预和配套形成的地域空间，很多自然型旅游景区拥有气候、环境或景观条件，为生态文明建设贡献生态服务功能的同时，还能促进人与自然关系和谐、保护生态环境、维持自然资源永续利用。

4. 文化传播功能

旅游景区通过解说系统建设，向广大公众提供关于自然人文特点、文化古迹保护、文明旅游行为、景观肌理构成等领域的宣传、展示和解说服务，让公众能够加强对于景区或区域文化特质的理解。在实践中，知名旅游景区往往是一个区域的名片，能对树立该区域的旅游形象发挥极大的作用。

5. 区域发展功能

旅游景区是要通过旅游产品建设吸引游客，为其提供食、住、行、游、购、娱等服务而产生经济价值，同时也能够促进社会就业、相关产业发展、社区居民收入提高和区域经济增长，从而为区域经济的繁荣和社会的进步提供动能。

七、旅游景区高质量发展的内涵

中国式现代化视域下的旅游景区高质量发展，反映着新征程上旅游业鲜明的特色，关联着人们的物质生活和精神世界，涵盖了满足多样需求、促进共同富裕、推动文旅融合、推进生态和谐、发挥和平纽带等深刻内涵。

（一）满足大众的高品质需求

中国式现代化是人口规模巨大的现代化。我国庞大的人口规模和消费市场为旅游业发展奠定了坚实基础。国民消费水平的提高也要求旅游景区不断提升产品和服务品质，从而提高人民群众的幸福感、获得感和安全感。景区高质量发展需要全面兼顾旅游活动的丰度和广度，完善基础配套设施，引入多元产品业态，在满足绝大多数人民群众基本旅游需求的前提下，满足部分游客个性化、高端化、多层次的旅游需求，始终坚持把"人民群众的需求"作为旅游景区发展的生命线，为游客提供高质量的游览设施与服务体验。

（二）促进全体人民共同富裕

中国式现代化是全体人民共同富裕的现代化。在旅游减贫方面，中国已经取得了举世瞩目的成就，旅游业作为国民经济的战略性支柱产业，助推中国在脱贫攻坚战中取得胜利。世界旅游联盟通过世界银行、中国国际扶贫中心等三方渠道，并且与联合国世界旅游组织（UNWTO）、亚太旅游协会（PATA）等相关国际组织、文化和旅游部、国务院扶贫办公室、各省级旅游部门等多方面合作，向全球提供了近百个我国旅游扶贫的案例，得到国际上的广泛认可和好评。旅游景区吸引游客涌入，带动周边社区的旅游经营活动，并通过"旅游+"的产业融合模式，扩大旅游社会就业规模，加快富民增收步伐，推动百姓共同富裕。

（三）推动文旅深度融合

中国式现代化是物质文明和精神文明相辅相成的现代化。物质文明建设是经济社会发展的必要基础，精神文明建设则是人与社会全面发展的重要指引。推进文旅深度融合是实现旅游景区高质量发展的重要抓手，也是弘扬中华优秀传统文化，为人民提供精神支持的重要途径。"坚持以文塑旅、以旅彰文，推进文化和旅游深度融合发展"是提升旅游景区质量水平的关键动力。一方面，需要挖掘景区特色的文化内涵，盘活珍贵的旅游资源，加强文化内容的产业转化，用独特的文化魅力为景区注入吸引力和市场竞争力，为旅游景区注入新的活力。另一方面，需要丰富旅游产品业态，加快旅游景区的现代化转型。

（四）促进人与自然和谐共生

中国式现代化是人与自然和谐共生的现代化。景区作为游客与自然互动的主要场所，是探索生态友好型可持续旅游发展模式的重要突破口，应遵循可持续发展原则，建设和运营符合绿色低碳发展导向。应引导游客文明旅游、厉行节约和绿色消费。倡导游客亲近自然、敬畏自然、保护自然，提高对自然和生态环境的保护意识。在旅游发展的重点领域推进实施节能减排工程，推动环保技术在旅游景区的应用，提高能源利用效率、减少旅游环境污染、降低旅游业的碳排放，实现旅游业的节能降碳减污协同增效，为实现"双碳"目标贡献力量。

（五）发挥和平桥梁纽带作用

中国式现代化是走和平发展道路的现代化。旅游景区不仅是游客开展游憩活动的主要场所，也是对外进行文化、文明展示传播的重要渠道。中国作为全球旅游产业发展的重要参与者和推动者，应当在旅游景区建设方面为世界旅游发展贡献更多的新思路、新理念和新样本，积极参与全球旅游产业治理，加强我国在世界旅游发展过程中的引领作用，推动全球旅游业共同迈入新阶段。

第二章　厘清现状问题，对接旅游业新时代

改革开放以来，我国经济社会飞速发展，人民群众生活水平日益提高。生活理念的更新和可支配收入的增长，使旅游市场需求急速涌动，旅游开始成为人民群众重要的休闲方式和生活必需品，旅游景区尤其是A级旅游景区已成为旅游产业发展中最为活跃和关键的要素，产业地位不断提高。旅游景区作为国民出游的主要目的地，始终处于旅游消费和旅游供给的一线，随着新时期我国社会基本矛盾的转化，以及特色社会主义建设的新要求，旅游景区也被赋予更多的新使命。

经过40多年的发展，旅游景区内涵不断深化，外延不断扩大，成为旅游产业发展中最活跃、最关键的要素，也成为改革开放中展现人民生活品质、激活美丽中国的重要窗口。旅游逐渐从小众旅游向大众旅游转变，成为衡量现代生活水平的重要指标。旅游景区发展表现在数量、类型、产品规模结构不断增长和优化上，产品品质、管理质量、社会公益性等方面不断提升，在满足人民群众旅游生活需求、促进区域经济发展、保护生态环境、展示美丽中国形象等方面起到了重要作用。在新时期生态文明、文旅融合、全域旅游、优质旅游、科技创新等宏观政策和社会环境背景下，旅游景区发展也面临较大的机遇与挑战。

一、发展历程

1978年之前，我国旅游业发展主要以接待和服务外宾为主，属于外交事业和出口创汇的事业。改革开放以后在长达40多年的发展过程中，我国旅游景区建设有效地带动了旅游资源开发、支撑了我国旅游业和区域经济社会的发展。

比照我国旅游业的发展历程，我国旅游景区发展共经历了以下六个阶段。

（一）萌芽阶段（1949—1977年）

新中国成立初期的30年，中国旅游业发展一直采用"政府主导型"的管理模式（贺小荣、陈雪洁，2019）。由于该阶段中国的生产力水平和综合国力都较为落后，旅游业发展以外事接待为目标，以扩大中国的国际影响力、加强国际友好交往。1949年10月成立的华侨服务社是新中国的第一家旅行社。1964年6月成立了新中国旅游行政管理机构，被称为"中国旅行游览事业管理局"，中国旅游业自此具备了专门职能的旅游行政管理机构，旅游经营活动也得到规范。总的来看，该阶段中国旅游业得到了初步建设和发展，但整体规模较小，未具备现代产业的基本特征。

这一阶段尚未孕育出严格意义上的旅游景区，而是以文物保护为主。1961年，国务院全体会议第105次会议讨论通过了《文物保护管理暂行条例》，列出第一批全国重点文物保护单位，其后颁发了《关于进一步加强文物保护和管理的指示》。1973年，国务院批准桂林成为对外开放旅游城市。该阶段景区的发展建设以文物保护为主，外交是景区的主体功能，观光游览仅是次要功能。由于景区发展没有市场化，这一时期景区并未向社会公众开放，景区观光属于小众行为。

（二）起步阶段（1978—1984年）

伴随着改革开放的春风，我国成立了旅游景区发展的主管部门，建立了一批知名旅游景区，开始了以入境旅游接待为主体的发展道路。从1978年开始，我国旅游业发展的经济性质逐渐增强，旅游景区从事业接待型向经济经营型转变（郭亚军，2019）。1978年3月5日，中央将中国旅行游览事业管理局改为直属国务院的中国旅行游览事业管理总局，在国务院成立了旅游工作领导小组，并要求各省（区、市）成立旅游局，以适应全国旅游事业新的发展。这是现代中国旅游发展的重要节点，由此开始了中国旅行游览事业管理总局与中国国际旅行社"两个牌子，一套人马"的管理体系。

1978年10月至1979年7月，邓小平同志先后五次对旅游发表重要讲话，其中多处涉及旅游景区，景区进入了"千树万树梨花开"的建设阶段。特别是1979年7月15日邓小平在黄山视察时的重要讲话指出，旅游业是经济产业，是综合性的行业，涵盖了对旅游规划、旅游基础设施建设、旅游景区建设、提高服务质量等方面的内容，对中国旅游业的改革和发展产生了重要影响。1981年，中国旅行游览事业管理总局不再由外交部代管，改由国务院直接领导。1982年，中国旅行游览事业管理总局与中国国际旅行社分开办公，结束了自1964年以来长达18年的"局社合一"的格局，为实施政企分开、强化行业管理、争取旅游业的更大发展创造了条件。1982年8月23日，在国务院直属机构改革中，中国旅行游览事业管理总局更名为中华人民共和国国家旅游局，逐渐形成了比较完整的旅游行政管理体系。1982年11月8日，国务院以国发（1982）136号文件批准同意城乡建设环境保护部会同文化部、国家旅游局向国务院提交的《关于审定第一批国家重点风景区的请示》，公布全国第一批44个国家重点风景名胜区，并要求各地区、各部门切实做好风景名胜区的保护和管理工作。此后，第一批至第六批原称国家重点风景名胜区自2007年起改称为中国国家级风景名胜区。

1984年7月，中共中央书记处、国务院批准国家旅游局《关于开创旅游工作新局面几个问题的报告》，掀起了景区开发热潮，北京故宫、八达岭长城等九大旅游景区被时人称为"九朵金花"，成为当时我国入境旅游的引领者，接待来自162个国家和地区的旅游、参观、访问以及从事各项交流活动的人数达1285万人次，实现外汇收入11.3亿美元。同年，中国建成了首个主题公园，即北京大观园。市场经济条件下，旅游景区管理实践的内容不仅包括景区开发建设，还包括景区经营管理和市场营销等方面。从20世纪80年代河北正定西游记宫的建成到野三坡景区的开发，我国旅游景区的类型日益得到丰富。

（三）探索发展阶段（1985—1998年）

该阶段伴随市场经济的转变，旅游资源开始转变为多部门管理，景区经营模式也趋于多元化，开始出现独立的市场主体经营的"企业经营型"。1985年11月，我国第一部旅游业行政法规《旅行社管理暂行条例》颁布，将旅行社转变为自主经营企业性质，开启了我国旅游业改革试验探索的时期。随着法律法规的颁布和市场经济的转变，我国景区的管理开始由政府直接管理转变为多样化管理。

从20世纪90年代以来，围绕旅游景区的管理体制改革已成为一个全国性的改革热点，景区企业开始真正成为自主经营、自负盈亏的市场经营者。1992年起，国家旅游局将全国旅游线路和产品划分为国家级旅游线路景点、专项旅游线路景点和省级旅游线路景点产品体系。1993年，国家旅游局正式加入太平洋亚洲旅行协会，旅游景区海外营销全面开启。1994年7月，国家旅游局会同建设部联合发出了《关于解决我国旅游点厕所问题的若干意见》，全国建设和改造了7900座旅游厕所，使全国主要旅游区（点）的厕所面貌发生了根本性的变化。

旅游景区经营模式也趋于多元化，如独立的市场主体经营的"企业经营型"和非独立市场主体经营的"非企业经营型"等，使旅游景区管理逐渐向规范化发展。国家旅游局也与其直属企业进行了脱钩，促进了市场机制的形成和景区管理人员素质的提高。

（四）规范发展阶段（1999—2007年）

该阶段形成了A级旅游景区标准和管理制度，旅游景区开始走上规范化建设道路。1999年，我国开始实行"五一""十一"和春节三个长假制度，引发了我国旅游市场的"井喷"现象，促使了国内旅游市场的全面启动和入境游的进一步扩大，给旅游景区的发展带来了更大的发展空间。外地和本地大批游客的出现，促进了景区的专业化和市场化发展。随着人民收入水平的提高和我国对外交流合作的日益密切，景区客源市场日趋大众化和全球化。

为应对急剧增长的旅游景区发展需求，《旅游区（点）质量等级的划分与评定》国家标准第一版正式出台。该标准一方面从旅游交通、游览、旅游安全、卫生、邮电服务、旅游购物、经营管理、资源和环境保护八大项对旅游景区的服务质量和管理水平提出了具体要求；另一方面对景区的景观质量评价进行了规定，使我国开始实行A级旅游景区管理制度，旅游景区完成了从无到有的转化。随着市场经济的深化发展，民营资本逐渐青睐景区行业，建设资金来源渠道拓宽，景区管理开始实现经营权与所有权的分离，突破了传统的国家所有、国家投资的模式，使有资金、懂管理的民营企业加入景区保护和开发中。

到了2003年，旅游景区已经开始出现转让、出租、委托等经营模式。同时，旅游景区的概念也不再局限于古典园林、公园等单一类型，人造景观、科技元素等支撑的新型业态开始出现，乡村景区、主题公园、红色景区等多种类别产品逐渐丰富。在景区管理和发展逐渐规范的基础上，为解决景区建设资金不足的问题，部分省份通过出让景区整体或部分经营权的方式吸引民营资本，民间资本开始进入旅游景区。几乎所有有条件出让经营权的景区，都将部分景点或景区的部分地域以出租、委托经营、买断经营、合股经营等方式出让给民营企业、个人或集体独家经营，促进了景区的建设开发。

2003年，《旅游景区质量等级的划分与评定》第二版出台，该标准在划分等级中增加了5A级旅游景区，细化了关于资源吸引力和市场影响力方面的划分条件。2006年，国家旅游局下发了《关于开展5A级旅游景区创建试点工作有关事项的通知》，组织开展5A级旅游景区创建试点工作。全国旅游景区质量等级评定委员会于2007年3月7日公布了全国66家景区通过5A级旅游景区试点验收单位名单，并拟授予 5A 级旅游景区称号，旅游景区建设由此进入一个品质提升时期。

（五）高速发展阶段（2008—2017 年）

该阶段，旅游景区发展步入黄金时期，供需双向共同促进了旅游景区的快速发展。美国次贷危机向实体经济渗透，给世界经济带来了较大冲击，入境旅游人数缩减、景区投资减少和旅游消费降低，使我国旅游景区发展受到较大负面影响。2008 年以来，以北京奥运会、上海世博会为代表的重大活动的举办，激励了国内外旅游市场的振兴，促进了旅游景区设施配套和环境氛围的改善，刺激了旅游景区经济复苏和快速发展。

2011 年，国务院常务会议通过决议，将《徐霞客游记》开篇日 5 月 19 日定为"中国旅游日"，对中国旅游景区的发展起到了强有力的推动作用。同年，为提高 5A 景区评定工作的真实性和公正性，国家旅游局尝试将 5A 级旅游景区设施与服务评定检查方式由"明察"改为"暗访"。国家旅游局规划财务司领导带队，暗访检查组专家以"游客"身份对五大连池、镜泊湖等申报景区进行暗访，并进行工作总结。至此，"暗访"成为 5A 级景区评定检查和日常抽查的方式。2012 年年初，通过暗访抽查，对少林寺等旅游景区发出整改通知；国家 12 部委联合制定《国家文化科技创新工程纲要》，标志着中国的文化科技创新工程正式启动。2014 年 2 月，国务院印发《关于推进文化创意和设计服务与相关产业融合发展的若干意见》，要求推动文化和科技创新融合。旅游业中文化和科技融合主要体现在以文化、创意、技术和资本综合驱动景区的发展。以故宫博物院和国家博物馆成效最为显著，以媒体、新技术为手段，将艺术珍品与人们日常嫁接，形成了"故宫跑"、《国家宝藏》等活动、节目及创意产品。通过挖掘文物内涵，增加自身"造血"能力，探索景区发展之路。

2013 年，《中华人民共和国旅游法》颁布实施，对旅游景区相关内容都作了明确规定，使旅游景区向科学、理性和规范的经营管理转变，对当时景区经营管理模式产生了较大的冲击，继而引发了多方面深刻的变革。以《中华人民共和国旅游法》的颁布实施为标志，我国旅游景区的经营管理进入了一个规范化发展阶段（郭亚军，2019）。2015 年全国旅游工作会议上提出我国旅游业发展要实施"515 战略"，即紧紧围绕"文明、有序、安全、便利、富民强国"5 大目标，推出旅游 10 大行动，开展 52 项举措，推进旅游业转型升级、提质增效，加快旅游业现代化、信息化、国际化进程，形成"谋划长远、规划中期、计划滚动、安排当年"的工作格局。从这一年起，国家旅游局对 A 级旅游景区实行动态管理，对山海关景区实行摘牌处理，进一步推动旅游景区实现品质化管理运营。按照国家旅游发展"515战略"旅游市场整治部分"对旅游市场秩序问题实行一票否决，对市场秩序混乱的A级旅游景区、星级旅游饭店做摘牌处理"的思路，2017年在国家旅游局的督促和指导下，全国掀起了最严厉的景区整治，31个省区市对本地4A级及以下旅游景区进行检查，共有367家A级旅游景区分别受到取消等级、降低等级、严重警告、警告、通报批评等处理。2016年以来，旅游景区陆续在厕所革命、安全管理、智慧化建设等方面表现突出。这些机制推动旅游景区不断优化旅游产品和服务供给体系，努力实现由旅游供给错位向供需基本平衡转变，将旅游业培育成人民群众更加满意的现代服务业。

（六）高质量发展阶段（2018年至今）

2018年3月13日，国务院机构改革组建文化和旅游部作为国务院组成部门，推动了文化事业、产业和旅游业融合发展。景区作为传播中华文化、展现外交活力的名片，将有力地促进我国由旅游大国向旅游强国转变。景区传播和弘扬核心价值观的职能和地位将更为突出。景区还是科技强国、科教兴国的重要实践基地，成为我国青少年科普教育的第二课堂，其为科技成果向服务业转化提供了新舞台，也从供给侧的角度提供了一种新的精神文化消费产品。

之后，出台了一系列促进包括旅游景区在内的旅游业高质量发展的政策文件，如2018年6月，国家发展改革委印发了《关于完善国有景区门票价格形成机制、降低重点国有景区门票价格的指导意见》，2023年9月国务院办公厅出台了《关于释放旅游消费潜力推动旅游业高质量发展的若干措施》，2023年11月，文化和旅游部制定了《国内旅游提升计划（2023—2025年）》，2024年6月，文化和旅游部会同有关部门印发了《关于推进旅游公共服务高质量发展的指导意见（2024年）》等。同时，党中央、国务院作出建设长城、大运河、长征、黄河、长江五大国家文化公园的部署；党的十九届五中全会决议、《国民经济和社会发展第十四个五年规划和2035年远景目标纲要》中均提出，要建设一批富有文化底蕴的世界级旅游景区和度假区。

随着新时期居民消费水平的提高，我国国民旅游半径扩大，逐步从周边游走向省外游，自然观光游最受欢迎；一部分出境游转化为国内游，高端游、小众游和定制游成为重要挖掘点；以"00后"为代表的Z世代旅游群体消费特点鲜明，更关注旅游目的地的娱乐和购物条件。旅游景区进入高质量发展阶段，景区类投资项目在数量和质量上都有一定程度的提升，尤其是4A级旅游景区以上的高级别景区展现出明显的投资增长趋势。景区资源方开始拓宽经营思路和合作模式，引入社会资本转向休闲度假、智慧旅游、文旅综合体等开发模式。旅游消费业态、文化业态也不断丰富，旅游景区向艺术化、科技化、亲子化、演艺化转型，兴起文创网红店、虚拟体验馆、亲子体验园、微型小剧院等相关业态。

而且，互联网、大数据、人工智能等新技术在旅游领域的应用日趋广泛，以数字化、网络化、智能化为特征的智慧旅游成为旅游景区高质量发展新动能。在门票预约方面，线上预约出游的普及率越来越高。在2020年新冠疫情期间，超过4000家旅游景区在短期内实现网上预约门票、游客分流限流等防疫措施，以及分时预约、无接触服务、直播营销和"云旅游"等全流程产品化技术服务。这既满足了游客的消费需求，又确保了疫情防控落实和人员安全。各地积极探索智慧旅游公共服务平台模式，"一机游""一码游"等为游客提供了多元化体验和服务。部分景区、博物馆等发展线上数字化体验产品，让旅游资源借助数字技术"活起来"，并培育云旅游、云演艺、云直播、云展览等新业态，打造了沉浸式旅游体验新场景。

当前，旅游业正面临从高速增长转向优质发展的关键节点。旅游景区作为旅游业中最核心、最稳定、最持续增长的业态，其发展亟须从注重速度与规模，转向注重品质与质量，迈向高质量发展，成为人民美好生活向往的理想地。

二、发展特征

明晰旅游景区发展状态，能够科学诊断全国旅游景区面向高质量发展目标尚存的现实问题。国家A级旅游景区作为衡量景区质量的重要标志，是中国特有的景区质量评级标准、中国旅游资源标准化管理的重要指标。自1999年推行以来，对区域旅游地建设和旅游经济发展起到了积极的推动作用。尤其是3A级以上高级别景区已经成为地方旅游业发展的品牌名片，标志着区域旅游资源品质和景观质量水平，对旅游市场具有很强的指示引导作用，其建设已成为各级旅游主管部门极力追逐的发展目标。从发展实践上来看，高级别A级旅游景区数量逐年上升，但由于高级别旅游资源的有限性和评定时间的延续性，后期审批通过的高级别A级旅游景区资源品质出现下降，评价标准的资源、设施、市场等主要指标的权重发生变化。A级旅游景区的空间分布特征是在特殊的自然人文地域环境中形成的，又与地方社会经济发展水平紧密相关。区域自然资源结构和丰度对景区分布状况及质量、数量，及其扩展速度、规模、经济效益都有较强影响。

（一）总体分布特征

李鹏等（2018）通过对 3A 级以上旅游景区进行空间分析，发现有三个布局特征：① 从东、中、西三大地带分布来看，总体分布以"胡焕庸线"为界，东南部的景区密度较大，由东向西呈现递减趋势；西北部的景区密度较小，仅新疆维吾尔自治区和宁夏回族自治区有一定规模。② 从区域集聚来看，分布密度较大的地域单元包括京津城市群、济南都市圈、泛长三角城市群、珠三角城市群和成渝城市群，尤以泛长三角城市群的密度最大、分布最广、数量最多。③ 从省域层面来看，分布比较集中的华北地区有北京、山东、山西，华东地区有江苏、浙江、安徽，华中地区有河南、湖北、湖南和陕西，华南地区有广东、广西、福建，西南地区有重庆、四川。云南、贵州、海南等省市的密度相对均匀。新疆、青海、甘肃、西藏未出现大面积集聚分布情况。综合而言，中国 3A 级以上旅游景区的地理分布呈现"区域分化、板块集聚"的总体特征，地理分布不均衡，东西部地区的景区比例极不协调。

（二）不同级别旅游景区空间分布特征

1. 5A 级旅游景区空间分布特征

基于 2023 年全国 319 家 5A 级旅游景区的数据分析，中国 5A 级旅游景区空间分布呈"十"字状，集中分布区域包括以北京市为中心的京津冀地区、以上海为中心的长江三角洲地区，尤其在长江三角洲地区最为集中。此外，以西安为中心的关中地区、以洛阳为中心的豫西北地区、鄂西长江沿线地区、以黄山市为中心的皖南地区，5A 级旅游景区也相对集聚。西北地区各省份的 5A 级旅游景区数量相对较少，与本区域丰富的自然和人文景观资源形成强烈反差，这可能与这些区域地广人稀、交通不发达、经济水平落后等因素相关。

5A 级自然景观类比重略高于人文景观类。人文景观类较多集中在北京、河北、山西、江苏、重庆、四川、陕西等省（市），这些地区历来是传统文化大省，历史悠久、文化厚重，又存在许多知名的文化名山。自然景观类主要集中在辽东半岛、浙江、福建、广东、海南等沿海地区。其中人文景观类景区分布数量最多的为江苏省，最少的是贵州省；新疆维吾尔自治区的自然景观类分布最多，北京市最少。自然景观类和人文景观类分布都呈聚集状态。新疆北部、西藏南部以及青海地区比较集中；京津冀地区、长江三角洲、珠江三角洲呈双核结构；其他地区无明显集聚核。

2. 4A 级旅游景区空间分布特征

中国 4A 级旅游景区沿长江、黄河沿线分布特征较为明显，呈现"两线、两片"的分布特征，集中区域包括沿长江自上而下的重庆—湖北—安徽—江苏—上海一线，沿黄河自上而下的陕西—山西—河南—山东一线，其他连片区域包括京津地区、珠三角地区，主要是在中东部地区。东北地区次之，西部地区极少。4A 级人文景观类（55.7%）高于自然景观类（44.3%），显然 4A 级旅游景区人文景观类数量远多于自然景观类数量。人文景观类数量较多的省份包括江苏、河南、山东、陕西、重庆、北京，自然景观类数量较多的省份包括安徽、湖北、山东、河南、陕西、浙江、四川，集聚分布特征都较为明显，尤其是长江、黄河所夹区域呈现连片分布特征。

3. 3A 级旅游景区空间分布特征

中国 3A 级旅游景区的分布呈现出沿海滨线状分布和成渝地区集聚的特征，最为密集的省份在北京、山东，其次是江苏、安徽、重庆和广东，再次是辽宁、陕西、山西、湖南、湖北、河南等地，西部地区仍然是零星分布。与 5A 和 4A 级旅游景区相比，3A 级旅游景区在东北地区有所增加，其他地区的集中性也相对增强。根据主类和亚类划分来看，3A 级人文景观类（66.6%）显著大于自然景观类（33.4%），人文景观类中山东的数量显著高于全国水平，其他较高的有黑龙江、北京、广东、重庆和新疆。自然景观类较多的包括山东、湖北、黑龙江、辽宁和广西等。

（三）不同级别旅游景区分布特征差异原因

中国 3A 级以上不同类型景区在三大地区的分布特征差异较大、特点不同，5A 级旅游景区多集中分布在经济发达、人口密集、交通便捷、开发较早的东部地区，4A 级旅游景区多集中分布在长江、黄河两岸的省份和成渝地区，3A 级旅游景区多集中分布在滨海沿线省份，3 个层级的自然类景区数量依次降低。这种分布差异性与景区形成的历史知名度、旅游资源禀赋、自然地理环境、人口经济发展水平、历史文化区以及交通区位条件等因素间呈现不同的关联性。

1. 历史知名度

历史知名度是影响 5A 级旅游景区形成的关键因素，前期 5A 级旅游景区选定的都是历史上比较出名的文化名山、宗教文化圣地：2007 年第一批选定的有颐和园、八达岭长城、云冈石窟、山海关、五台山、西湖等在历史上较为知名的景区。但是随着这些有限的极高品质旅游资源的开发完成，后续 5A 级旅游景区评定逐渐向景区服务能力延伸，旅游资源品质所占权重有所降低。2015年第28批5A级旅游景区公布时，均为知名度一般但设施配套和综合服务完善的景区，如湖南东江湖、宁夏水洞沟、福建三坊七巷等。景区服务能力对4A和3A级旅游景区形成的影响不深。

2. 自然地理环境

地形地貌、河流水系直接决定自然型景区的旅游资源品质，而行政区划割裂往往造成同一大型自然地理实体资源的割裂式开发，导致在空间分析中出现大批的景区集聚区。例如，太行山沿线就开发有云台山、绵山、万仙山、王屋山、王莽岭、西柏坡等高级别旅游景区。山水相依，自然依托河流、湖泊水系也形成了资源环境好、景观品质高的景区集聚现象，如黄河沿线分布有黄河大峡谷、壶口瀑布、青龙峡、三门峡等景区。将景区密度图与中国地形地貌图进行叠加，可以发现两者之间具有较强的一致性。其中，京杭运河沿线的山东、江苏、浙江及黄河口交叉地带集聚近25%的3A及以上旅游景区；长江沿线的川渝、湘鄂、皖苏等省市也集中了大批的3A及以上旅游景区；其他如松花江、辽河、珠江、雅鲁藏布江沿线也是景区集聚区域。大山、大水在历史上往往又是行政边界，这些山水交界处往往地质景观独特，造就了具有自然地域联系的省域连片区域形成了景区集聚区。

3. 人口和经济发展水平

人口和经济发展水平决定了旅游景区运营所需的门槛规模。当经济发展水平达到一定程度才会出现足够的旅游消费需求，区域内人口规模总量通常是高级别景区建设可研阶段首先要考虑的因素。对比分析第六次全国人口普查数据可知，区域人口密度和景区密度分布有正相关关系，在京津地区、长三角城市群、珠三角城市群、川渝地区等人口规模和经济发展水平高值区域，分布着总数50%以上的3A级以上景区。

4. 历史文化区

该因素反映了区域内人类长期活动的历史文化积淀，决定了该区域文化旅游资源的丰富，以及与自然环境长期作用所留下的文化遗产资源的规模。因此，在北京、天津、山东、江苏等文化大省（市）往往有大批的文化类景区，如北京的5A级、4A级旅游景区基本上属于文化类的，包括天坛公园、故宫博物院、什刹海、圆明园遗址、津门故里、曲阜三孔故城、苏州园林、同里古镇等。

5. 交通区位条件

在宏观尺度交通上影响5A、4A级旅游景区的形成，在中观尺度上直接决定了 3A 级旅游景区的存在。5A 和 4A 级旅游景区属于能够满足游客需要的具有较高资源价值的景区，这两个层级的景区建设主要考虑省、市层面的机场、铁路、高速公路通行情况。其中，通达性较好的城市主要分布于东北地区、华北南部、华中与华东地区、西南地区东部、东南沿海地区，高质量景区亦集中分布于这些地区；华北北部、西北及西南大部地区城市通达性较差，A 级旅游景区较少。而 3A 级旅游景区则主要面向城市居民日常休闲或属于培育型的，辐射范围较小，建设之初首先要考虑可进入性和市场距离，位于大都市周边再加上适当的设施服务和吸引物建设，很容易建成并通过审批，如城市风景类和纪念地类型的景区交通条件最好，通常位于城市或城市近郊。

6. 其他因素

包括考核指标的变化、发展时序引发的循环累积等。随着 A 级旅游景区标准的推行，建设审批的考核指标越来越注重配套设施和服务功能。中东部地区资源品质一般的旅游景区通过精心设计和打造，也能够达到高级别旅游景区水准。而西部地区位置偏远，可进入性差，投资吸引力不高，加之市场门槛较高，仅有一些资源景观品质特别高的地区才能够进入高级别旅游景区之列。在发展时序上，旅游景区建设具有较强的模仿性，某一地方的成功建设很容易引发周边地区的争相建设，使集聚性进一步提高。

（四）旅游景区发展效率——以国家级风景名胜区为例

旅游景区发展效率是指将景区旅游资源开发、利用、经营过程中所耗费的人力、物力、财力作为投入，将所产生的社会效益、经济效益作为产出，投入与产出之间的比值。我国不少旅游景区是基于国家级风景名胜区建设的，本节选择国家级风景名胜区进行统一评价，以反映我国旅游景区的发展效率。国家级风景名胜区是我国旅游景区的重要组成部分，指具有观赏、文化或者科学价值，自然景观、人文景观比较集中，环境优美，可供人们游览或者进行科学、文化活动的区域。从 1982 年起，截至 2023 年 12 月 31 日，国务院公布了 9 批共 244 处国家级风景名胜区。

1. 测度方法

数据包络分析方法（Data Envelopment Analysis, DEA）可被视为一种用于多标准评价问题的工具，其中 DMU（决策单元）为备选方案（Cook 等，2014）。DEA 的另一个优点是，给每个目的地打分不需要预先定义权重，因为权重是通过线性编程获得的（Niavis & Tsiotas, 2019）。此外，DEA 可以处理多个输入和输出变量，而且每个变量都可以用不同的单位来衡量。DEA 方法计算出的效率可分解为技术效率（TE）、纯技术效率（PTE）和规模效率（SE）。更具体地说，技术效率（TE）是通过 CCR 模型计算出来的，它衡量的是在规模收益不变的情况下，实际投入与最小投入之间的相对距离。

DEA 模型只能帮助我们识别高效和低效的决策单元（DMU），但不能在高效 DMU 之间进行排序。为了解决这个问题，Tone（2001）提出了非径向松弛测量法（SBM），消除了径向选择差异造成的偏差和影响，可以反映投入过剩和产出不足的松弛变量。Super-SBM 是 SBM 的演变（Tone，2002），该方法可以进一步评估效率值大于 1 的 DMU，填补了传统 DEA 模型无法对有效 DMU 进行排序和区分的空白。本书将 Super-SBM 用于区域规模和国家级风景名胜区规模的分析中，实现了对 DMU 更合理的排名。计算公式如下：

$$\min \rho = \frac{1 - \frac{1}{m}\sum_{i=1}^{m} S_i^- / x_{ik}}{1 + \frac{1}{q}\sum_{r=1}^{q} S_i^+ / y_{ik}}$$

$$\begin{cases} subject\ to\ \ X_k = X\lambda + s^- \\ Y_k = Y\lambda + s^+ \\ \lambda \geq 0, s^- \geq 0, s^+ \geq 0 \end{cases}$$

式中，和分别是 DMU 的输入和输出向量，是输入和输出向量的元素。和代表输入—输出的松弛变量。λ 是一个列向量，当 $\rho \geq 1$ 时，决策单元是有效的；当 $0 \leq \rho < 1$ 时，应当进一步提高投入与产出的比例，达到最佳效率。

目前研究中，资本、劳动力和消费是 DEA 建模中最常使用的投入指标，都使用生产的实物和货币量（游客人数、收入和效益）来估计产出。考虑到指标的合理性和数据的可获得性，本书参考了 Cao 等（2016）的投入产出指标，构建了国家级风景名胜区效率测算的指标体系（表 2-1）。投入变量为面积、业务支出、固定资产投资完成额，产出变量为每年的游客数量和旅游收入。

表 2-1　投入产出指标选取

维度	变量	描述
投入	面积	供游览区域（km²）
	业务支出	业务支出（万元）
	投资	固定资产投资完成额（万元）
产出	游客数量	游客人数（万人次）
	旅游收入	旅游营业收入（万元）

2. 整体特征

利用 DEA-SOLVER Pro 软件计算了 2003—2017 年中国国家级风景名胜区的旅游效率，并进一步分解为 PTE 和 SE。从全国尺度来看，通过观察图 2-1 的趋势，NSA 的 TE 处于"波动—静止—波动"的状态。2004—2006 年，综合效率经历了一个急剧上升和下降的过程，2007—2013 年趋于平稳，保持在 0.63 左右。2013—2015 年有明显下降，下降程度超过 20%，但 2016 年从 0.4486 迅速恢复到 0.5843。2017 年 TE 达到稳定期的平均水平。在整个过程中，ECR 三次跌破 0，第二次（2011 年）只是波动性下降，数值最小，第三次（2013—2015 年）是明显的连续下降过程，强度比第一次（2005—2006 年）更大。TE 的年均增长率为 3.26%，总体处于上升趋势，但增长率相对较低。生产前沿面是经济学和生产理论中的一个概念，指在给定资源和技术条件下，能够实现的最高效的生产状态。然而，年度旅游效率低于 0.7，离生产前沿面较远。这表明中国的旅游目的地普遍存在投入冗余或产出不足的问题，需要进行调整以形成有效配置。

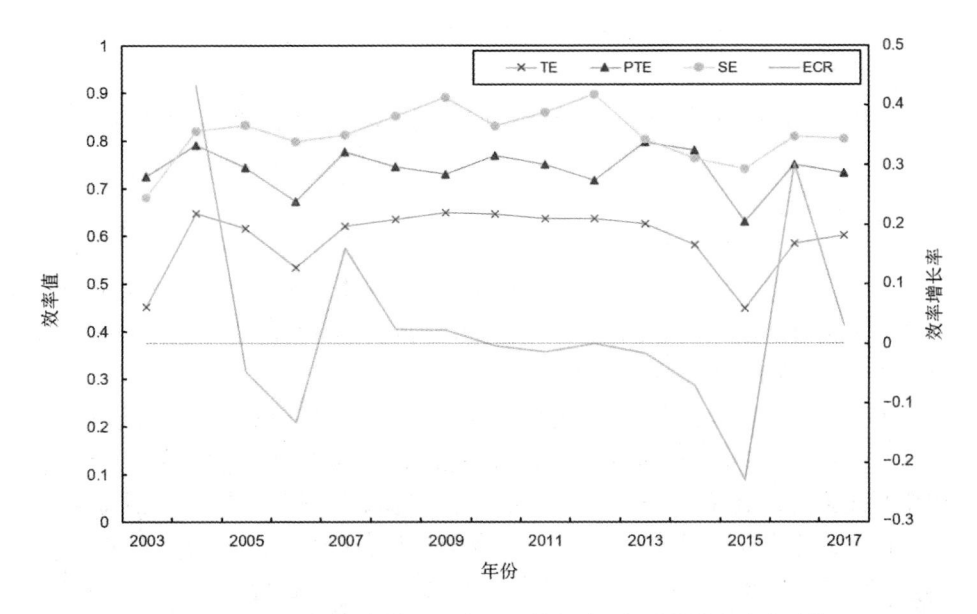

图 2-1 2003—2017 年中国国家级风景名胜区的旅游效率变化趋势

关于 PTE 和 SE 的分解效率，可以进一步分析 TE 与各分解效率之间的相互作用和制约。PTE 表示大众旅游目的地的资源配置和利用的合理程度。从图 2-1 中可以看出，2006 年和 2015 年旅游效率的两次明显下降都与 PTE 密切相关。总体而言，PTE 始终高于 TE，得分范围为 0.6306～0.7804，平均值为 0.7405，而 TE 的平均值不超过 0.6。SE 表示大众旅游目的地的规模聚集水平，SE 的最高均值为 0.8131。2003 年，PTE＞SE＞TE，表明代表资源要素配置的 PTE 高于代表要素聚集的 SE，资源要素的投入规模有待优化。2004 年 SE 超过 PTE，说明要素的规模和聚集效率大于资源要素的配置效率。在技术水平的约束下，旅游活动的规模已经超过了最优规模。2015 年，PTE＞SE＞TE 的特征再次显现，反映出资源要素配置的 PTE 导致了 TE 的提升。

从三类效率曲线的轨迹可以看出，2003—2007 年 TE 的变化主要是由 SE 推动。2008—2013 年，由 PTE 和 SE 共同推动。2014—2017 年，PTE 的驱动作用更为明显，说明研究期内，中国大众旅游目的地的效率演进呈现出从规模驱动到规模技术双驱动再到技术驱动的特点。

根据旅游效率的演变时间进程，结合政府提出的旅游政策和旅游目的地的实际情况，可以将国家级风景名胜区发展划分为以下三个发展阶段。

第一阶段是 2003—2007 年。由于 2003 年 SARS 疫情对中国旅游发展的严重影响，国家级风景名胜区的效率处于可观察范围内的最低点。2004年，随着SARS的结束，SE的快速增长导致了TE的显著提高，然而，技术和资源配置水平无法在短期内快速增长，严重限制了这种强劲的增长势头，导致2005年和2006年出现了一定的下滑。2007年，技术的进步和目的地运营的改善带来了中国大众旅游目的地发展的第一次复兴。

第二阶段是稳定发展期（2008—2013年）。国家级风景名胜区的旅游效率保持稳定，而游客数量和营业收入则稳步增长。随着金融危机对全球旅游业的冲击，2008年中国入境游客减少。然而，中国的国内旅游表现出强大的恢复力，游客数量比2007年增长了6.3%。

第三阶段是转型发展阶段（2014年至今）。自2014年以来，国家级风景名胜区的效率已经连续两年下降，下降幅度超过0.1个百分点。这种下降可能与中国旅游政策的转变有关。2015年，中国旅游主管部门首次提出了全域旅游的概念。这一旅游政策强调空间全景的系统旅游，整合"自上而下"和"自下而上"的治理模式，并将整个区域进一步整合为旅游目的地。因此，传统的旅游目的地的边界被模糊了，风景名胜区的游客也被分流。对此，国家级风景名胜区采取了复兴措施，如举办旅游节、推出特色文化创意产品、进行市场化改革等。中国的大众旅游目的地也逐渐从"景区旅游"向"全域旅游"和"精品旅游"转变。从以上分析可以看出，政府干预对风景名胜区发展起到了至关重要的作用。除此之外，信息和通信技术（ICT）和信息系统（IS）的空前发展也可以为大众旅游目的地提供新的转型机会，并扭转下滑的趋势。

3. 省际差异

表2-2显示了省际效率分析结果的概况。2003年、2008年和2013年，东部地区的旅游效率最高，中部地区的旅游效率最低。中部地区的旅游效率在2017年超过了西部地区，与中国的经济发展相一致。北京、陕西、广西和吉林的旅游效率始终保持较高水平。一些省份的旅游效率呈上升趋势，如天津（2003年的0.1989到2017年的4.7058）和江西（2003年的0.1501到2017年的1.4226）。在表2-2中，云南、山西和新疆在2003年的中国效率排名中位列前五，但到2017年甚至跌入低效率区。上述地区旅游资源丰富，拥有优质的自然风光和人文景观，在旅游资源导向模式的初期阶段具有相对优势。但是，经济水平、治理水平、投资环境、技术创新等方面的劣势制约了这些大众旅游目的地的进一步发展。通过仔细观察表格，我们发现，广州和江苏的旅游效率经历了一个先降后升的过程，这表明广州和江苏的旅游景区可能经历了复兴。以上结果为中国旅游景区的整体效率发展提供重要启示。在过去的14年中，中国的大众旅

游目的地在省际范围内经历了巨大的变化。

表 2-2 分省旅游效率测度结果

DMU	2003 年 得分	排名	2008 年 得分	排名	2013 年 得分	排名	2017 年 得分	排名
北京	3.4610	1	2.5808	1	1.1999	5	1.0922	7
天津	0.1989	19	0.2884	14	1.5445	2	4.7058	1
河北	0.3263	10	0.1852	16	0.1869	20	0.1270	21
山西	1.7850	2	0.5206	10	1.1328	7	0.1159	22
辽宁	0.2237	15	1.0838	9	0.3305	13	0.6554	10
吉林	0.2565	13	1.2340	7	1.0986	8	1.1130	6
黑龙江	0.3235	11	0.1138	25	0.0733	27	0.0565	26
江苏	0.4231	7	1.3601	5	1.3269	4	0.8461	9
浙江	0.4494	6	0.4254	11	0.2626	17	0.3979	13
安徽	0.1337	25	0.1390	22	0.0804	26	0.1839	18
福建	0.4225	8	0.2581	15	0.3867	11	0.6410	11
江西	0.1501	24	0.1467	20	0.1976	19	1.4226	3
山东	0.3404	9	0.3943	13	0.5535	9	0.6103	12
河南	0.1266	26	1.1273	8	0.1564	23	0.2801	16
湖北	0.1847	20	0.1850	17	0.1867	21	0.3227	15
湖南	0.2145	17	0.1728	19	0.3559	12	0.9264	8
广东	1.7411	3	1.3255	6	0.5167	10	1.2313	4
广西	0.2356	14	1.4722	4	1.3521	3	1.2286	5
重庆	0.1803	21	0.1315	23	0.1156	24	0.0899	23
四川	0.2683	12	0.1807	18	0.1771	22	0.1812	19
贵州	0.1770	22	0.1273	24	0.2729	16	0.1425	20
云南	1.3356	5	0.4041	12	0.2785	15	0.2568	17
陕西	0.2020	18	1.6588	2	2.0143	1	2.1641	2
甘肃	0.1547	23	0.1397	21	0.2272	18	0.3633	14
青海	0.0518	27	0.0573	27	0.0931	25	0.0352	27
宁夏	0.2221	16	0.1095	26	0.3034	14	0.0821	25
新疆	1.6401	4	1.5349	3	1.1803	6	0.0886	24
平均	0.5640	—	0.6428	—	0.5779	—	0.7171	—
东部地区	0.8429	—	0.8780	—	0.7009	—	0.8865	—

续表

DMU	2003年		2008年		2013年		2017年	
	得分	排名	得分	排名	得分	排名	得分	排名
中部地区	0.3968	—	0.4549	—	0.4102	—	0.5526	—
西部地区	0.4764	—	0.6316	—	0.6554	—	0.5047	—

4. 空间特征

通过 ArcGIS 10.8 计算 2003 年、2008 年、2013 年和 2017 年国家级风景名胜区的旅游效率和分布密度，从中可知：2003—2007 年，国家级风景名胜区的旅游效率从单中心演变为多中心，高值区也在不断转移。2003 年，形成了以衡山为中心，覆盖湖南、广西、江西三地的高值区。环渤海地区也具有较高的效率水平。2008 年，集聚中心转移到长江三角洲地区，效率集中度明显下降。东部、中部和西部地区形成了一到两个高值区，即以峨眉山和缙云山为代表的川渝地区，以衡山、岳麓山为代表的湖南地区，以黄河壶口瀑布和洛阳龙门为代表的中原地区，以及以八达岭和明十三陵为代表的京津冀地区。

2013 年，高值区的两极分化趋势更加突出，呈现出多中心的特点。与 2008 年相比，以白云山和惠州西湖为代表的广东成为新的高值区。川渝地区的集聚中心开始下移到云贵川交界处，九寨沟走在了全国前列。2017 年，多极化的趋势更加明显。国家级风景名胜区的旅游效率呈现出"双核"集聚的空间格局，发展极化明显，核心—边缘结构特征显著。

5. 类型差异

结合《风景名胜区分类标准（CJJ/T 121—2008）》，本部分将国家级风景名胜区分为山地类、洞穴类、河流瀑布类、海滨类、湿地湖泊类、特殊地貌类、人文景观类七类。对不同类型的国家级风景名胜区进行横向比较后发现，海滨类的旅游综合效率最高，平均值为 0.5078，最大值为 0.6903。特殊地貌的总体效率仅次于海滨类，其平均值为 0.3169。山地类、人文景观类、河流瀑布类的旅游效率相近，效率值在 0.2 ~ 0.3，可视为第三梯队。湿地湖泊的效率最低，平均值在 0.2 以下。

2003—2017 年各类型国家级风景名胜区的 TE 值和 ECR 被用于绘制成折线图（图 2-2）。对于大多数类型的国家级风景名胜区来说，总体趋势是一致的，但也有例外情况。例如，除了特殊地貌类从 2016—2017 年持续下降之外，所有类型的效率提升都是正向的。此外，2003—2004 年，大多数类型的国家级风景名胜区的效率呈现下降趋势，湿地湖泊类的效率甚至从0.2685下降到0.1415。然而，人文景观类和海滨类的效率则略有上升。上述结果表明，即使在相同的社会经济环境中，不同类型的旅游目的地面临着不同的发展条件和机会。

具体而言，每类风景名胜区都有不同的发展轨迹，稳定或波动的发展是主旋律，其背后是衰退和复兴的过程。首先，山地类、河流瀑布类和湿地湖泊类从2003年到2004年经历了旅游效率的大幅下降，最大的下降幅度甚至接近50%，这可能是因为2003年中国爆发的SARS对旅游业的发展造成了巨大影响。由于SARS的影响，中国的入境旅游人次和国内旅游人次在十多年来首次下降。2004年SARS被成功控制后，河流瀑布类、湿地湖泊类和特殊地貌类的效率值在同年迅速反弹。另外，山地类和洞穴类在2004年和2005年受到SARS的冲击，发展短暂停滞，到2006年才逐渐进入更新阶段。

其次，湿地湖泊类和人文景观类的发展曲线具有类似的衰退和复兴阶段。在经历了2013—2016年连续四年的持续下降后，湿地湖泊类和人文景观类的旅游效率实现了大幅提升。不同的是，人文景观类的效率提升较大（从0.1912到0.4540）。同时，与湿地湖泊类2006—2013年的周期性波动不同，人文景观类在某些时期也经历了发展的停滞阶段。此外，不同类型的大众旅游目的地的效率峰值也不同。大多数类型在2010年左右达到峰值，如海滨类、河流瀑布类以及特殊地貌类。洞穴类的效率峰值出现得最早，在2007年便出现效率峰值，而人文景观在2017年才出现效率峰值。

最终分析显示，2017年山地类、河流瀑布类、湿地湖泊类、特殊地貌类的旅游效率低于2003年，通过比较2003年和2017年的效率值，可以发现洞穴类和海滨类的旅游效率在这两年相同。人文景观类是唯一效率值上升的风景名胜区类型，增长率为61.96%。人文景观类和湿地湖泊类有着相似的衰退和复兴阶段。但进一步探究原因，可以发现其内在逻辑的不同。人文景观是文化遗产的重要组成部分，受到较为严格的保护。中国的文化旅游发展政策为遗产振兴和更新提供了一个全新的舞台。人文景观类旅游目的地的非物质文化遗产也得到了发扬光大，并被塑造成当地的文化符号。另外，湿地湖泊类通常与自然保护区密切相关，受到严格的生态约束，限制对自然环境破坏性大的旅游项目建设。然而，中国的湿地湖泊类景区走出了一条以康养、度假为主题的发展道路，以低投资、高单价、亲环保的旅游方式推动了该类旅游目的地的复苏。

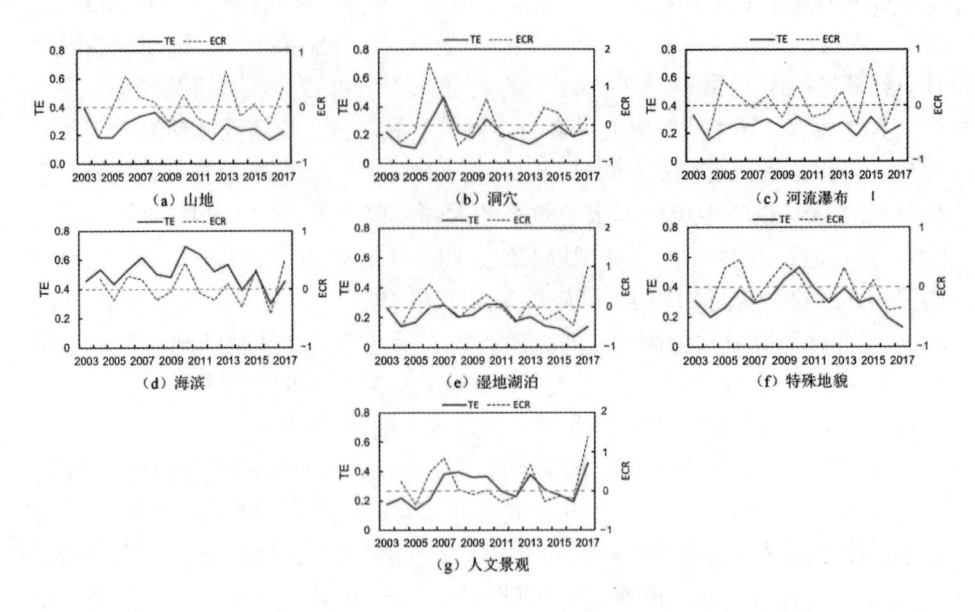

图 2-2　2003—2017 年不同类型国家级风景名胜区的旅游效率折线图

三、发展成就

我国旅游景区取得了长足发展，数量显著增长，质量显著提升，从经济功能到生态功能再到社会责任的全面发挥，成为促进国民经济发展、推进产业融合、带动精准扶贫的旅游业核心生产力要素和主体力量，成为践行生态文明理念、带动地方区域社会经济发展的重要动力，以及展现人民生活品质和激活美丽中国发展的重要窗口。

（一）已成为人民群众旅游生活需求的刚需产品

改革开放 40 多年来，旅游景区已成为广大游客和行业内外衡量旅游业发展质量的重要标准，切实顺应了人民群众对精神文化需求和消费需求升级的意愿，更为市场筛选培育了一批质量过硬、符合需求的精神文化产品。2023 年年末，全国共有 A 级旅游景区 15721 家，其中 5A 级旅游景区 319 家。与此同时，还推出了国家级、省级旅游度假区 671 家，全国乡村旅游重点村镇 1299 个、全国红色旅游经典景区 300 家，已经形成了覆盖广泛、业态丰富、选择多元的旅游产品供给体系。不仅是传统的观光游，一些旅游的新业态也在不断涌现，如工业旅游、中医药健康旅游、体育旅游、休闲度假旅游、冰雪旅游、露营旅游等，人们选择的多样性更加丰富。旅游景区在为生态文明建设贡献生态服务功能的同时，承担着和谐人与自然的关系、保护环境、维持自然资源永续利用的重大使命，为培育、承载和弘扬生态文化起到重要作用，成为全民参与生态文明建设的最广泛、最直接、最有效的途径，有效满足了人民群众日益增长的文化消费需求。

（二）已成为有效展示美丽中国形象的重要窗口

美丽中国是优美的自然环境、社会环境的良好结合。旅游景区景观优美、游览价值高、服务设施齐全、旅游体验良好，尤其是品质较高的5A级和4A级旅游景区，吸引着国内外游客的前往。依托丰富的旅游资源，旅游景区产品供给正在从早期的自然资源和历史人文资源驱动的传统模式走向"资本、技术和创意"的发展模式，以自然景观类和历史文化类为主的观光型景区占比呈下降趋势，休闲度假、乡村旅游、主题游乐等新型景区的数量有所提升。航天旅游、邮轮旅游、医疗旅游、康养旅游、研学旅游、营地旅游、夜间旅游、演艺旅游、工业旅游、温泉旅游、滑雪旅游等新型旅游景区产品类型不断涌现，各类景区主动顺应旅游消费多元化和个性化发展趋势，持续释放资源潜力，成为新的消费热点，旅游景区的服务和产品日益多样，为国民大众的旅游休闲提供了更加多样的选择，展现出美丽中国形象的多元化特征，已成为展示美丽中国形象的重要空间载体。

（三）已成为国民经济和社会发展的重要抓手

凡是旅游景区做得好的地方，旅游品牌形象就好、旅游吸引力就强、游客规模就大、旅游发展就更持续稳定。2019年，全国A级旅游景区实现旅游总收入5065.97亿元，旅游景区收入占旅游业收入的比例达到8%以上。受新冠疫情的影响，2020年全国A级旅游景区游客接待量仅有32.37亿人次，营业收入2017.65亿元。2021年A级旅游景区营业收入则达到2228.1亿元，吸纳就业157万人。2022年年末，全国共有A级旅游景区14917家，直接从业人员147万人，全年接待总人数26.3亿人次，实现旅游收入1818.5亿元。A级旅游景区数量仍在增长，尤其是3A级及以上旅游景区（表2-3），这表明旅游景区正向品质提升的高质量发展转型。景区作为有力助推旅游业成为国民经济的战略性支柱产业和与人民群众息息相关的幸福产业，对当地经济社会发展的贡献就更加显著。众多高品质景区不仅成为地区名片，成为汇聚地区人气、财气之地，在创建过程中还推动了当地机场、高铁、高速公路等基础设施的建设,使景区所在地成为区域发展的新节点。近年来,旅游景区承担的社会功能和社会责任不断增强,在体现公益、带动扶贫、美化环境、促进城市建设等方面的功能日益突出。

中国A级旅游景区通过直接就业、景区带村、景区带乡等发展模式,盘活了闲置资产,带动了地方特别是广大乡村地区的种植业、养殖业、农产品加工业的发展,加速了一、二、三次产业的融合发展。旅游景区已成为地方经济发展的催化剂、产业转型发展的助推器和脱贫致富的重要途径。A级旅游景区尤其是5A级旅游景区对树立地方形象、汇聚人气、吸引投资、带动项目、促进区域经济发展等方面的优势作用明显,很多旅游景区在创建过程中还推动了当地机场、高铁、高速公路等基础设施建设,使景区所在地成为区域发展的新节点。

表2-3 2019年和2023年全国A级旅游景区数量统计(单位:家)

景区等级	2019年	2023年	变化率(%)
5A级	280	319	13.93
4A级	3720	4863	30.73
3A级	6198	8717	40.64
2A级	2101	1747	−16.85
A级	103	76	−26.21
合计	12402	15721	41.88

注:黄河壶口瀑布分属于陕西省和山西省,在省级层面各计1家,全国层面合并为1家。

(四)已成为承载中华文明和展现社会主义先进文化的重要窗口

旅游景区是文化传承和传播的重要载体。近年来,随着旅游景区品质提升意识不断增强,其传播和弘扬核心价值观的功能日益凸显。旅游景区为文化遗产与人民群众的直接接触及互动提供了重要方式,成为传播文化遗产社会及文化价值的重要路径,作为中华优秀传统文化的重要组成部分,为人们提供了源源不断的精神食粮。此外,旅游景区开始成为科技强国、科教兴国的重要实践基地,成为我国青少年科普教育的第二课堂,为科技成果向服务业转化提供了新舞台，也从供给侧的角度提供了新的精神文化消费产品。一系列文化遗产研学旅行基地依托旅游景区建立，为传承中华文明和传统美德提供情境教学的条件，让中小学生在旅行中欣赏祖国的大好河山，学习中华民族的传统美德，进而形成正确的世界观、人生观和价值观。

旅游景区为生态文明建设有效贡献了生态服务功能，承担了和谐人与自然关系、保护环境、维持自然资源永续利用的重大使命，为培育、承载和弘扬生态文化起到重要作用，成为文明旅游、生态旅游的龙头载体，成为全民参与生态文明建设的最广泛、最直接、最有效的途径。同时，全国A级旅游景区每年面向数十亿人次的境内外游客，传播展示"美丽中国"及其承载的文化精神，已成为传播中华文明和社会主义核心价值观的重要力量，成为传承中华文化、展示国家形象的重要窗口。

（五）已成为有效推进区域绿色发展的重要资源利用模式

为满足消费、市场、行政、社区居民等多元主体对旅游景区的现实诉求，我国一直在努力和优化景区管理体制，旅游景区质量等级评定制度成为旅游景区管理和服务品质提升的重要依据。在旅游景区标准化建设方面，建立了A级旅游景区标准，区别于国内其他行业关于产品质量、场所建设合格性要求的标准与规范，它以引领产业发展的思路，对景区建设、经营、管理给予全面指导，是一个强调动态性与系统性的标准，有效树立了景区标准化建设的旗帜。在旅游景区创建和退出机制上，实施了不定期暗访评估和问题公示制度，对于管理经营问题突出的景区进行警告乃至摘牌，实现了景区的动态管理；在景区协同发展上，鼓励跨界地区实行区域协同发展，鼓励景区与社区的协同发展和协商式管理。

随着游客旅游经历的日益丰富，消费观念的日益成熟，旅游需求也逐步多元化、个性化发展，增加对旅游景区的投资，有利于完善旅游景区基础设施和公共服务设施，加快新的技术和创意手段在景区的应用，增强旅游景区的参与性、娱乐性、体验性。旅游景区建设标准的实施促进了景区建设必备的设施、服务和管理要素的标准化建设，细化了景区各要素的具体要求，明确了景区对资源环境保护的目标和方式，有效引导了资源的合理开发与保护性利用，为旅游景区建设指出了一条科学的参考路径，同时也为各地的绿色发展提供了一个极具操作性的发展模式。

党的十八大以来，党中央、国务院把生态文明建设纳入"五位一体"总体布局，并做出一系列重大决策部署。旅游景区作为旅游目的地的重要吸引物，依托的是我国最优质的自然和生态资源，已成为生态文明建设的重要空间载体。加大对旅游景区的投入，以旅游服务为载体推动旅游景区绿色发展，推动旅游景区传承文化，提升价值，更好满足新时代人民群众美好生活需要，实现经济效益和社会效益的综合提升，是在旅游发展领域更好落实生态文明战略的重要举措。

未来，旅游景区将继续从供给结构、内容、服务、配套设施等多维度优化旅游供给体系，并推动景区的多样化经营，打破景区以门票作为主要收入甚至唯一收入的单一经营模式，拓宽景区收益的渠道，以旅游休闲功能为主导，辐射产业链两端的产业集聚化发展模式，使景区经营收益综合化，努力实现由旅游供给不足向供需基本平衡转变。

四、存在问题

（一）旅游景区空间布局不平衡

我国旅游资源丰富，全国景区数量较多，但类型极化、区域分化、板块集聚现象突出，旅游景区地区不平衡与不协调、跨行政区条块发展的情况依然不容忽视。东部地区得益于居民较高的收入、便利的立体式交通网、良好的公共基础设施和优质的人力资源等，景区发展比较优势明显，胡焕庸线两侧景区密度悬殊，东南部尤其是京津地区、长三角城市群、珠三角城市群、成渝地区等集聚了大量旅游景区；与之相比，中西部地区景区发展则相对落后，景区基础与服务设施投入不足，旅游资源丰富但明显开发力度不够，缺少特色的旅游品牌。2019年和2023年，A级旅游景区数量最多的地区均为华东地区，达到4156家和4655家，分别占当年全国A级旅游景区总数的33.51%和29.61%；其次是西南地区，2019年有1811家A级旅游景区，2023年有2562家A级旅游景区，分别约占总数的14.60%和16.30%（表2-4）。

表2-4　2019年和2023年全国A级旅游景区数量分区统计（单位：家）

地理分区	2019年	2023年	变化率（%）
华北	1344	1681	25.07
东北	1154	1323	14.64

续表

地理分区	2019年	2023年	变化率（%）
华东	4156	4655	12.01
华中	1422	1972	38.68
华南	1036	1470	41.89
西南	1811	2562	41.47
西北	1479	2059	39.22
合计	12402	15721	26.77

注：黄河壶口瀑布分属于陕西省和山西省，在省级层面各计1家，全国层面合并为1家。

从分省来看，2023年，山东省A级旅游景区数量最多，为1229家，约占全国A级旅游景区总数的7.82%；其次是浙江省和四川省，分别为947家和931家，分别约占全国A级旅游景区总数的6.02%和5.92%。海南省A级旅游景区数量最少，为86家，约占全国A级旅游景区总数的0.55%（表2-5）（文化和旅游部资源开发司，2024）。

表2-5 2019年和2023年全国A级旅游景区数量分省统计（单位：家）

省级行政区	2019年 数量（家）	2019年 比重（%）	2023年 数量（家）	2023年 增量（家）	2023年 增长率（%）	2023年 比重（%）
北京	238	1.92	215	−23	−9.66	1.37
天津	95	0.77	103	8	8.42	0.66
河北	420	3.39	516	96	22.86	3.28
山西	216	1.74	390	174	80.56	2.48
内蒙古	375	3.02	457	82	21.87	2.91
辽宁	512	4.13	582	70	13.67	3.70
吉林	231	1.86	303	72	31.17	1.93
黑龙江	411	3.31	438	27	6.57	2.79
上海	113	0.91	144	31	27.43	0.92
江苏	615	4.96	637	22	3.58	4.05
浙江	798	6.43	947	149	18.67	6.02

续表

省级行政区	2019年 数量（家）	2019年 比重（%）	2023年 数量（家）	2023年 增量（家）	2023年 增长率（%）	2023年 比重（%）
安徽	605	4.88	689	84	13.88	4.38
福建	375	3.02	494	119	31.73	3.14
江西	421	3.39	515	94	22.33	3.28
山东	1229	9.91	1229	0	0	7.82
河南	519	4.18	724	205	39.50	4.61
湖北	421	3.39	609	188	44.66	3.87
湖南	482	3.89	639	157	32.57	4.06
广东	414	3.34	664	250	60.39	4.22
广西	560	4.52	720	160	28.57	4.58
海南	62	0.50	86	24	38.71	0.55
重庆	242	1.95	294	52	21.49	1.87
四川	679	5.47	931	252	37.11	5.92
贵州	420	3.39	543	123	29.29	3.45
云南	343	2.77	624	281	81.92	3.97
西藏	127	1.02	170	43	33.86	1.08
陕西	460	3.71	563	103	22.39	3.58
甘肃	115	0.93	469	354	307.83	2.98
青海	312	2.52	178	−134	−42.95	1.13
宁夏	96	0.77	137	41	42.71	0.87
新疆	496	4.00	712	216	43.55	4.53
合计	12402	100.00	15721	3320	11.15	100.00

注：黄河壶口瀑布分属于陕西省和山西省，在省级层面各计1家，全国层面合并为1家。

（二）高水平旅游景区供给总体不足

相对于快速增长的游客市场，我国景区供给总量总体不足，优质景区的供给尤为不足，多数景区主要以观光产品为主，个性产品和专项产品较少，多数产品开发较初级，文化、科学内容展现不足，创新水平较低。2023年全国A级旅游景区数量的等级结构继续保持"中间大，两头小"的纺锤形结构，其中，4A、3A和2A级旅游景区数量占A级旅游景区总数的97.49%。5A和A级旅游景区所占比重较小，占比为2.51%。单个A级旅游景区平均接待量达365万人次，5A级旅游景区平均接待量更是高达1.8亿人次。旅游景区在数量、类型、结构、设施服务、游客体验等方面的供给水平均明显滞后于国民生活品质需求。

旅游景区产品及服务没有实现与市场需求的有效对接，未充分发挥其对市场的引领作用。

目前景区产品大多仍停留在游览观光层面，观光产品的同质竞争越来越激烈，如同质化的玻璃桥成为很多景区的标准配置。在不同类型、不同级别的多元景区中，产品供给内容单一成为普遍现象，景区的主要收入仍集中于门票，而灵活多元、富有消费吸引力的优质二消产品依然处在少量或初级化的阶段。另外，随着网红产品的层出不穷，多数景区缺乏创新与研发，仅停留于对市场高热度的、爆款的、网红类旅游产品的快速借鉴与生成，打造出对游客群体昙花一现式的瞬时吸引效果，从而形成了在多个区域、多种类型的景区内如出一辙的复制类产品。到了旅游旺季，景区"人满为患"的现象成常态，停车难、入园难、赏景难、如厕难等问题突出，直接影响了游客的体验度和舒适度，对旅游地的社会和自然资源也产生了巨大压力。

（三）旅游景区收益低导致设施更新缓慢

旅游景区的收入主要来自"门票+景区客运（索道、观光车）类"，景区周边产品消费规模小，很多景区仍未摆脱门票经济的束缚，门票收入占景区总体收入比重较高，导致收益较低、二次消费不足、资金压力较大、市场活力不足。据统计，门票收入一般占景区运营收入的60%以上，这种格局在一段时间内还难以改变。较于其他旅游项目，"收益地带"狭窄成为制约景区经济发展的重要因素。随着景区维护成本快速上升、自我生存能力下降、资金短缺，致使景区设施服务配套不足等一系列问题出现。

旅游景区的基础设施和公共服务设施建设、生态环境保护设施投入，具有很强的公益属性，目前旅游景区财政投入不足，引导更多的投资主体进入景区的政策少，景区发展可以利用的资金渠道不多。部分景区周边基础配套设施不足，"最后一公里"问题突出。特别是中西部地区，由于交通基础设施不足，"快进慢游"的交通网络还没有形成，制约了景区的可进入性。由于缺乏充足的公共资金投入，不少旅游景区内公共服务设施不完善，停车场容量不足、标识不清，旅游厕所、环卫设施、游客休憩设施不够，景区游客服务设施不同程度存在供给不足、更新缓慢、简陋且老化等现象。

（四）旅游景区营销缺乏系统性

旅游景区发展对于市场调查方面的重视不足，导致景区营销缺少系统的营销规划和营销策略，部分旅游景区营销理念落后、内容陈旧，营销特色、个性化不明显。景区营销各自为政,缺乏区域整体营销的合力,行政割据、单打独斗现象突出,跨文化营销力度不足、方式不够。多数景区的品牌意识薄弱,不注重品牌形象的设计和打造,而模糊的品牌形象很难使潜在客源市场留下深刻印象,同类景区之间大同小异,难以通过品牌这一标识进行差异化营造。旅游景区营销方式缺乏新媒体的支持和新技术的运用。在智能化、科技化的发展环境中,旅游景区网络营销专业人才比较缺乏,导致在景区网站建设、科技营销方式、网络营销重视度等方面存在较多不足之处,与游客沟通的网络平台功能较为传统、单一,景区消费产品也未能较好地在网站推广和产生交易,没有达到理想的旅游营销效果。

(五)旅游景区资源保护与生态文明要求有差距

党的十八大以来,党中央对生态文明建设提出了更高的要求。作为可持续发展的重要实践平台,旅游景区需要通过旅游理念的更新、旅游设施的创新,以及旅游方式的革新,让景区发展和生态环境保护有效统一,实现社会、经济和环境效益的共同发展。虽然旅游景区在资源保护和利用方面发挥了重要作用,但是旅游资源开发方式不科学、开发水平不高、同质化现象严重,以及开发强度超容量、旅游行为监管不到位等问题仍然存在于生态保护要求高,环境承载能力相对较低的地区,传统的大众旅游发展方式容易给生态环境造成压力。不少景区解说展示手段有限,文化信息表达明显不足。资源保护与利用质量与生态文明战略要求之间的差距较为明显。旅游景区需要通过旅游理念的更新、旅游设施的创新,以及旅游方式的革新,让景区发展和生态环境保护有效统一,实现社会效益、经济效益和环境效益的共同提高。

(六)旅游景区科技创新不足

大数据、云计算、物联网、5G等新一代信息技术的快速发展,为旅游景区高质量转型升级提供了重要契机。然而,从全国水平来看,目前旅游景区的科技创新融入不足。在线预约预订、分时段预约游览、流量监测监控、科学引导分流、非接触式服务、智能导游导览等尚未在全国旅游景区完全普及。尤其是数字化体验产品以及景区电子地图、线路推荐、语音导览等智慧化服务的创新开发。运用数字技术充分展示特色文化内涵、建设数字博物馆、数字展览馆等方面仍有待提升。很少有旅游景区与互联网服务平台合作建设网上旗舰店,实现门票在线预订、旅游信息展示、会员管理、优惠券团购、文化和旅游创意产品销售等方面的功能。

（七）旅游景区管理体制有待优化

近年来我国不少旅游景区开发建设仍沿袭事业单位企业化管理的"国有国营"模式，存在多头管理状况，政事不分、政企不分等较为严重的问题，一定程度上影响了旅游景区发展市场活力的释放和旅游服务质量的提高。旅游资源产权制度不清晰，景区融资难度高。旅游景区资源缺乏法定的市场经济产权地位，景区资产产权和价值均不明晰。资源产权不清、用地缺乏政策接口、相关边界政策模糊、配套政策滞后，一定程度上影响了旅游景区市场活力的释放和旅游服务质量的提升。同时，由于景区资源和资产的特殊性，抵押变现成本高，门票收入权质押处置难度大，影响了旅游景区的融资能力。另外，高素质管理、专业性人才支撑薄弱，致使旅游景区服务与建设成本高等问题突出。

目前我国景区运营管理模式主要有三种：一是传统经营模式，即管委会模式；二是产权对内分离模式，即国有企业模式；三是产权对外分离模式，即民营企业整体租赁模式和上市公司模式，可进一步细分为表2-6。在景区运营管理主体方面，存在一定的缺陷：一是除政府型管理机构外，大部分景区设立的机构是事业单位性质却行使行政职能；二是管理机构政企不分，行政管理与经营管理混同，致使统一管理职能弱化，政企不分使景区管理机构混同于一般经营机构，失去了从社会公共利益出发严格公平执法的地位，客观上削弱了管理机构的行政管理职能。在具体的管理人员方面，由于景区大多归属于政府部门或央企，其管理者大多兼有公务员或事业编制人员，景区运营管理中可能缺乏足够的主动性、积极性、专业性，且存在较多不必要的行政干预，导致旅游服务水平低、旅游产品设计初级，在市场中缺乏竞争力和话语权，丰富的旅游资源不能有效地转化为产品优势和市场优势；从景区管理部门来看，目前的政府部门职责划分有利于明确分工，但过于刚性的职责分工也易导致各自行事、互不配合。旅游景区管理条块分割、多头管理、事企不分、权责不明的问题突出，旅游景区不能统一有效地管理，与旅游业跨产业、跨地区、跨部门、跨行业的特性极其不匹配。

表2-6　旅游景区主要运营模式总结

模式	内涵
政府管理机构+公司经营	成立管委会等政府性质的机构，代政府行使景区社会管理与服务职能，公司负责景区的经营活动

续表

模式	内涵
旅游管理委员会+公司经营	成立旅游管理委员会，只负责旅游管理与服务，公司负责景区的经营活动
整体转让经营权	企业与政府签订转让协议，将景区的管理权与经营权整体转让给企业
特许经营	由景区的管理者将景区特定的经营项目委托给第三方进行经营
混合所有制	通过景区的股份制改造，吸引各类资本参与景区投资与经营
企业改制	通过企业改制程序，转变原经营主体性质，将国有或集体性质改制成民营性质
委托管理	聘请专业团队对景区进行专业化管理

第三章　制定战略目标，明确发展总体要求

一、面临形势

（一）需求品质化

党的二十大报告提出以中国式现代化全面推进中华民族伟大复兴。全面建成小康社会后，居民消费将继续保持较快的增长态势，消费者更趋成熟理性。旅游景区是满足人民群众日益增长的旅游需求和高品质生活的重要供给领域。未来旅游景区发展需要顺应新时期社会基本矛盾的转变，将继续实施多维度优化旅游供给体系，努力实现由旅游供给不足向供需基本平衡转变，通过旅游景区高质量发展来促进当前旅游供给不足向供需平衡问题的转变。将旅游景区培育成人民群众更加满意的现代化景区，从满足"旅游者"基本需求到"人民群众"更加满意，成为人民美好生活向往的理想地。

专栏 3-1　主要旅游细分市场发展趋势

✦ 亲子、研学游市场

亲子游、研学游逐渐得到"80 后""90 后"家长的青睐。一方面，亲子游、研学游消费群体数量上升。第七次全国人口普查数据显示，我国 0～14 岁人口占比 17.95%，较十年前上升了 1.35%，目前我国以小家庭结构居多，年轻父母对亲子游的偏好程度更高，"80 后""90 后"父母成为旅游市场的消费群体，成为亲子游、研学游旅行形式的中坚力量。2021 年马蜂窝暑期出游数据显示，家庭亲子游

的占比达到29%，仅次于与朋友同学出行的32%。另一方面，亲子游、研学游消费需求增长。新一代家长更注重孩子综合素质能力的提升，研学旅行可以开阔孩子的眼界和增长知识，成为素质教育的新内容和新方式，"双减"政策下研学游迎来发展契机。根据马蜂窝数据，2021年"亲子家庭"周边游景点中，休闲类娱乐类景点热度显著高出其他游客群体，在休闲度假旅游市场中，亲子客群是其重要的组成部分。

✤ 康养旅游市场

随着人口老龄化的加剧，康养旅游将释放出更大的发展潜力。第七次全国人口普查数据显示，2021年我国内地60岁及以上的老年人口总量为2.67亿人，已占到总人口的18.9%。联合国数据预测，2050年，中国老年人口将突破4.8亿人，占总人口的36.5%。康养旅游市场的未来发展空间巨大。我国老龄化进程加速的同时，老年群体对美好生活的需求也更加旺盛。新冠疫情深刻影响了人们对健康生活、休闲养生的认知，康养旅游的价值逐渐得到关注。2021年12月，国务院印发《"十四五"国家老龄事业发展和养老服务体系规划》(以下简称《规划》)，《规划》提出要促进养老和旅游融合发展，引导各类旅游景区、度假区加强适老化建设和改造，建设康养旅游基地。以中医药健康旅游、温泉旅游、森林生态游、康养运动游等健康养生为特色的产品和服务将满足老年群体的需求，康养旅游的业态将更加丰富。

✤ 乡村旅游市场

政策利好点亮市场前景，乡村旅游市场持续升温。2022年2月11日，国务院印发《"十四五"推进农业农村现代化规划》提出，依托田园风光、绿水青山、村落建筑、乡土文化、民俗风情等资源优势，建设一批休闲农业重点县、休闲农业精品园区和乡村旅游重点村镇。各地区依托政策指引，积极开发乡村旅游市场。乡村旅游的出游人次也呈现出快速增长态势。中国旅游研究院相关数据显示，2021年，广东、河南乡村出游规模超过7000万人次。休闲度假游需求的增长也推动了乡村休闲旅游项目的发展。乡村旅游不再局限于"农家乐"形式，传统文化、乡土风情、高品质民宿等成为乡村消费的新选择。

（二）文旅融合化

文化建设和旅游发展相得益彰，文旅融合将促进旅游资源外延扩展、内涵深化和产品升级，形成非物质文化遗产、文化创意、文化演艺与旅游景区融合发展的新局面，深化文化旅游供给侧改革，融合中国传统文化和现代旅游消费需求，拓展和延长旅游产业链。我国文旅融合发展呈现多方参与、协同加强、创新加快、环境优化等特点，文化和旅游之间在资源、产品、市场、项目、设施等层面和环节融合发展较快，正在从要素融合——博物馆等各类文化场馆、文化遗产地、特色文化街区、演艺节目等与旅游发展的结合，向价值融合——文化、旅游各自领域内人才、技术、内容、品牌、资本等价值链深度融合迈进（李萌，2020）。这些将有助于旅游景区深化文化旅游供给侧改革，融合中国传统文化和现代旅游消费需求，拓展和延长旅游产业链，培育出多元联动、纵横延伸的旅游景区体系，促进文化消费和旅游消费有机结合，以融合发展促进旅游景区转型升级、提质增效，引导旅游景区高质量发展。

专栏 3-2　文旅融合的创新趋势

✤ 场景创新

场景创新拓展了文旅融合的发展边界。创新的消费场景为文化资源的旅游化开发和旅游资源的文化性拓展提供了全新方向，大幅拓宽了产业边界，推动文旅融合向更深更广维度发展。书店、图书馆与旅游的结合，拓展了文旅消费的新场景。无论是通过设计、多消费场景融合成为旅游打卡地的众多网红书店，如钟书阁、诚品书店等，还是将书店、图书馆引入特色小镇和旅游景区，都是在保有文化消费空间的同时，通过功能拓展，将文化空间转变为兼具文化和旅游消费功能的全新场景，从而扩大了消费群体。以文化空间为基础，通过叠加多种功能，成为旅游吸引空间。图书馆、博物馆、特色小镇、旅游街区、旅游景区等都是文旅消费空间创新的重要载体。安仁古镇的咖啡博物馆、粤式国潮特色的深南万科里街区、多消费场景集聚区成都麓湖等，将文化与体验、旅游与生活相结合，形成全新的文旅消费空间。

✤ 业态创新

业态创新增强文旅融合的内生动力。挖掘文化资源内涵，以旅游化方式多维呈现文化符号，形成文旅融合新业态，为文旅产业发展提供新动力。沉浸式旅游演艺、怀旧景区、非遗小镇、密室逃脱等景区是基于文旅融合而生的新业态。上海的《不眠之夜》、武汉的《知音号》、山西的《又见五台山》等一批经典沉浸式演艺项目的出现，不仅丰富了旅游演艺模式，也让文化与百姓生活有了更可亲近的视角和更可触摸的路径。近年来，融合文化创意、历史回忆、文化情怀和旅游需求而形成的怀旧旅游新业态，成为多地旅游发展的新趋势，如长沙文和友、北京和平菓局等。最大化保护和展示非遗资源，为游客提供鲜活体验空间的非遗小镇，也成为文旅深度融合发展的重要载体，形成了现象级的小镇，如贵州省丹寨小镇、内蒙古自治区莫尼山小镇等。剧本杀游戏、密室逃脱等业态的出现也为旅游景区等提供了全新体验产品，成为企业创新的方向之一。

◆ 技术创新

技术创新提升文旅融合的消费体验。科技创新和文化创意是文化资源和文化符号可视化、可触摸、可感知、可体验的重要推动者和助力者，也是满足并提升游客深度文化体验的重要手段。依托数字技术和文化创意，将文化资源转变为数字文化资源，进而成为游客可深度体验的文化旅游产品，如基于名画《千里江山图》的故宫沉浸艺术展、遇见敦煌光影艺术展等。技术大幅提升了文化的普及率，让更多可以深度接触、感知和了解优秀的文化资源。依托人工智能、虚拟现实、增强现实等数字技术，形成数字文旅新业态，正成为现在和未来旅游业态创新的重要方向。山西数字文旅体验馆等一批基于文旅与科技深度融合而生的新业态，成为备受年轻游客追捧的旅游新空间。云看展、云旅游等云端旅游体验产品，依然是助力旅游大众化、公益性实现的重要手段。线上预订、VR展示、数字讲解、旅游足迹地图等数字服务内容，优化并提升了游客出游体验，是文旅和技术深度融合发展的重要方向。

（三）业态全域化

全域旅游发展的核心是从景区旅游向"全域"旅游转变，从原来孤立的节点向全社会、多领域、综合性的发展迈进。旅游景区是全域旅游发展的引擎。作为一种新型的区域发展理念和旅游治理方式，全域旅游要求旅游景区建设打通景区内外、行业内外、区域内外阻碍旅游要素流动和优化配置的瓶颈，打破部门分割、行政分割，促进旅游景区及其吸引的发展要素在全域范围内实现充分流动和优化配置，实现促进景区内外、城乡公共服务均等化配置和旅游产业综合带动。

（四）场景科技化

全球正掀起新一轮的技术和应用革命，科学技术、文化创意、经营管理等对推动旅游景区发展的作用日益增大。文旅产业发展正在进入转型升级、优质发展的快车道，现代科技、智能管理等在升级旅游景区产品形态、优化服务体验、提高供给侧管理和运管效能等方面的作用越发明显。科技创新在旅游业的广泛应用带动资金不断向旅游业靠拢，大量投资的注入为技术赋能旅游业发展提供了坚实的保障。充分运用大数据＋物联网＋移动通信的创新技术手段，能够有效提升旅游景区直播导览、景区服务、游客投诉、风险监测与应急服务等方面的创新能力，实现景区运行监测、旅游资源保护、交通预警分流、流量均衡调控、突发事件应急响应等系统构建全新的旅游管理模式，为广大游客和市民提供全时、全域、全用户、全互通的智慧文旅服务。旅游景区正处于创新突破的临界点，需要及时转变发展模式，以创新的姿态登上舞台，在挑战中把握时代赋予旅游业发展的机遇。

专栏 3-3　疫情影响下科技赋能旅游业

科技革命和新冠疫情肆虐的双重影响成为旅游业加快供给侧改革、实现高质量发展的"催化剂"和"加速器"。其影响方式包括以下四点：

（1）人员流动和物资流动受到限制，科技赋能下各种线上活动变得活跃，许多旅游目的地和旅游企业在科技创新上加码，加快推出云旅游、云演艺、云直播、云展览等线上旅游产品；

（2）新冠疫情导致环境的割裂与压抑的需求不断积累，加剧了旅游供需失衡。未来，在科技创新成果加快扩散的趋势下，围绕服务意识、服务标准、服务质量、服务流程，其渗透旅游消费的每个环节，加速旅游企业数字化、网络化、智能化转型升级，提高旅游服务质量和延伸旅游体验价值；

（3）相较于传统的营销活动，具有科技感的营销工具和方式能够在千篇一律的营销活动中迅速获得旅游者的关注。现代旅游营销需要转变思路，利用科技力量拓展相关旅游数据挖掘和分析的深度、广度与精确度，从数据中发现旅游市场发展变化、旅游者偏好和行为变化，在科学系统的数据计算和分析后制定多种营销策略，从而赢得更大的市场空间；

（4）数字经济蓬勃发展为产业升级和城市发展提供新动力，智慧城市、智慧交通、智慧文博、数字化政府、数字化社区等建设将改善旅游业发展所依赖的基本工具和场景，旅游业既为数字技术提供了应用场景，也在通过自身创新推动数字化浪潮。

（五）模式生态化

生态文明建设强调科学合理开发利用自然资源，构建绿色循环经济体系，从自然资源确权、国土空间规划、国家公园体制建设等方面约束资源使用分配制度，强化用地空间管制和生态保护制度改革。生态文明建设是中华民族永续发展的千年大计，将不断促进旅游景区发展模式转变。旅游景区承担着促进人与自然和谐发展、维持自然资源可持续利用和生态环境保护等重大使命，面向生态文明一系列体制改革，旅游景区发展要划定生态保护红线，要将旅游景区规划纳入国土空间规划，与资源环境承载力相协调，推动旅游景区资产产权制度改革，合理控制旅游资源开发强度，建设规模与资源环境承载力相协调，转变旅游景区收益模式，科学引导游客文明消费，确保景区发展与生态文明建设相辅相成。

二、机遇与挑战

当前国际经济形势复杂多变，我国经济发展面临着较强的外部不确定性，经济发展速度从持续的高速增长向中高速增长转变，经济发展方式从规模速度粗放型增长向质量效率集约型增长调整，旅游景区发展的机遇与挑战并存。

（一）发展机遇

1. 旅游业政策不断助推旅游景区升级发展

党的十八大以来，我国对旅游业发展的支持性政策不断涌现，国家积极出台政策激发市场活力，为旅游景区发展提供了良好的外部环境。《国民旅游休闲纲要（2013—2020年）》《关于促进旅游业改革发展的若干意见（2014年）》《关于进一步促进旅游投资和消费的若干意见（2015年）》《关于支持旅游业发展用地政策的意见（2015年）》《关于促进中医药健康旅游发展的指导意见（2016年）》《关于大力发展体育旅游的指导意见（2016年）》《关于促进森林康养产业发展的意见（2019年）》《"十四五"文化和旅游科技创新规划（2021年）》《国内旅游提升计划（2023—2025年）》《关于释放旅游消费潜力推动旅游业高质量发展的若干措施（2023年）》《关于推进旅游公共服务高质量发展的指导意见（2024年）》等深化旅游业发展改革、促进旅游景区产业融合的政策文件相继发布。其中2021年出台的《"十四五"旅游业发展规划》，提出突出重点，发挥优势，分类建设一批特色旅游目的地。依托全国红色旅游经典景区，弘扬伟大建党精神、井冈山精神、长征精神、延安精神、西柏坡精神等革命精神，打造一批红色旅游目的地。依托世界文化遗产、国家历史文化名城及各级文物保护单位等，在加强保护基础上切实盘活用好各类文物资源，打造一批历史文化旅游目的地。依托特色地理景观、自然资源和生态资源，完善综合服务功能，建设一批山岳、海岛、湿地、冰雪、草原、沙漠、湖泊、温泉、康养等旅游目的地。2023年出台的《关于释放旅游消费潜力推动旅游业高质量发展的若干措施（2023年）》从多方面提出要加大优质旅游产品和服务供给、激发旅游消费需求、加强入境旅游工作、提升行业综合能力，并提出了相关保障措施。同年出台的《国内旅游提升计划（2023—2025年）》提出到2025年，国内旅游宣传推广效果更加明显，优质旅游供给更加丰富，游客消费体验得到有效改善、满意度进一步提升，旅游公共服务效能持续提升，重点领域改革取得突破，旅游市场综合监管机制更加健全，现代治理能力进一步增强，国内旅游市场对促进消费、推动经济增长的作用更加突出。

2. 社会消费市场为旅游景区发展提供广阔天地

旅游景区发展的市场消费环境持续改善，国内旅游经济投资热情高涨，发展动力强劲。2023年中国经济总量达到126万亿元，人均GDP超过1万美元，全面跨入休闲社会，大众旅游消费市场旺盛。全面建成小康社会激发的大众旅游消费活力和增长性需求，供给侧结构性改革正在不断坚持优化旅游景区的资产配置方式和产品设计形式，为旅游景区高质量发展提供良好的市场机遇。城乡居民收入稳步增长，消费结构加速升级，人民群众健康水平大幅提升，带薪休假制度逐步落实，假日制度不断完善，基础设施条件不断改善，航空、高铁、高速公路等快速发展，旅游消费得到快速释放，为旅游景区发展奠定了良好基础。尤其在疫情防控转段后，旅游景区重现人潮涌动场景，众多城市街区"烟火气"提升，旅游业复苏回暖。2023年，国内出游人数48.91亿人次，比上年同期增加23.61亿人次，同比增长93.3%。其中，城镇居民国内出游人数37.58亿人次，同比增长94.9%；农村居民国内出游人数11.33亿人次，同比增长88.5%。居民旅游需求得到集中释放，居民出行量大幅度增加，在带动相关消费增长的同时，极大促进了经济复苏。

3. 区域发展战略为旅游业发展提供广阔平台

"一带一路"、京津冀协同发展、粤港澳大湾区、长江经济带等一系列区域发展战略的实施，正在大力推动供给侧结构性改革，推动经济发展质量变革和社会转型发展，激励着居民日常生活休闲内容的扩大化发展，旅游正在成为社会日常消费品，旅游景区的规模、类型也在这种需求的刺激下演变成多层级、多类型的景区体系，优化旅游供给结构，促进社会休闲旅游消费需求增加的有效供给，成为普惠民生、改善民生的重要内容。新发展格局下，需要充分利用旅游业涉及面广、带动力强、开放度高的优势，以建设世界级旅游景区和度假区为重要抓手，充分发挥旅游业在服务国家经济社会发展、满足人民文化需求、增强人民精神力量、促进社会文明程度提升等方面的作用。依托京津冀协同发展、长江经济带发展、粤港澳大湾区建设、长三角一体化发展、黄河流域生态保护和高质量发展等区域重大战略，建设跨区域特色旅游功能区，推动旅游景区的协同整合发展。

4. 旅游交通出行方式更加多元便捷

我国将基本建成国家快速铁路网和高速公路网，初步形成安全、高效的综合交通运输体系，高速、快速铁路实现对50万人口以上城市的基本覆盖，高速公路实现对20万人口以上城市的基本覆盖，民航实现对全国83%人口的覆盖。同时，以旅游景区为重点依托的支线公路和支线机场也将加快发展。交通设施的持续改善为国内外游客提供了更加便捷、高效、舒适的旅游条件。"交旅融合"已成为未来发展新趋势，结合国家综合交通枢纽系统建设，我国在打造世界级旅游目的地、世界级旅游城市、国际性和全国性旅游交通枢纽方面具有巨大潜力。国家综合立体交通网主骨架将我国的主要都市圈、城市群和城市化地区紧密联系在一起，全国旅游客源地和目的地间的旅游客流将快速高效流动，国内旅游发展的区域差异将逐步弱化。结合区域内部交通运输一体化发展，都市圈、城市群内部将打破行政区域束缚，对外形成整合的旅游客源市场和目的地，对内形成一体的城乡居民旅游休闲空间。

5. 智慧科技赋能旅游景区发展

5G、人工智能、大数据、云计算、区块链等新技术，以科技引领旅游景区创新发展，智慧景区建设已是大势所趋，国家各类政策文件也将其作为发展重点（表3-1）。尤其在疫情防控期间，对预约制、错峰值的刚性需求，加快了旅游景区的智慧化改造进程。另外，智慧科技有利于推动在线旅游数字化营销，支持在线旅游经营者利用网络直播、短视频平台开展线上旅游展示活动，发展线上数字化体验产品，打造沉浸式旅游体验新场景，培育智慧旅游沉浸式体验新空间，推动乡村振兴、文旅融合、文明旅游、旅游公共服务取得新进展。

表3-1　2014—2024年中国旅游景区智慧旅游相关政策梳理

时间	发布单位	政策名称	主要内容
2014.8	国务院	《关于促进旅游业改革发展的若干意见》	优化旅游发展环境，制定旅游信息化标准，加快智慧景区、智慧旅游企业建设，完善旅游信息服务体系
2015.1	国家旅游局	《关于促进智慧旅游发展的指导意见》	支持国家智慧旅游试点城市、智慧景区和智慧企业网络专业建设，鼓励标准统一、数据共享的发展模式。鼓励有条件的地方和企业先行编制相关标准并择优加以推广应用。逐步将智慧旅游景区、

续表

时间	发布单位	政策名称	主要内容
			饭店等企业建设水平纳入各类评级评星的评定标准。鼓励博物馆、科技馆、旅游景区运用智慧旅游手段，建立门票预约制度、景区拥挤程度预测机制和旅游舒适度的评价机制，建立游客实时评价的旅游景区动态评价机制
2015.8	国务院办公厅	《关于进一步促进旅游投资和消费的若干意见》	到2020年，全国4A级以上旅游景区和智慧乡村旅游试点单位实现免费Wi-Fi（无线局域网）、智能导游、电子讲解、在线预订、信息推送等功能全覆盖，在全国打造一万家智慧景区和智慧旅游乡村
2016.12	国务院	《"十三五"旅游业发展规划的通知》	建设一批国家智慧旅游城市、智慧旅游景区、智慧旅游企业、智慧旅游乡村。到"十三五"期末，在线旅游消费支出占旅游消费支出20%以上，4A级以上旅游景区实现免费Wi-Fi、智能旅游导游、电子讲解、在线预订、信息推送等全覆盖。建设"12301"智慧旅游公共服务平台。建立面向游客和企业

第三章 制定战略目标，明确发展总体要求

续表

时间	发布单位	政策名称	主要内容
			的旅游公共服务平台，完善旅游公共信息发布及资讯平台、旅游产业运行监管平台、景区门票预约与客流预警平台、旅游大数据集成平台
2018.11	文化和旅游部资源开发司	《关于提升假日及高峰期旅游供给品质的指导意见》	鼓励各地积极提升智慧旅游服务水平，重点推进门票线上销售、自助游览服务，推进全国4A级以上旅游景区实现手机应用程序（App）智慧导游、电子讲解等智慧服务。提升智慧产品开发水平，鼓励智慧景区建设，充分运用虚拟现实（VR）、4D、5D等人工智能技术打造立体、动态展示平台，为游客提供线上体验和游览线路选择
2019.8	国务院办公厅	《关于进一步激发文化和旅游消费潜力的意见》（国办发2019）41号	引导演出、文化娱乐、景区景点等场所广泛应用互联网售票、二维码验票。打造一批高品质旅游景区、重点线路和特色旅游目的地，为人民群众提供更多出游选择

59

续表

时间	发布单位	政策名称	主要内容
			合理调整景区布局，优化游览线路和方式，扩展游览空间。推进"互联网＋旅游"，强化智慧景区建设，实现实时监测、科学引导、智慧服务
2020.11	文化和旅游部	《关于深化"互联网＋旅游"推动旅游业高质量发展的意见》	提出到2022年，建成一批智慧旅游景区、度假区村镇和城市，全国旅游接待总人数和旅游消费恢复至新冠疫情前水平。制定出台智慧旅游景区建设指南和相关要求，明确在线预约预订、分时段预约游览、流量监测监控、科学引导分流非接触式服务、智能导游导览等建设规范，落实"限量、预约、错峰"要求。到2025年，国家4A级及以上旅游景区、省级及以上旅游度假区基本实现智慧化转型升级

续表

时间	发布单位	政策名称	主要内容
2021.1	文化和旅游部	《开好局起好步推动文化和旅游工作开创新局面2021年全国文化和旅游厅局长会议工作报告摘要》	发布公共文化机构、剧院、旅游景区等开放指南，推出预约、错峰、限量等针对性举措，有序推进复工复产复业。推出一批国家级文化产业示范园区、文化和旅游消费示范城市和试点城市国家级旅游度假区、5A级旅游景区、国家全域旅游示范区、全国乡村旅游重点村
2021.3	文化和旅游部	《关于做好2021年文明旅游工作的通知》	督促旅游景区加强智慧监管，消除监管盲区，通过网络平台、讲解服务、志愿服务、信息服务体系等多渠道开展文明提示警示，加强对游客的安全文明引导。联合在线旅游平台、短视频平台，发布文明旅游指南、文明旅游公益广告，用游客喜闻乐见的方式传播文明旅游知识，扩大文明旅游宣传覆盖面和影响力

续表

时间	发布单位	政策名称	主要内容
2021.4	文化和旅游部	《全国"互联网+旅游"发展报告（2021）》	《报告》提出，培育"互联网+"新主体，构建智慧旅游新格局。要培育更加广泛的消费基础，未来的"互联网+旅游"旨在为游客创造美好生活和消费场景的数字技术服务商；要建设面向未来的市场主体，加强科技、文化和旅游企业的深度融合；实施更有针对性的政策措施，定期评估互联网和数字化对旅游业的影响
2024.1	文化和旅游部	《智慧旅游基础设施提升行动》	推动5G网络在旅游领域的全面覆盖，推动5G技术在旅游服务、管理、营销和体验等方面的创新应用，打造5G+智慧旅游的标杆景区和样板村镇
2024.5	国务院	《关于进一步优化支付服务提升支付便利性的意见》	推动重点旅游景区、旅游度假区、夜间文化和旅游消费集聚区、特色商业街区、重点旅游休闲街区、重要文娱场所的支付便利化

续表

时间	发布单位	政策名称	主要内容
2024.5	文化和旅游部、中央网信办、国家发展改革委、工业和信息化部、国家数据局综合司	《智慧旅游创新发展行动计划》	提升服务平台运营效能，推动智慧旅游公共服务平台转型升级，发展智慧旅游助手类应用，有效整合交通、住宿、餐饮、游览等旅游要素资源，提升线上智能化服务水平

（二）面临挑战

1. 旅游景区结构性供给不匹配

旅游景区产品供给和需求结构不匹配，非景区旅游的趋势日趋明显。一是旅游景区建设数量增长速度较快，对于市场需求和消费规模的认识不足，盲目扩张建设，形成了较大规模的资金沉淀，加上旅游景区回报期较长，从而使景区进入萧条状态。二是旅游景区产品的同质化问题严重，旅游资源开发规模不断扩大，但是缺少有效的、新型的旅游景区产品发展模式，业态创新能力不足。三是后疫情时代，大众旅游线路、大众旅游景区已不是游客的首要选择，游客更加倾向选择城市休闲和公共生活空间。若旅游景区继续故步自封，传统旅游景区很可能在市场竞争中逐渐退出历史舞台。

2. 区域旅游景区发展差距较大

我国东中西部的旅游景区建设在发展理念、发展模式、公共服务等方面的差异巨大，一是部分地区和领域存在同质化竞争和资源错配现象，对于旅游资源开发利用方向的认知不明，采取了不可逆的旅游景区建设方式。二是区域之间在景区建设质量、公共服务的标准化服务上差距巨大，西部地区单纯地采用圈地画圈的旅游资源利用方式，旅游基础设施和公共服务明显滞后，补短板任务艰巨。中国高等级旅游景区资源空间分布不均衡，影响了旅游资源与产品深度开发及其提质增效，限制了旅游者空间流向优化以及区域旅游高质量发展（张广海，2022）。

3. 多头管理与体制交叉问题突出

旅游资源的所有权属于不同类型部门或单位个人，权属关系复杂化，多头管理问题突出，体制和机制问题已经成为限制景区发展的关键因素，实际运营管理中存在较多管理与运营脱节的现象，处理旅游资源所有权、使用权和收益权之间的关系极为重要。资源与资本难以形成有效对接，在旅游资源的天然垄断属性和事业单位、多头管理体制的综合影响下，景区的产权和使用权缺乏清晰的界定，民间资本获取特许经营权和进入景区开发受到多方限制。旅游景区用地属性的不确定性，始终处于生态环境违法的边缘地带。旅游景区发展的体制机制与综合产业、综合执法、市场化发展的客观需求不相适应，事业型、公司型、个体型类型多样，大量旅游景区建设仍然需要依靠政府的规模化资金投入，自身造血功能不足，有待进一步增强和优化。

4. 新技术应用多停留在表层

旅游业态发展逐渐呈现出与科技、技术不断融合的新趋势，新技术涌现，旅游产品和体验需求不断升级。新技术在不断提高旅游产业运行效率，大幅提升服务质量和产品标准。AR、VR、云计算、大数据、人工智能等新一代信息技术突破了原有的旅游体验局限，带来全新的旅游产品和旅游服务形式，信息化、数字化成为文旅创新的新引擎。新技术的创新还为提升旅游景区治理能力提供了条件，促进多元业态融合发展。在旅游景区供给结构不断调整过程中，景区发展迫切需要与新技术进行融合，通过技术融入、应用来实现旅游景区产品的升级发展。虽然"文化+科技+旅游"的创新发展模式在旅游景区中逐渐兴起，但文化创意与科技应用在旅游景区的融合创新仍处于市场导入期，产品导入过程中欠缺与景区整体发展理念的统一构建，甚至与景区整体运营格格不入；智慧景区也主要停留在刷二维码入园、安装摄像头远程观察景区接待实况等入门级的水平。如果缺少理念和本质上的革命性的改变，只是加几个文化和科技概念，难以从根本上改变景区传统、守旧的底色。

5. 人才队伍建设滞后

旅游景区是典型的劳动密集型行业，淡旺季差异明显。旅游人才队伍的总量不足、结构不优、稳定性不够等问题，一直是制约旅游景区高质量发展因素。旅游景区因多数位置偏远、条件艰苦，且受限于工作环境和发展空间的客观因素，人员流动频繁，人才队伍不足。与星级酒店、旅行社等已经形成相对专业化的人才队伍相比，旅游景区仍普遍缺乏一流的建设规划型人才、实干技术型人才、高层次运营管理型人才、智慧化建设型人才、金融型人才，中高端管理人才、讲解员等高层次、复合化的现代旅游景区管理人才。人才的缺乏使景区运营在产品设计、战略定位、项目导入等管理工作中存在割裂及片面化问题，这在一定程度上造成了"景区管理缺位"的不良民众口碑。

6. 资源环境约束趋紧

旅游资源是附加在自然和人文资源自身属性之上的二次资源，很多旅游景区的开发是基于高品质的自然资源，在自然生态区域建设起来的。2023年，我国生态保护红线的划定工作已经全面完成。科学处理生态红线内外的关系，一是不能将用于国民休闲需求的旅游资源一律划入红线之内，二是要将这些旅游资源利用的生态干扰性降到最低，走绿色可持续发展道路，这对旅游景区的生态保护提出了更高的要求。

三、发展目标

（一）总体目标

到2030年，旅游景区结构得到优化，交通体系更为便捷，公共服务更加健全，市场营销手段进一步完善，旅游科技创新与人才培养体系逐步建立，旅游景区收益模式逐渐多元化，旅游景区服务水平显著提升，打造一批世界级旅游景区，旅游景区高质量发展格局初步形成。建成5A级旅游景区420家、4A级旅游景区5200家。

到2035年，旅游景区产品开发、公共服务、社区参与、营销推广、资源保护、人才培养、科技创新体系完善，旅游景区产业链健全，旅游景区布局科学合理，建成以世界级旅游景区为代表的中国特色旅游景区供给体系，有效解决人民日益增长的对美好旅游生活的需要。建成5A级旅游景区510家、4A级旅游景区6300家（表3-2）。

表3-2 A级旅游景区发展主要指标

指标	2023年	2030年 数量（家）	2030年 年均增速（%）	2035年 数量（家）	2035年 年均增速（%）
A级旅游景区数量	15721	19000	4	19000	4

续表

指标	2023 年	2030 年 数量（家）	2030 年 年均增速（%）	2035 年 数量（家）	2035 年 年均增速（%）
5A 级旅游景区	319	420	4	510	4
4A 级旅游景区	4863	5200	4	6300	4
A 级旅游景区总收入（亿元）	4068.7	4500	5	6000	6

（二）具体目标

实现旅游景区高质量发展，需要在优化旅游产品结构、加强旅游服务供给、实现绿色普遍形态、促进景区规范智能管理等多方面进行调整，最终使旅游景区发展水平得到明显提升。

旅游产品方面，需实现旅游景区产品结构等级合理，产品质量体系更加完善，产品创新能力和品牌市场竞争力明显增强，旅游产品质量更好地满足人民群众日益增长的旅游需求，对旅游资源进行优势重组，转化为极具吸引力的旅游产品。加强对旅游经济增长方式转变的引导，增加旅游购物、旅游餐饮、旅游体验等"二次消费"产品，达到或接近国际先进水平。

服务供给方面，需实现旅游服务设施质量显著提升，旅游质量管理与旅游安全保障体系健全，旅游基础设施与公共服务设施质量明显改善，旅游目的地交通畅通，旅游标识系统完善，旅游咨询、服务信息系统进一步完善，旅游公共服务基本满足游客需求，游客对旅游景区环境与设施质量的满意度稳步提升。

生态保护方面，需要发展环境友好型经济。过去一段时间，我国景区更多地依靠资源、资本、劳动力等要素投入，实现了经济快速增长和规模扩张，这种粗放型经济发展方式，造成了对资源和环境的破坏。高质量发展阶段的经济发展方式，必须把资源利用和环境代价考虑进去，要求在经济发展过程中加强生态环境保护，有效利用自然资源，避免过度开发，走绿色发展道路。

规范管理方面，需实现旅游景区行业质量意识和质量管理能力显著提升，旅游行业综合治理体系进一步完善，全面实现旅游景区管理服务的标准化、规范化和品牌化，诚信体系更加完善，旅游景区服务质量明显提升，市场秩序明显改善，消费环境明显优化，游客满意度明显提高，旅游景区服务水平达到国际先进水平。

最终，旅游景区高质量发展标准化运行机制进一步完善，旅游景区质量认证制度逐渐健全，旅游景区产品质量明显提升。旅游景区实现由规模数量向质量效益转变，全国旅游景区布局逐渐合理，区域之间的差异得到明显改善。旅游景区审批步入正轨，不同级别旅游景区合理有序。

四、发展战略

（一）创新体制，推动旅游景区高质量发展

把握市场需求，把旅游景区质量与创新、改革、开放、融合联动推进，创新完善旅游标准质量体系，强化旅游景区技术支持，创新质量管理和推进机制，推动形成旅游景区的高质量增长和内涵式发展。构建政府部门监管、企业主体、行业自律、社会参与的旅游景区管理格局，紧跟消费层级提升趋势，发挥市场在资源配置中的决定性作用，建设高品质、有特色的、多样化的旅游景区体系。

充分运用现代科技推进旅游景区管理体制机制创新，推动旅游产品和旅游业态创新，增强旅游创新能力和旅游发展活力，全面提升旅游景区有效供给和服务质量。准确把握旅游景区的核心功能，强化其在旅游业发展的重要地位，发挥其重要作用。整体推进，落实责任，综合协调，大力实施旅游质量提升工程，突出"景区业态、内涵品质、综合功能、配套设施、管理服务"五大重点，以精细化为标准对产品业态赋予内涵、突出创意和建设精品，不断提升景区发展质量。切实提高旅游景区公共文化服务水平，更好地满足人民群众的旅游需求。

（二）融合驱动，促进旅游景区内外联动发展

加强旅游景区资源整合利用，以产业融合为载体，推动旅游景区发展与工业化、信息化、城镇化和农业现代化相结合，不断丰富旅游元素、创新旅游产品、创新旅游业态、优化产品体系，推动景区转型升级。引导旅游景区从纯观光型向休闲度假转变，努力提高旅游景区基础服务设施、产品、服务、管理的人性化、科学化水平。推动旅游景区夯实基础、做精产品、做优服务、做大品牌、做强产业，依靠旅游业质量创造竞争优势，增强文化旅游业的核心竞争力。

遵循自然生态系统规律和文物保护要求，合理处理好近期与长远、局部与

全局的关系。以绿色发展理念推进景区优势和品牌建设，不以牺牲生态环境和损坏文物为代价，要以最小的干扰方式对文化和旅游资源进行利用，推动旅游景区开发由规模化向集约化转变，更加注重资源能源节约、生态环境与文物保护，使旅游景区成为实现"绿水青山就是金山银山"的重要载体。

（三）示范带动，引领区域之间旅游景区协调发展

突出典型模式示范作用，以解决制约旅游景区质量提升、区域发展不平衡不充分的突出问题为导向，践行景区分类管理策略，丰富旅游景区消费形式和结构，提升旅游景区质量。根据我国不同地区的发展特点，旅游景区发展应有总体统筹，实行分类指导、分步实施，各地要选准切入点，突出优势差异化发展，引导各种类型的旅游产品因地制宜地选择不同开发模式，积极发展符合区域特点的旅游景区。预测旅游景区的总体布局方案，适当对中西部地区进行倾斜，促进区域旅游景区的可持续协调发展。加快旅游产品供给侧改革，优化景区结构、提升产品品质，努力补充基础设施和公共服务体系，将旅游景区质量与创新、改革、开放、融合联动推进。

（四）对标国际，加强旅游景区体制机制改革力度

加快政府职能转变，建立适应文化和旅游融合发展时代需求的景区管理体制和运作机制，提升旅游景区治理现代化水平。提升行业自治能力，形成规模适当、分布合理、覆盖广泛的旅游景区协会新格局，赋予旅游景区行业协会行业自治权、政策知情权和参与权、自主发展权、服务外包权、行业认证权、自律惩戒权等相关内容。创新完善旅游景区标准质量体系，强化质量提升技术支撑，创新质量工作管理和推进机制，推动形成质量型增长、内涵式发展的新格局。

坚持市场导向，合理确定景区投资规模和建设体量，结合游客消费需求和习惯，以国际化标准建设景区产品和业态。充分发挥政府、企业、社会组织和公众等主体作用，深入推进景区经营机制创新，提高旅游景区专业化、公司化、市场化运营水平，建立完善现代企业治理架构和内控制度。通过管理经营机构+多业经营模式、管理机构+公司经营模式、整体转让管理经营权模式、委托管理模式、特许经营模式、混合所有制模式等多种路径推进改革创新。

五、战略步骤

（一）内涵提升阶段（到 2030 年）

统筹全国旅游景区发展布局，发挥中心城市的集散组织功能和重点旅游景区的辐射带动作用，加强对示范性旅游景区在区域交通、公共服务设施、景区接待能力、智慧化服务等领域的资金和政策支持，夯实旅游景区发展基础，优化旅游景区发展环境。加强旅游景区业态创新、组合、地域特色等方面的高质量发展，转变粗放式、复制式景区建设到因地制宜的创新型景区建设，进一步提升景区的文化内涵，让文化和旅游高度融合。通过开展生态旅游、乡村旅游、体育旅游、创意旅游、高科技旅游等新业态，精心设计开发精品旅游景区游览线路，延伸文化旅游产业链，提高附加值。加强旅游景区标准体系建设，建立健全设施配套、功能齐全的旅游公众信息网，完善旅游服务体系，提供优质的旅游市场信息服务，解决制约旅游景区内涵提升的重点问题。

（二）整体优化阶段（到 2035 年）

强化旅游景区企业主体作用，面向国际国内市场，培育一批具有地域特色竞争力的旅游景区体系。优化旅游景区发展环境，完善旅游景区服务质量和消费环境，提升旅游景区关联要素发展的产业化水平，扩大产业规模，加快旅游景区与周边区域、关联产业之间的协同、融合发展。深化旅游景区与信息技术等现代科技手段融合发展，推动旅游景区产业发展模式创新，加强新要素投入和现代产业运行方式运用。加强旅游景区质量监督管理，提升旅游景区服务品质和管理水平，推动旅游景区质量发展创新，旅游景区服务质量显著提高，在世界旅游发展体系中的地位进一步凸显，力争到2035年我国旅游景区发展规模、质量、效益基本达到世界旅游强国水平。

第四章　优化空间布局，实现区域统筹协调

根据旅游景区发展的地域特性、统筹需要，综合考虑全国层面总体布局，从措施层面实施分区引导、分类指导、跨区域景区联动协作，加快形成景区集群、代表性景区和特色景区的发展体系，促使旅游景区发展形成"全国一盘棋"的发展局面。

一、布局原则

（一）因地制宜，突出特色

充分考虑旅游资源地域差异的基本规律、旅游景区发展的基础情况，挖掘地区文化特色，推动形成地域特色鲜明、层级结构合理的旅游景区体系。构建旅游景区之间及关联要素的良性互动机制，形成复合型旅游景区发展的优化提升方向、功能定位和发展对策。

（二）市场引导，分区施策

旅游景区建设要充分考虑资源—市场的组织结构关系，以满足人民日益增长的结构性消费需求为重点，把握旅游景区供给侧改革的工作重点，科学合理地选择旅游资源开发模式和景区提质增效发展方式，分类、分区施策以达到投入和产出的良好结合。坚持 A 级旅游景区创建与品质提升并举，完善 A 级旅游景区复核和退出机制，实现高等级旅游景区退出常态化。

（三）区域统筹，协调发展

在现有旅游景区发展的基础上进行区域结构优化，在东部地区以旅游景区品质提升、业态丰富为重点，在中西部地区以加强旅游基础设施建设、促进旅游景区规范化运营管理、优化旅游景区数量规模结构为重点，分区域促进旅游景区建设的有序开发与合理布局。

（四）关键区域，优先发展

充分结合当前国家重大区域发展战略和旅游业发展部署，保持旅游景区发展与关键区域发展定位的一致性，保持景区节点布局、旅游线路设计、旅游协同发展方面形成整体效应，形成空间层级分明、功能明确、管理高效的旅游景区集群引领发展的总体局面。

二、空间布局方法

围绕国家"五位一体"总体布局和京津冀协同发展、长江经济带发展、黄河流域生态保护和高质量发展、粤港澳大湾区建设、长三角一体化发展等战略部署，加强全国重点区域旅游景区发展的宏观引导。

基于地域分异理论和区域经济理论，根据不同省份旅游资源特点、旅游交通设施的布局和景区集聚基本特征，结合我国区域经济发展和地市旅游经济发展现状需求，突出地域差异性、景区集聚性和景区产品个性，使各地区形成各具特色的景区集群，形成区域特色，提高本地区在国内外旅游市场上的竞争能力和在全国旅游地域分工中的地位。

优化景区布局和业态产品调整结构，重点向中西部高层级景区缺少地区倾斜，鼓励东部发达地区推进旅游景区创新发展，按照分区推进、分类指导、重点突破的思路，全面推进跨区域旅游景区联动发展，形成格局重组、特色发挥、空间效率和服务提升的旅游景区集群差异化发展新格局。

充分树立和践行绿水青山就是金山银山的理念，综合统筹考虑西部生态脆弱地区区域经济发展的需求，结合山川、河湖湿地、海洋海岛自然旅游资源以及地域文化旅游资源的地域特点，按照主体功能区和国土空间规划的规划要求，系统部署旅游景区的发展框架，引导跨区域旅游景区廊道、重点经济区高质量景区发展集群、生态脆弱性地区特色化景区等不同主体的发展，优化旅游景区的功能和布局，促进绿色发展方式的形成，为美丽中国建设做出贡献。

三、布局总体框架

（一）划分八大旅游片区

依据全国自然地理与人文环境以及旅游资源分布特点，结合区域经济社会发展水平，考虑旅游产业发展现状特征，参考全国旅游区划研究成果，遵循地域相对完整性原则、相对一致性原则、综合分析和主导因素分析相结合原则、旅游中心地原则、多级划分原则、覆盖性与不连续性原则。将全国旅游景区布局划分为八个片区（不含港澳台），包括东北地区、黄河中下游地区、华东地区、长江中游地区、华南地区、西南地区、西北地区、青藏高原地区。各个片区应结合全国旅游业战略部署，充分发挥优势资源，重点建设区域特色鲜明的旅游景区（表4-1）。

表4-1 我国旅游景区空间引导划分方案

片区	省份	景区类型	发展策略
东北片区	辽宁、吉林、黑龙江、内蒙古东部三盟一市	地质遗迹、森林景观、河湖湿地、冰雪景观、草原景观、工业遗产	紧抓东北振兴机遇，推动冰雪、原始森林、温泉等特色旅游景区建设；加强东北地区旅游景区发展和管理体制改革，扩大融资渠道
黄河中下游片区	北京、天津、河北、山东、山西、河南、内蒙古中部	河湖湿地、海洋海岛、瀑布泉水、历史遗迹、文博院馆、主题公园、乡村田园、城市公园、特色街区工业旅游、文化创意、科技教育、体育场馆	充分利用黄河流域生态保护和高质量发展契机，打造具有山岳探险、草原观光、绿洲度假、雪域体验等特色的旅游景区，挖掘产品文化内涵，丰富该区域旅游产品类型，重点支持沿黄河旅游经济带建设，实施精品线路推广行动

第四章 优化空间布局，实现区域统筹协调

续表

片区	省份	景区类型	发展策略
			围绕京津冀协同发展建设契机，打造北部沿海旅游景区协作圈，提升丰富旅游景区发展内涵
华东片区	上海、浙江、江苏、安徽、福建	河湖湿地、海洋海岛、森林景观、文化遗迹、古村古镇、文博院馆、宗教信俗、主题游乐、城市公园、特色街区、休闲度假、工业旅游、文化创意、科技教育、体育运动	展示世界自然遗产观赏、江南水乡人文生态体验、江河湖泊湿地观光、滨湖滨海休闲运动等特色，以精细化、高质量发展为目标，加快改造一批旅游景区，加快推动景区智慧化体系建设
长江中游片区	湖北、湖南、江西	地质遗迹、山地峡谷、河湖湿地、森林景观、文化遗迹、古村古镇、文博院馆、红色旅游、主题游乐、乡村田园、城市公园、特色街区、休闲度假、工业旅游、科技教育	充分发挥长江三峡、神农架、鄱阳湖、庐山等知名旅游景区的辐射带动作用，扩充一批层级结构明显的旅游景区体系，加快完善旅游景区的参与性项目、旅游购物、餐饮住宿等经营性服务设施，提高旅游景区综合消费附加值，实现旅游综合经济转型发展

73

续表

片区	省份	景区类型	发展策略
华南片区	广东、广西、海南	海洋海岛、山地峡谷、岩溶洞穴、河湖湿地、森林景观、文化遗迹、传统习俗、主题游乐、文化创意、体育运动	依托建设粤港澳大湾区、珠江—西江经济发展带、北部湾经济区等重大战略政策，充分利用毗邻港澳、东南亚的区位优势，建立粤港澳大湾区、西江流域旅游景区协作区，加强与东盟旅游合作
西南片区	云南、贵州、四川、重庆	地质遗迹、山地峡谷、岩溶洞穴、河湖湿地、森林景观、文化遗迹、古村古镇、红色旅游、休闲度假	提升已有知名旅游景区的业态内容，巩固和提升滇黔桂石漠化地区、大巴山区、乌蒙山区、罗霄山区、横断山区等地区的旅游景区发展力度，推动旅游景区集群发展。加大对精品旅游景区的基础设施的建设力度和相关项目投入
西北片区	甘肃、新疆、宁夏、陕西、内蒙古西部	地质遗迹、沙漠戈壁、特殊地貌、草原景观、文化遗迹、传统习俗、特色街区	提升创新景区业态，挖掘产品文化内涵，丰富该区域旅游产品类型，成为国际知名的旅游景区。协调统一编制和推进甘宁六盘山、陕甘秦岭、甘青祁连山等跨区域旅游景区协作区发展，实现旅游景区与区域经济社会的联动发展

续表

片区	省份	景区类型	发展策略
青藏高原片区	西藏、青海	地质景观、山地峡谷、河湖湿地、瀑布泉水、草原景观、文化遗迹、古村古镇、红色旅游	依托青海湖、三江源、昆仑山、贺兰山等大型自然旅游资源，推动自然保护地体系改革发展，合理有效利用旅游资源，突出抓好旅游景区基础设施、旅游服务和生态环保设施建设

八大片区应结合全国旅游业战略部署，充分发挥优势，未来建立差异化、特色化、主题鲜明的旅游景区发展体系，分区调控高级别A级（5A级和4A级）旅游景区数量。不同片区旅游景区发展数量规划如表4-2所示。

表4-2 不同旅游片区旅游景区发展数量规划

指标		2023年数量（家）	2025年数量（家）	年均增速（%）	2030年数量（家）	年均增速（%）
东北片区	A级旅游景区	1367	1536	6	1869	4
	5A级旅游景区	19	21	6	26	4
	4A级旅游景区	376	422	6	457	4
黄河中下片区	A级旅游景区	3315	3724	6	4550	4
	5A级旅游景区	62	69	6	77	4
	4A级旅游景区	909	1002	5	1228	4
华东片区	A级旅游景区	2911	3271	6	3979	4
	5A级旅游景区	71	78	5	91	3
	4A级旅游景区	884	975	5	1186	4
长江中游片区	A级旅游景区	1763	1981	6	2410	4
	5A级旅游景区	39	43	5	52	4
	4A级旅游景区	586	646	5	786	4

续表

指标		2023年数量（家）	2025年 数量（家）	2025年 年均增速（%）	2030年 数量（家）	2030年 年均增速（%）
华南片区	A级旅游景区	1470	1652	6	2010	4
	5A级旅游景区	30	34	6	41	4
	4A级旅游景区	599	660	5	803	4
西南片区	A级旅游景区	2392	2688	6	3270	4
	5A级旅游景区	45	51	6	62	4
	4A级旅游景区	821	905	5	1101	4
西北片区	A级旅游景区	2156	2422	6	2947	4
	5A级旅游景区	44	49	6	60	4
	4A级旅游景区	570	628	5	765	4
青藏高原片区	A级旅游景区	348	391	6	499	5
	5A级旅游景区	9	11	10	16	8
	4A级旅游景区	85	96	6	122	5

（二）打造5条区域旅游景区廊道

以山川、湖泊湿地、海洋海岛等大型自然地理实体为依托，结合旅游资源的地域特点，打造以国家文化公园为主体的国家景区廊道，促进跨行政区大型自然区域旅游景区的一体化建设。我国山岳大川、湖泊湿地众多，是各级行政区的自然界线。跨行政区旅游景区割据化发展严重影响了自然生态系统的完整性保护和邻近区域的协同发展。随着交通设施连通性、通信手段便捷性的提高，跨区域协同管理成本和困难已经大幅降低，可以通过一体化的管理模式建设来促进跨区域景区的协同发展，有利于解决同质化、恶性竞争等发展问题。例如，长江、大运河、太行山、武夷山等大型自然地理实体形成了多个行政区的边界，但边界两侧不同省市分别建立了各自范围内的旅游景区。要加强对长城文化公园、大运河文化公园、长征文化公园、浙皖闽赣世界文化遗产集中区等跨行政区自然区域景区建设的统筹谋划（专栏4-1），推动省际毗邻区域旅游景区协同发展，加强跨区域旅游合作，探索省际毗邻区域协同发展新机制。加强跨界山川、河湖、近海沿岸等自然与人文景观的旅游景区建设，形成自然生态优美、文化底蕴深厚、旅游资源充分利用的生活休闲开放空间。围绕区域旅游联盟等形式开展景区合作建设，在交通设施、服务设施配置、景区联合营销，以及发展定位、产品体系、政策配套等方面加强结合，打造若干国家旅游景区廊道，贯穿形成区域性主题旅游线路，促进自然地理实体的一体化保护和协同开发利用。

专栏 4-1 区域旅游景区廊道

"一带一路"沿线景区廊道：鼓励"一带一路"关键节点区域建设旅游景区，推动沿线海洋旅游、文化旅游、生态旅游、探险旅游、体育旅游、边境旅游等类型景区建设，打造具有丝绸之路特色的国际精品旅游景区，形成丝路文化旅游廊道。

长城文化公园景区廊道：鼓励长城遗址沿线区域根据不同朝代的长城特色，创建风格差异化的旅游景区，加强文化挖掘展示、旅游配套设施建设等工作，促进长城文化遗产的活化利用与保护，带动文物保护利用区域协同发展，促进综合保护利用。

大运河文化公园景区廊道：从整体层面挖掘大运河及其沿线地区的历史文化价值，开展大运河沿线文化旅游资源普查和利用，探索旅游景区建设与城市功能的协同发展，促进文化遗产和历史景观的保护和利用，提升沿线城市发展活力。

长征国家文化公园景区廊道：以长征主题、抗战主题和红色标语利用为重点，加强南昌、井冈山、瑞金、安源等地红色旅游景区建设，发掘沿线其他红色旅游资源，积极融合沿线民俗文化、文物资源、非物质文化遗产、文化村落等关联资源的综合保护、传承和利用。

浙皖闽赣世界文化遗产区景区廊道：以浙皖闽赣跨省域旅游合作为契机，打造类型多样、层次丰富的旅游景区，推进一体化旅游公共服务设施提升，打造主题性旅游精品线路，联合拓展多层级客源市场，以旅游景区廊道为抓手，推动国际级旅游目的地建设，推动区域可持续发展。

（三）培育12处重点经济区旅游景区集群

以国家重大经济布局区域为重点，提升和优化旅游景区的社会服务和生态保护功能，大力建设高质量旅游景区集群。重点建设长江三角洲、京津冀、成渝、兰西、长江中游、哈长、中原、北部湾、关中平原、呼包鄂榆、粤港澳大湾区、海峡西岸等城市群重点经济区的旅游景区集群。丰富区域性旅游精品线路，推进区域共享旅游景区、旅游景区与城市品质提升协同发展，共同拓展旅游客源市场，推动旅游休闲提质升级。构建文化历史、休闲度假、养生保健、邮轮游艇等新型旅游景区，完善软硬件设施，共同开发高端旅游项目。大力推进生态保护与建设，谋划建设一批城市旅游景区、环大都市自然旅游景区和乡村旅游景区。

（四）构建8个生态脆弱区旅游景区系列

围绕生态脆弱地区经济社会发展的迫切需求，重点建设一批地域特色鲜明的精品化旅游景区，形成新的经济增长点和生态保护模式。我国是世界上生态脆弱区分布面积最大、脆弱生态类型最多、生态脆弱性表现最明显的国家之一。我国生态脆弱区大多位于生态过渡区和植被交错区，处于农牧、林牧、农林等复合交错带，是我国目前生态问题突出、经济相对落后和人民生活较低区。因此，在东北林草交错生态脆弱区、北方农牧交错生态脆弱区、西北荒漠绿洲交接生态脆弱区、南方红壤丘陵山地生态脆弱区、西南岩溶山地石漠化生态脆弱区、西南山地农牧交错生态脆弱区、青藏高原复合侵蚀生态脆弱区、沿海水陆交接带生态脆弱区等重点生态脆弱地区，应大力建设特色化旅游景区系列，以实现生态资源的增值利用，转变区域经济发展模式，促进控制生态退化、恢复生态系统功能、改善生态环境质量。

（五）建设一批世界级旅游景区

以世界遗产地等国际保护地、国家5A级旅游景区为基础，重点打造一批具有鲜明特色的世界级旅游景区，打造具有全球独特性和国际影响力的旅游名片。世界级旅游景区应当具有全球独特性和代表性的旅游资源，科学文化价值和旅游价值极高，完整性、丰富度、组合度好，拥有以本地资源和文化为核心的国际品牌，对国际国内游客具有较强的吸引力。随着入境旅游市场和国内市场的成熟，旅游者需求不断发生变化，世界级旅游景区还应当为游客提供高品质、创新性的旅游产品，建立畅通的区域交通枢纽和交通网络、与旅游景区承载量相适应的游览服务系统和完备的旅游景区管理制度，为游客提供高质量的旅游体验。尤其要提升国际化服务水平，提高入境游客的旅游便捷性，创新推进国际传播，提升讲好中国故事的能力。

四、旅游片区发展策略

根据各旅游片区的资源特色、景区基础和建设条件，以及在全国旅游景区发展布局中的地域特点，明确不同片区的功能定位和发展方向，分区制定相应的政策和发展措施，逐步形成各具特色、主题分明的全国旅游景区体系。

（一）东北片区

1. 范围与特色

本片区包括辽宁省、吉林省、黑龙江省、内蒙古东部三盟市，总面积约117万平方千米，地处东北亚区域腹地，与俄罗斯、朝鲜、蒙古接壤，与日本、韩国隔海相望，边境口岸和城市众多，是我国向北开放的重要窗口和东北亚地区合作的中心枢纽。东北片区森林、草原、冰雪、山川、湿地、工业、农业、边境等旅游资源独具特色，且文化特色鲜明，少数民族众多，保留了独特的民族民俗文化，在近现代争取民族独立和人民解放斗争中留下了宝贵的红色旅游资源。建设有地质遗迹、森林景观、河湖湿地、冰雪景观、草原景观、工业遗产等类型旅游景区，尤以森林、冰雪类型旅游景区特色突出，具有开展生态旅游、避暑旅游的极佳条件。

2. 现状与问题

东北地区历史文化悠久，民族风情浓郁，生态类型多样，自然景观独特。现有5项世界文化遗产、6座国家历史文化名城、377处全国重点文物保护单位、153项国家级非物质文化遗产代表性项目，4个世界地质公园，22家国家5A级旅游景区、1个国家级旅游度假区、9个国家级滑雪旅游度假地、120个全国乡村旅游重点村镇。近年来，东北地区旅游业快速发展，冰雪旅游、避暑旅游、自驾旅游、边境旅游等具有东北特色的旅游品牌广受欢迎，成为我国重要的特色旅游目的地。目前旅游景区发展存在的问题包括以下方面：

旅游资源挖掘不够，产品开发结构单一。冰雪生态旅游资源普遍性，产品同质化问题严重，冰雪、温泉、森林产品集中，旅游景区类型结构相对单一，产业带动作用不强，旅游景区品牌效应不明显，龙头品牌缺失。优质旅游资源尚未转化为全国知名旅游景区。缺乏具有全国竞争力和国际影响力的品牌旅游目的地。

供需结构失衡，公共服务供给不足。由于气候原因，旺季供不应求，旅游景区的公共服务设施利用率不高。新产品、新业态发育不足，无法满足多元化的市场需求。部分旅游产品存在低端化、同质化现象，难以满足高端化、个性化的市场需求。长白山、五大连池、呼伦贝尔草原等核心旅游景区与周边旅游景区的市场共享和线路对接不强。

体制机制束缚，市场主体参与度不高。森林、农垦等条块分割管理问题突出，景区联动机制不健全；各级旅游行政部门统筹协调职能不清晰；旅游资源隶属关系复杂，市场化水平不高，景区竞争力较弱。参与全国旅游市场竞争的本地大型旅游企业不多；大多数规模以上旅游企业专业性不强、市场竞争力偏弱；国内外大型旅游企业集团投资景区的总体规模偏小。

人才支撑偏弱，专业型人才较为缺乏。旅游行业的领军人才、企业家偏少，经营管理、规划设计、市场营销等专业人才不足，一线服务人员的服务意识和服务技能有待于进一步提高。

3．发展导向

紧紧抓住东北振兴发展和2022年冬奥会举办的历史机遇，推动冰雪旅游景区建设，发展冰雪经济，建设世界级冰雪旅游度假地。发挥冰雪大世界、雪博会、亚布力、雪乡等品牌优势，优化整合冰雪资源资产，按照国际标准规划开发冰雪旅游产品，大力发展冰雪旅游、冰雪文化、冰雪体育、冰雪教育，打造国际冰雪旅游重要目的地、冰雪人才培养高地、冰雪装备研发制造基地、冰雪赛事主要承办基地，建立与国际接轨的产业管理体制和运行机制。重点打造专业冰雪运动赛事主题、非专业冰雪娱乐体验主题、冰雪景观主题、林海雪原穿越主题、冰雪文化艺术活动主题等产品，优化提升重点滑雪景区层次水平，拓展景区冰雪以外的功能体系，建设世界一流的冰雪旅游度假胜地。

依托线性的江、河、山等自然文化资源本底，挖掘生态资源和区位优势，依托长白山、大小兴安岭、林海雪原、北大荒、五大连池、呼伦贝尔草原、锡林郭勒草原、盘锦湿地等多类型旅游资源，着力发展以大草原、大森林、大湿地为代表的东北地区生态旅游景区，实现生态旅游与生态保护相得益彰。发展松花湖、查干湖、高句丽、五女峰等原始森林游、湖泊湿地游、避暑游等旅游景区，通过景区廊道建设联络重点旅游城市和特色旅游功能区，推进跨区域资源要素整合，推动文化、体育、时尚、健康养老与旅游融合发展，建设全国一流的生态休闲度假旅游目的地、夏季健康养老基地和全域旅游示范区。

充分利用东北振兴、中蒙俄经济走廊等区域发展政策，推动中俄蒙文化旅游协作带建设，加强与邻国的跨境旅游合作，改善通关条件，简化入境手续。积极组织与俄罗斯、朝鲜、蒙古等国陆路旅游通道建设，开辟与俄罗斯、韩国、日本的跨国海上旅游通道。加大满洲里、额尔古纳、黑河、绥芬河、同江、二连浩特、丹东、土门等边境口岸城市的旅游景区及基础设施建设。大力推动额尔古纳河、黑龙江、乌苏里江、图们江、兴凯湖、鸭绿江等界江界河旅游景区建设，构建以长白山、图们江、鸭绿江为主要景观的边境旅游风光带，打造独具魅力的中朝界江观光旅游目的地、中朝俄边境旅游景区、东北亚国家旅游合作区，形成集游览观光、休闲度假、健康养生、民俗演艺、购物等多种功能于一体的东北亚边境国际旅游精品带。

积极扶持高品质民族民俗旅游产品建设，深入挖掘蒙古、满、朝鲜等民族文化内涵，保护性开发鄂温克、鄂伦春、达斡尔、赫哲等民族文化，发展特色鲜明的民族旅游景区。扶持开发工业遗产旅游、北大荒农业和怀旧旅游、高句丽国等历史文化旅游景区建设。利用非物质文化遗产资源优势，发展文化体验、文化休闲、旅游演艺等文化旅游产品，植入和提升旅游景区发展水平。

加强东北片区旅游景区发展和管理体制改革，推动农垦和林区森林、土地、文化等资源利用领域的改革示范，促进森工、农垦传统产业转型发展，破除旅游景区发展的体制瓶颈，推进旅游资源市场化配置。扩大改革投资等融资渠道，加大旅游景区项目支持和资金投入，提升高级别旅游景区的引领带动作用。发挥东北地区地域相近、人缘相亲、经济相融、文化相通的优势，加快推进东北地区旅游交通一体化、营销推广一体化、市场监管一体化、服务标准一体化，建立责任共担、利益共享的协调发展机制，打造成为跨区域旅游一体化发展实践地。创新旅游产业治理方式、行业商业模式和企业运营机制，加强资本运营，拓宽融资渠道，激发旅游产业发展的内生动力和竞争活力，促进旅游经济发展方式的根本性转变。

（二）黄河中下游片区

1. 范围与特色

本片区包括北京市、天津市、河北省、山东省、山西省、河南省，内蒙古自治区中部赤峰市、锡林郭勒盟、呼和浩特市、包头市、乌兰察布市、巴彦淖尔市和鄂尔多斯市，总面积约109万平方千米。该区位于黄河中下游沿线地区，幅员辽阔，丘陵、盆地、山脉、平原和沙漠等自然景观类型多样，建设有地质景观、海洋海岛、山地峡谷、河湖湿地、瀑布泉水、草原景观、文化遗迹、古村古镇、红色旅游、特色街区、工业旅游等类型旅游景区。有秦始皇兵马俑、大雁塔、晋祠、平遥古城、乔家大院、白马寺、少林寺、开封府、成吉思汗陵等国际知名的旅游景区，也有清明上河图等新建文化景区，以及泰山、绵山、云台山、白云山、响沙湾胡杨林等特色鲜明的旅游景区。长城沿线因其特殊的地理区位和防御功能，自古多发战争，且有众多军事典故的流传，山海关、雁门关、平型关等地历史上多次发生大型战事。

2. 现状与问题

本片区包括A级旅游景区3315家，其中5A级旅游景区62家、4A级旅游景区909家，已经形成了八达岭长城、盘山、泰山、壶口瀑布、平遥古城、避暑山庄、响沙湾等著名旅游景区，形成了观光摄影、户外运动、休闲度假旅游市场。目前旅游景区发展存在的问题包括以下方面：

旅游景区开发深度不足。区域文化相对深厚，旅游景区开发的精细化程度不够、历史文化内涵融合体现的相对不足，观光旅游景区产品主导，休闲度假产品较少，新业态旅游产品较为缺乏，且部分旅游景区存在一定的同质化倾向，产品的替代性较强，休闲度假等旅游新业态发展不足。

旅游开发在整合提升和融合发展方面不足。旅游资源禀赋较好，但是缺少有效供给，资源要素尚未形成围绕区域性目标发展的梯队和品牌，旅游景区要素集中布局、产业集群培育、功能集合构建不够。

部分区域交通瓶颈依然突出，旅游交通与公共交通衔接不够充分。部分山区、草原等地区的高速旅游通道尚未建立，进入相应旅游景区的交通通达性仍有不足，影响了旅游的可进入性。尤其是太行山地区、黄河沿线省市较差，区内公路等级较低，一些路段安全问题较为明显，且尚未形成"快旅慢游"的旅游交通网络体系。

区域旅游缺乏统一的形象标识，宣传影响力不足。黄河、长城是本片区的标志性文化旅游资源，但是整体协同开发力度不足，形象宣传塑造不足，资源整合开发不足，旅游目的地品牌缺少整合。景区虽多但大多分散营销，缺乏协同营销与推广，导致整体影响力不足，旅游产品缺乏品牌认同感。

3. 发展导向

充分借助建设黄河、长城国家文化公园的契机，围绕建立长城旅游带、黄河经济带旅游景区营销联盟，推进文化遗产的系统保护，守好宝贵遗产。充分挖掘长城的边塞、军事、农牧、贸易等历史文化元素，凝练爱国主义、民族融合主题，打造国际知名旅游品牌，加大保护和利用历史文化遗产力度，发掘长城历史文化的深厚底蕴，促进文化和旅游深度融合发展。重点打造包括山海关、雁门关、平型关、娘子关等在内的长城世界文化遗产知名旅游品牌，规划建设一批特色旅游重点景区，着力培育一批文化旅游特色产品。

重点支持沿黄河旅游经济带建设，实施黄河文化遗产系统保护工程，打造具有国际影响力的黄河文化旅游带，开展黄河文化宣传，大力弘扬黄河文化。实施精品线路推广行动，制定营销推广协作机制，发行自驾车旅游通、旅游一卡通、旅游景区优惠年票和电子优惠门票等，通过旅游线路设计、联合营销、客源共享等方式，形成旅游景区营销的区域性协作格局，推动黄河流域高质量发展。使长城、黄河沿线文物和文化资源保护传承利用协调推进局面初步形成，将黄河、长城打造成为全域一体的旅游目的地，为全面推进国家文化公园建设创造良好条件。

围绕太行板块"国际山岳旅游胜地""避暑康养胜地""神话传奇胜地"的总体定位，深度挖掘太行山地区地域特色，整合各类旅游资源要素，不断提升中国山岳文化地标的地位作用，鼓励支持沁河古堡群、大王莽岭、太行山大峡谷群、伏牛山、桐柏山等龙头景区项目建设提升，通过太行山风景道体系串联景区集群。依托佛道宗教文化、红色革命文化、非遗文化、古建筑文化、太行山水文化、民俗文化等各类文化资源，形成鲜明的旅游品牌形象。

充分依托区内丘陵、盆地、山脉、平原和沙漠等旅游资源，打造具有山岳探险、草原观光、绿洲度假、雪域体验等特色的旅游景区。提升、丰富一批旅游景区发展内涵。积极推进故宫博物院、颐和园、五大道、蓬莱阁、野三坡等文化型旅游景区的内涵发展，推进八达岭、山海关、金山岭长城、兴隆山、滦河神韵、东太行、衡水湖等提档升级发展。

加强与国际标准接轨，推动白洋淀、塞罕坝、崇礼—赤城滑雪温泉、北戴河、洪洞大槐树等生态旅游景区发展。加强坝上草原、京西百渡、大运河等风景道建设，加强沿线生态环境保护和风情小镇、特色村寨、汽车营地、绿道系统等规划建设，完善游憩与交通服务设施，形成品牌化旅游廊道。

围绕"大交通全面升级、小交通深度联网"的旅游交通优化工程建设目标，全面提升重点景区和廊道交通和内部联动景区的特色交通体系建设，提升景区内部交通、标识标牌、旅游厕所等配套服务设施建设。按照国家A级旅游景区的建设标准，全面提升景区的配套设施和服务品质。

（三）华东片区

1. 范围与特色

本片区包括上海市、浙江省、江苏省、安徽省、福建省，总面积约47万平方千米。该区位于我国大陆东部沿海地区，地形以平原、丘陵为主，河网密集、山地秀美，有黄山、九华山、普陀山、武夷山等山岳景观，有太湖、天目湖、洪泽湖、巢湖、西湖、千岛湖、钱塘江等河湖景观，是我国典型的江南水乡、鱼米之乡。旅游资源丰富，建设有河湖湿地、海洋海岛、森林景观、文化遗迹、古村古镇、文博院馆、宗教信俗、主题游乐、城市公园、特色街区、休闲度假、工业旅游、文化创意、科技教育、体育运动等类型景区，经济与区位优势明显。

2. 现状与问题

本片区依托高品质的旅游资源，创建了大量的4A、5A级旅游景区，其中共有A级以上旅游景区2911家，5A级旅游景区有71家、4A级旅游景区有884家，是我国旅游景区分布最为密集的区域。该区域的山岳景观、江南水乡古镇、古村落人文生态资源驰名中外，是我国最具代表性的旅游景区品牌。目前旅游景区发展存在的问题包括以下方面：

旅游景区开发与自然资源保护之间存在潜在矛盾。该区域经济发展较快、人口密度大，旅游景区开发利用与自然环境保护之间矛盾较为突出。旅游景区结构参差不齐，部分自然型旅游景区存在开发过度、游客容量超载等问题，旅游景区设施设备超负荷运作，造成了一定的生态污染。

区域旅游景区发展不平衡不充分，跨区域共建共享机制尚不健全。本片区的长三角城市群是我国区域经济协同发展的引领示范地区，区域中心地区与外围地区的基础设施、生态环境、旅游公共服务一体化发展水平有待提高，阻碍旅游景区高质量发展的行政壁垒仍未完全打破，统一开放的市场体系尚未形成。

3. 发展导向

加强长三角旅游一体化建设与区域合作，统筹利用旅游资源，推动旅游市场和服务一体化发展。依托长江、沿海、域内知名河流、名湖、名山、名城等特色资源，突出世界自然遗产观赏、江南水乡人文生态体验、江河湖泊湿地观光、滨湖滨海休闲运动等特色，共同打造一批具有高品质的休闲度假旅游景区，使之成为世界闻名的东方度假胜地。进一步推动大运河国家文化公园与长三角城市群旅游景区集群建设，以大运河独特的自然景观和文化内涵价值为依托，逐步推动各省大运河文化带的建设，推动大运河国家文化公园建设。加快推动旅游业与一、二、三产业融合发展,扩外延、提内涵,全面提升旅游景区的综合效益。

联合推动跨界旅游景区发展。加强跨界江河湖荡、丘陵山地、近海沿岸等自然与人文景观保护开发,形成自然生态优美、文化底蕴深厚、旅游资源充分利用的生活休闲开敞空间。加强新安江流域旅游景区的协同发展和一体化建设力度,通过旅游景区廊道促进生态补偿机制完善;推动长三角地区旅游景区高质量发展水平和示范,加强淮河生态经济带、大运河文化带建设,发展环太湖生态文化旅游,强化跨界丘陵山地的开发管控和景观协调。加强江南水乡古镇生态文化旅游、浙皖闽赣生态旅游区、皖南国际文化旅游区等区域景区协作,探索跨区域旅游景区产业、技术对接机制,共同打造长三角绿色美丽大花园。

推动省际毗邻区域旅游景区协同建设。巩固跨区域旅游合作,探索省际毗邻区域旅游景区协同发展新机制。支持虹桥—昆山—相城、嘉定—昆山—太仓、金山—平湖、顶山—汊河、浦口—南谯、江宁—博望等省际毗邻区域在跨界旅游景区建设方面开展深度合作,加强规划衔接,统筹布局生产生活空间,共享公共服务设施。

加快东钱湖、湘湖、鉴湖—柯岩、太湖、千岛湖、舟山群岛等景区建设,以增加休闲度假功能为目标,突出强化旅游景区游览、餐饮、住宿、娱乐、购物等功能,延长游客逗留时间,提高旅游景区综合消费附加值,不断增加旅游综合收入,努力推动旅游景区从门票经济向综合经济转型。

联合开展旅游主题推广活动,推出杭黄国际黄金旅游线等精品线路和特色产品。依托高铁网络和站点,推出"高铁+景区门票""高铁+酒店"等快捷旅游线路和产品。整合区域内红色旅游资源,开发互联互通的红色旅游线路。建设旅游信息库,建立假日旅游、旅游景区大客流预警等信息联合发布机制。探索推出"畅游长三角""惠民一卡通""旅游护照"等产品,改善游客旅游体验。

推动多元业态创新。深挖华东地区的文脉特色、水脉文化元素,将江南文化、红色文化等元素通过更多元的创意手段和表达形式、体验方式注入旅游景区的各个环节,借助特色文化艺术景观设计助力旅游景区发展,通过打造跨区域旅游产品、跨区域旅游品牌、跨区域旅游服务平台以及跨区域联合营销,加强整体推介力度,塑造区域旅游形象。

开展旅游景区智慧化体系构建,提升游客游览的舒适度,优化旅游景区土地利用的空间规划与制度安排,积极鼓励部分旅游市场热点和重点景区创新客流控制举措。在节假日或重大节庆活动期间采取门票预约、限定客流、分时入园、限时逗留等手段方式,有效降低旅游景区安全隐患和客流拥堵风险。

（四）长江中游片区

1. 范围与特色

本片区包括湖北省、湖南省、江西省，总面积约56万平方千米。该区域位于我国长江中游沿线地区，涵盖雪山、冰川、森林、湖泊、温泉等类型旅游资源，建设有地质遗迹、山地峡谷、河湖湿地、森林景观、文化遗迹、古村古镇、文博院馆、红色旅游、主题游乐、乡村田园、城市公园、特色街区、休闲度假、工业旅游、科技教育等类型景区。

2. 现状与问题

本片区形成了长江三峡、神农架、龙虎山、三清山、庐山等较为知名的旅游景区，名山、名水旅游景区众多，2023年共有A级旅游景区1763家，5A级旅游景区39家，4A级旅游景区596家。该区域旅游景区的发展主要依托山水旅游资源开发形成，高级别旅游景区的首位度较高。目前旅游景区发展存在的问题包括以下方面：

产品供应不足，发展方式较为粗放。旅游景区产品尚不能满足大众化、多元化、个性化的消费需求，资源型、观光型旅游产品仍占主导地位。重建设轻管理、重硬件轻软件的现象还比较突出，产品比较单调、业态比较单一。酒店、旅行社、旅游交通等旅游要素产品供应商缺乏市场竞争力，专业化管理和对外开放水平不高。

旅游市场机制缺乏活力，创新发展动力不足。旅游要素市场发育不完全，旅游资源、土地、资本、技术、人才等未按市场化运行机制有效配置、合理流动，旅游发展活力不足。对旅游行业的结构变化、旅游市场的刚性需求、旅游消费的转型升级反应不灵敏，旅游的发展方式、竞争方式较为老套，处于跟着干、跟着学阶段，尚未形成全面适应市场发展的创新能力。

旅游景区品牌形象尚不鲜明。没有形成媒体、公共设施、旅游景区、旅游企业全覆盖多层次的立体宣传体系，政府公共营销的力度仍有待加强，旅游产品的市场竞争力、品牌的知名度和影响力需要进一步提升。多头管理、行政执法手段分割的旅游管理体制不适应旅游产业发展的需要。

3. 发展导向

推动长征国家文化公园核心区域景区集群建设，保护文化资源的原真性和完整性，加快将长沙、井冈山、瑞金、安源等地打造成全国红色文化和理想信念教育基地，切实推进江西党史文物保护展示工程、革命文物集中连片保护利用工程、革命文物主题保护展示工程、革命文物陈列展览精品工程、革命文物宣传传播工程、革命文物平安工程，传承好红色基因，打造全国红色文化传承创新高地，完善革命文物保护传承体系。

加强长江流域旅游景区联盟等集群发展，加强与长江流域10个省份的旅游合作，建立长江旅游协作发展的新机制，推出长江旅游卡，在旅游景区投资、市场发展、资源保护等方面形成一体化协同发展局面。依托长征国家文化公园的建设，加强文化和旅游融合，建设代表国家主题、具有国际影响力的旅游景区廊道。加强长江中游城市群旅游景区集群建设，发挥长江水道和高铁优势，整合发展沿江旅游线路，促进山岳与湖泊度假、长江黄金水道及其支流观光、民俗体验、田园乡村等类型旅游景区发展。

充分发挥长江三峡、神农架、鄱阳湖、庐山等大型旅游景区的区域性辐射带动作用，推动旅游景区从传统观光型向复合功能、集聚发展转型升级，周边扩充一批层级结构明显的旅游景区，打造江河观光、湖泊休闲、山岳度假、民俗文化体验等主题的景区系列，成为引领区域景区转型升级的标杆景区。积极引导发展度假休闲功能建设，提升体验项目或活动、智慧科技应用融合提质发展，利用智慧旅游新业态，挖掘大数据，通过分析游客的旅游信息创新旅游产品，满足游客的个性化需求。

对现有旅游景区进行提档升级。优化区域景区结构，丰富景区类型，积极开发各类度假旅游产品和专题旅游产品。继续推动红色旅游、荆楚文化、湖湘文化、宗教文化，挖掘资源的文化内涵，突出内涵式旅游发展。坚持旅游资源保护与开发并重，推动绿色生态旅游、水上旅游，增加游客山水休闲体验。推动工业、农业等传统产业的旅游产品转化，推出休闲农业游、乡村旅游。

加快完善旅游景区内外的参与性项目、旅游购物、餐饮住宿等经营性服务设施，提高旅游景区综合消费附加值，实现从门票经济向综合经济转型。加强分类指导，创新旅游业态，优化产品体系，实现从个体发展型向综合拉动型转变，打造以旅游景区为核心的旅游目的地集群。

（五）华南片区

1.范围与特色

本片区包括广东省、广西壮族自治区、海南省，总面积约45万平方千米，包括桂粤山地丘陵森林，桂粤南部热带季雨林与雨林，珠江三角洲丘陵森林与农业植被等生态区域。该区临近我国南部海域大海，拥有热带和南亚热带山海风光；区内海滨线漫长，多优质沙滩，动植物资源丰富，壮族、瑶族、苗族等少数民族风情别具一格。建设有海洋海岛、山地峡谷、岩溶洞穴、河湖湿地、森林景观、文化遗迹、宗教信俗、主题游乐、文化创意、体育运动等类型旅游景区。

2. 现状与问题

截至2023年，本片区共有A级旅游景区1470家，其中5A级旅游景区30家，4A级旅游景区599家，开发了生态观光、休闲度假、运动康养、海洋海岛、民俗文化等旅游景区，形成了桂林喀斯特山水、巴马长寿养生、北部湾滨海、天涯海角等特色旅游景区。本片区旅游景区发展存在的问题包括以下方面：

旅游资源缺乏深层次开发，旅游产品结构不够完善。观光型旅游产品有待升级，休闲度假、康养、民族风情和文化旅游景区产品有待拓展，探索资源保护与旅游开发双赢的手段和思路还需创新。

旅游景区品质良莠不齐。优质的自然资源与落后的旅游开发运营不匹配，基础设施配套有待升级，旅游景区发展缺少门票经济之外的新增长点，长远来看不利于华南地区旅游景区的可持续发展，难以拉动区域全产业的发展。

旅游市场乱象频发，市场监管有待进一步加强。"不合理低价游"、景区低价揽客、"野马拉客"、购物餐饮欺客宰客、车站码头景区周边尾随兜售等诸多乱象，严重扰乱了旅游市场秩序，影响了当地旅游声誉，对旅游形象造成无法挽回的损失。

旅游资源与土地的无序开发或占而不建等资源环境保护方面的挑战仍然存在；规划管控力度弱，旅游景区规划约束力不强，同质化严重，常发生占用耕地、岸线资源等现象。

3. 发展导向

围绕桂林国际旅游胜地、国际旅游消费中心、粤港澳休闲湾区发展目标，积极开发以桂林喀斯特山水为代表的喀斯特旅游景区，以丹霞山、鼎湖山、五指山为代表的山地与森林资源，以珠江流域、肇庆星湖、德天瀑布为代表的江河湖泊旅游景区，以蜈支洲岛、分界洲岛为代表的海岛旅游资源，以从化为代表的温泉旅游资源，以壮族、瑶族、苗族、黎族为代表的民俗生态资源，形成南亚热带特色旅游景区。构建以休闲康养和文化体验为核心，以民族文化、生态乡村、户外运动、科普教育等为辅助的复合旅游景区体系。

建设粤港澳大湾区世界级旅游目的地。推进深化粤港澳文化创意产业合作，有序推进市场开放，进一步发展海上旅游。联合开展跨界重大文化遗产保护，合作举办各类文化遗产展览、展演活动，保护、宣传、利用好大湾区内的文物古迹、世界文化遗产和非物质文化遗产,支持弘扬以粤剧、龙舟、武术、醒狮等为代表的岭南文化,彰显独特文化魅力。依托大湾区特色优势及香港国际航运中心的地位,构建文化历史、休闲度假、养生保健、邮轮游艇等多类型旅游景区,丰富粤港澳旅游精品路线,开发高铁"一程多站"旅游线路。

推进桂粤旅游合作,以珠江—西江经济带、北部湾经济区为合作平台,打造具有山水观光、湖泊山岳休闲度假、健康养生、中越边关探秘、人文生态体验等特色的旅游景区,建设高铁等旅游快速通道。对接海南国际旅游消费中心与国际旅游岛建设,加强海南旅游合作,打造广西(海北、钦州、防城港)—海南(海口、三亚、洋浦、东方)—越南(海防、下龙湾、顺化、岘港)北部湾邮轮旅游黄金线路,在产品建设、线路开发、交通对接、人才交流、信息共享和机制建设等方面全方位合作。

完善以航空、高速铁路、城际铁路、高速公路为主骨架,旅游中心城市和港口为重点、干线公路、景区专用道路和内河航运为补充的现代旅游综合交通体系。加快建设"海丝"邮轮航线和母港建设,打造中国东南沿海旅游的海上枢纽门户。推进北海、三亚、海口、澳门等与上海、厦门、天津等重点邮轮城市的航线衔接、邮轮停靠、协同管理等合作共赢。

发展越冬避寒旅游和滨海海洋旅游。瞄准冬季候鸟市场,打造海南岛、岭南地区等避寒度假主题旅游目的地。围绕北海滨海国家湿地、蜈支洲岛、南山文化旅游区、深圳小梅沙旅游中心、阳江海陵岛大角湾浴场、茂名龙头山、虎头山旅游区、江门川岛飞沙滩、王府洲旅游中心等代表性滨海旅游景区,打造独特的夜游沉浸式体验。

加强粤港澳生态环境保护合作,共同改善生态环境系统。加强湿地保护修复,全面保护区域内国际和国家重要湿地,开展滨海湿地跨境联合保护。强化规划管控,防止旅游资源过度开发或不当利用。加强珠三角周边山地、丘陵及森林生态系统保护,建设北部连绵山体森林生态屏障。贯通珠江三角洲水网,构建全区域绿色生态水网。

(六)西南片区

1. 范围与特色

本片区包括云南省、贵州省、四川省、重庆市,总面积约112万平方千米。该片区位于我国西南部,拥有山地森林、湖泊热泉、高山峡谷等丰富的自然旅游资源,造就了生物的多样性和文化的多样性,是我国少数民族种类最多的地区，各民族保留了丰富多彩的文化传统，形成了独具地域特色的人文旅游资源。建设有地质遗迹、山地峡谷、岩溶洞穴、河湖湿地、森林景观、文化遗迹、古村古镇、红色旅游、休闲度假等类型旅游景区。

2. 现状与问题

截至2023年，本片区共有A级旅游景区2392家，其中5A级旅游景区45家，4A级旅游景区821家，拥有香格里拉、玉龙雪山、黄果树、九寨沟、都江堰、桂林山水、天坑地缝等较为知名旅游景区。本片区旅游景区发展存在的问题包括以下方面：

旅游景区建设给生态环境带来了较大压力。区域内山地众多，部分地区生态环境比较脆弱，由于旅游资源开发和旅游景区发展模式较为粗放，旅游设施服务不匹配，造成旅游景区游客量超出承载范围，导致自然生态系统退化和景观质量下降。

旅游基础设施和公共服务明显滞后，旅游服务水平有待提升。作为山地省份，经济社会发展水平普遍不高，旅游景区建设投资资金不足，企业普遍规模偏小，有限的资金和技术难以支撑大规模、高品质旅游景区建设和发展。旅游资源归口管理不明确，部分从业人员素质不高、技能不完善，服务质量和规范性需提高。

山地贫困人口占比较高，旅游景区辐射带动任务依然艰巨。秦巴山区、武陵山区等是我国重点扶贫建设地区，山地城市经济总量偏小，产业结构单一，人均收入水平较低，贫困人口较多。旅游景区作为支撑区域发展的新业态和新动力，面临转变地区贫困人口生计、助力社区居民脱贫致富的重要社会责任。

区域旅游协作十分重要，但是难度较大。省市边界以大山、大河为分界线，集中了丰富的旅游资源，旅游景区建设必须克服跨界的艰巨任务，需要从体制机制、一体化设施建设、整合营销等方面进行统筹合作，实现区域利益的最大化。

3. 发展导向

紧紧抓住长征国家文化公园建设的契机，深入挖掘红色文化和革命文物价值内涵，保护文化资源的原真性和完整性。推进文化线路的整体保护，支持文物集中连片保护和利用，选择红色资源丰富、基础设施完善、展陈效果较好、教育功能突出、具有一定品牌知名度的旅游景区给予重点支持，整合周边自然生态、传统文化、特色乡村等旅游资源，打造复合型旅游景区产品。

发挥九寨沟、峨眉山、香格里拉、稻城亚丁、贡嘎山、普达措、三江并流、丽江古城、元阳哈尼梯田、武隆天坑地缝等世界遗产和生态文化旅游目的地的优势，推动大九寨世界遗产旅游目的地、大峨眉国际度假旅游目的地、大香格里拉—环贡嘎世界高山生态和文化旅游目的地，大香格里拉—环亚丁世界山地旅游目的地，秦巴山地度假旅游目的地景区集群发展，建成国内一流、世界著名的国际品牌旅游地。推动川滇藏、滇黔桂等大区域旅游合作，建立公开透明的市场准入标准，允许和鼓励旅游企业运营公司跨区域经营，构建便捷的旅游交通网络，开发精品旅游线路，实现区域无障碍旅游。

重点推动沿边跨境旅游合作区和旅游景区集群建设，吸引入境旅游客流。推进澜沧江—湄公河次区域、孟中印缅经济走廊、中国—中南半岛经济走廊国际旅游合作，建设中国磨憨—老挝磨丁、中国麻栗坡—越南河江、中国瑞丽—缅甸木姐、中国河口—越南老街、中国腾冲—缅甸密支那等跨境旅游合作区，加快沿边交通基础设施、口岸设施和配套服务设施建设，落实好口岸签证、过境免签等政策措施，提升跨境旅游通达通行条件，促进边境旅游、跨境旅游和国际入境旅游发展。

结合长江上游生态安全屏障建设和秦巴山、乌蒙山、武陵山等地区扶贫攻坚，推进流域高坝、峡谷旅游资源综合开发利用，全面推进生态旅游、乡村旅游、文化旅游发展，发展泸沽湖摩梭文化、彝族文化、侗族文化等民族文化村寨景区建设，推动民族文化演艺和传统节庆文化旅游品牌，把旅游发展与培育特色产业、带动农民增收、改善民生等紧密结合起来。

加大对重点区域精品旅游景区的重大基础设施建设，在旅游土地利用、融资、市场政策等方面实行定向扶持，加强道路、通信、信息、水电、环境卫生、公共厕所、停车场、交通标识等基础设施的建设力度，相关项目投入、资金安排应向精品线路适当倾斜。建立区域信息交互网，构建多层级、网络化、多部门协同的安全风险防范、应急救援、安全监督机制。

（七）西北片区

1.范围与特色

本片区包括甘肃省、新疆维吾尔自治区、宁夏回族自治区、陕西省、内蒙古自治区的阿拉善盟，总面积约273万平方千米。该区域自然生态景观涵盖雪山、冰川、森林、湖泊、温泉、沙漠等，塑造了形态各异、特色鲜明的名山峡谷和民俗生态旅游资源，回族、维吾尔族等少数民族民俗生态文化丰富独特。建设有地质遗迹、沙漠戈壁、特殊地貌、草原景观、文化遗迹、宗教文化、特色街区等类型景区。

2. 现状与问题

本片区2023年共有A级旅游景区2156家，5A级旅游景区44家，4A级旅游景区570家，已经形成了喀拉峻、白沙湖、西夏王陵、响沙湾、华清池、华山、太白山等旅游景区，但是单位面积旅游景区较少。本片区旅游景区发展存在的问题包括以下方面：

高品质旅游景区产品供给不足。旅游资源规模大，在大区域内散落各地。类型、等级同质化旅游景区开发较多，缺乏深层次系统化的开发模式，加之进入交通较单一、距离较远，市场吸引力和竞争力不高。

旅游景区的综合带动效益需要提升。本片区建成的高品质旅游景区主要关注景区自身发展，对沿线旅游资源开发和周边城镇、社区发展的辐射带动作用不强，全域旅游发展的深度还需要进一步深化，整合全域旅游资源，形成旅游产业集聚区和产业带。

丝绸之路经济带国际旅游通道建设需要突破。面向"一带一路"建设的跨国线路、产品营销、服务标准等方面尚未形成有效体系，跨境口岸城市旅游合作机制尚未建立。受国际形势影响较大，出入境便利化程度需要加强，面向中西亚、欧洲地区的国际旅游通道需要加强建设。

旅游基础设施和公共服务体系不完善。直达境内外主要消费市场的航线航班较少，支线机场和航线建设有待加快。机场、高铁、高速公路与主要旅游景区交通对接不够，旅游景区停车场、厕所、标识标牌、游客中心等配套设施有待完善，旅游信息化程度亟待提高，公共服务空间发展不均衡，旅游者与当地居民尚不能共享公共服务。

3. 发展导向

依托丝绸之路核心区域优势，建设丝绸之路经济带旅游集散中心、丝绸之路文化旅游线路和民族风情旅游目的地景区，推进旅游客流便利化、深化旅游投资合作、形成国际旅游合作示范带，联合打造丝绸之路特色精品旅游线路和旅游产品，打造世界级旅游景区。推动长城、黄河、长征国家文化公园西段建设，有效实施河西走廊国家遗产线路保护利用行动计划，带动沿线文化遗产保护利用和传承发展。

围绕丝绸之路经济带、长城国家文化公园、黄河国家文化公园线路建设，加快沿线区域旅游集群建设，发展区域性旅游集散中心和服务体系，加快联通区域中心城市与国内主要旅游城市、境外中亚、西亚、南亚和欧洲地区的航空、铁路和公路综合交通体系。推进与丝绸之路沿线国家和地区的旅游一体化发展，先行先试建设跨国边境旅游合作试验区。

提升发展崆峒山、麦积山、冶力关、秦始皇兵马俑、大雁塔、沙坡头、水洞沟、天山天池、喀纳斯湖、敦煌、嘉峪关等旅游景区，创新景区业态，挖掘产品文化内涵，丰富旅游景区类型。

充分利用西北地区独特的民族文化资源，活化利用非物质文化遗产等资源，加大特色文化旅游产业园区、基地、示范区的建设，打造特色文化旅游群落，支持文化创意旅游产品、演艺产品、节庆会展产品等新业态发展，打造文化旅游特色线路，引导文化旅游消费新热点。

协调统一编制和推进甘宁六盘山、陕甘秦岭、甘青祁连山等跨区域旅游景区协作区发展，将旅游景区建设纳入区域生态保护、扶贫开发项目规划，避免同质化建设，实现旅游景区与区域经济社会的联动发展。

（八）青藏高原片区

1. 范围与特色

本片区包括西藏自治区、青海省，总面积约195万平方千米。该区域包含"世界屋脊"和"地球第三极"等关键地理地区，自然生态景观涵盖雪山、冰川、森林、湖泊、温泉等，塑造了形态各异、特色鲜明的名山峡谷和民俗生态旅游资源。藏族等少数民族民俗生态文化丰富独特。建设有地质遗迹、沙漠戈壁、特殊地貌、草原景观、文化遗迹、宗教信俗、特色街区等类型旅游景区，如雅鲁藏布大峡谷、雅砻河、羊八井、纳木错、神山圣湖等。

2. 现状与问题

截至2023年，本片区共有A级旅游景区348家，其中5A级旅游景区9家，4A级旅游景区85家，形成了以青藏铁路沿线、祁连山、雅鲁藏布大峡谷、珠穆朗玛峰、青海湖、年保玉则、塔尔寺等旅游景区和线路。本片区旅游景区发展存在的问题包括以下方面：

旅游景区发展方式粗放。以自然景观、民俗风情等为主题的观光型旅游的格局为主，休闲度假、康养等高端旅游产品开发不足，旅游景区配套服务设施建设较为滞后，尚未形成完善的特色餐饮、旅游商品、休闲娱乐等配套接待系统。景区二次消费水平不高，购物、餐饮、娱乐仍然是发展短板。富有地方文化特色的旅游商品开发较为缺乏，多为外地流入的小商品，旅游产业链条较短，综合效益不高。

供需矛盾依然突出。旅游市场体系建设仍然不完善，交通、景点、酒店、购物等缺乏整体统筹，旅游景区与目的地之间的衔接较弱，难以有效地吸引游客停留。旺季旅游市场增长与接待能力完全不匹配，自驾车、自由行等井喷式增长引发的交通基础设施、住宿餐饮设施等供需矛盾依然突出，尤其是高海拔地区，宾馆供养等设施的短板较大地限制了游客进入规模。淡旺季较为明显。

公共配套设施严重滞后。区域旅游交通主要依托几条主要公路干线，铁路运输严重不足，机场布局尚不完善，难以满足旅游景区发展的基本需求。旅游景区与旅游集散中心之间缺乏有效的交通连接，"最后一公里"问题特别突出。自驾车服务体系建设还处于起步阶段，配套服务设施以及旅游交通标识系统等有待进一步完善。

条块分割、发展环境有待改善。旅游资源产权分散，条块分割明显，受自然保护地体制限制，旅游资源开发利用较为困难，开发力度不够。景区联合执法和综合管理的长效机制尚未建立。旅游景区建设市场化、多元化投融资渠道有待进一步加强。

3. 发展导向

推动本区域自然保护地体系改革发展，科学合理协调自然保护和旅游发展的空间，有效利用旅游资源。依托三江源、祁连山、青海湖、昆仑山、帕米尔高原、神山圣湖、羌塘、雅鲁藏布大峡谷等区域的自然保护地改革契机，推动青藏高原国家公园群周边景区设施配套建设。结合地域文化资源，发展高原生态观光、户外运动、文化体验、冰川科考、峡谷探险等特色景区，联合开发跨区域旅游景区，打造精品旅游线路，建设中华民族特色文化旅游地。

打造以藏文化、高原生态景观、西北游牧文化等为特色的旅游景区，重点建设布达拉宫、塔尔寺、青海湖、纳木错、念青唐古拉山、互助土族故土园、茶卡盐湖、金海滩—原子城、年保玉则等知名景区，推进循化撒拉族绿色家园、同仁热贡旅游区、湟源日月山景区、乌兰金子海景区、格尔木昆仑文化旅游区、阿尼玛卿雪山旅游景区等景区的提档升级，实施5A级旅游景区建设标准，打造一批世界级旅游资源和精品旅游景区。

依托中印孟缅经济走廊，促进中尼国际生态旅游协作区建设。推动建设中尼珠峰跨境环线，依托中尼公路和樟木、吉隆口岸，连通尼泊尔，形成中尼生态旅游廊道，打造我国面向南亚开放的重要通道。

重点加强旅游景区基础设施、旅游服务和生态环保设施建设。科学核定并及时公布景区最大承载量，争取利用景区大屏、触摸屏、移动多媒体、智能终端等多样化的旅游信息平台，实时发布景区游客容量和环境安全情况，实现大尺度区域的智能化景区管理。

第五章 科学开发产品，保障优质旅游供给

旅游产品对旅游景区高质量发展起到决定性作用。旅游景区产品的开发以旅游资源为基础，随着旅游业的发展，内外环境及市场需求不断变化，对旅游资源的开发与利用程度不断加大，旅游资源的品级质量、内涵外延等都需要进一步调整和优化，这需要在新时期、新阶段、新常态下，树立新的旅游资源观及产品观，提供优质旅游供给（任以胜，等，2022）。

一、旅游产品开发要求

（一）旅游产品的概念与内涵

旅游产品，也可称为旅游服务产品。是指由实物和服务构成，包括集合景点、交通、食宿、娱乐等设施设备、项目及相应服务出售给旅游者的旅游线路类产品，旅游景区、旅游饭店等单个企业提供给旅游者的活动项目类产品。这些产品具有综合性、无形性、生产与消费同时性、不可贮存性、所有权不可转移性等特点（徐学书、况红玲，等，2007）。

旅游景区是旅游活动的核心和空间载体，是旅游系统中最重要的组成部分，也是激励旅游者出游的最主要目的和因素。景区旅游产品从供给角度来说包括有形的（如自然景观、建筑、游乐项目）和无形的（服务、感受）两种成分（王宁，2003），涵盖景观、景区的设施、景区的服务、景区的活动项目等。其中，景观是景区的自然实体和文化实体的吸引物；设施包括基础设施和服务设施；服务是旅游者在体验景观和使用设施过程中所接收到的物质和精神上的享受；活动项目是景区结合其特色举办的常规性或应时性供游客欣赏或参与的各种规模的

群众性活动和游乐项目(周玲强,2006)。

景区旅游产品开发的关键在于能否与市场的需求相符合,能否满足游客的需求。决定游客是否能从旅游产品中满足自己需求的因素主要有两方面:一方面取决于游客的类型,包括他们的年龄、生活方式、目前所处家庭生命周期阶段等;另一方面也取决于景区的类型,即两者适配的关系。

从游客分类的角度对旅游景区产品划分是基于需求研究的重要角度。通过对游客类型特征的剖析,有利于更有针对性地形成景区产品品质提升策略。而针对游客分类,依据不同的角度分析,其类型构成是不同的。一般而言,大致可以从性别、年龄、收入、受教育水平、职业、家庭结构等人口社会经济学特征来对游客进行划分(甘华蓉,2015)。

同时,在相关学者的研究成果中,发现通常可根据游客的出游目的、旅行方式、旅行时间、旅行距离、组织方式、季节性等对游客进行市场特征划分(表5-1)。

表5-1 游客的人口社会经济学特征细分

变量	细分
性别	男性、女性
年龄	学龄市场、青年市场、中年市场、老年市场
受教育水平	初中以下、高中、大学、研究生及以上
收入	个人年收入(或月收入)、全家平均月收入
职业	农民、军人或警察、教师或科技人员、个体户、公务员、公司职员、商业服务业者
出游目的	度假、观光、商务、探亲、购物、修学、疗养康体、采购、会议等旅游市场
旅行时间	一日内休闲市场、一日游、两日游、三日游、一周游、其他时段
旅行距离(千米)	0~500(约60%)、500~900(约20%)、900~2000(约16%)、>2000(约4%)

续表

变量	细分
组织方式	散客旅游、团队旅游
旅行方式	汽车、火车、飞机、轮船、自行车、步行等旅游市场
季节性	12月~次年2月（冬季市场）、3~5月（春季市场）、6~8月（夏季市场）、9~11月（秋季市场）

此外，也可从来源地、消费特征、出行方式等角度对游客进行不同类型划分。但不论以何种方式划分，明确旅游者类型划分的依据和目的至关重要。

从景区分类的角度对旅游产品进行划分则是基于产品供给的角度进行研究的重要路径。旅游界对旅游景区的分类开展了许多理论和实用方面的研究，本书第一章第六节介绍了旅游景区的分类体系，不同类型的旅游景区有其独特的旅游景区产品。

整体来看，我国已建成了一些享誉海内外的精品旅游景区。但是，就目前的发展水平而言，景区旅游产品仍然存在内容单一、主题重复、更新较慢、高质量产品供给不足等问题，景区旅游产品总体素质依然不高，产品的经济社会价值仍需进一步挖掘，因此如何对旅游景区产品进行规划、开发和更新是景区运营管理的重中之重。

（二）旅游产品开发原则

1. 依托资源，充分整合

资源是构建项目与产品的基础，旅游产品设计需要对该旅游景区的现实状况进行全面的调查，取得尽可能全面、准确的客观资料的前提下进行，把握景区中存在的客观、真实问题及其正确的分析作为产品设计的依据，要充分依托本地资源、充分挖掘和利用资源优势，创新开发形式，实现高效整合，做到局部和整体相协调、近期和远期相一致。

2. 面向市场，体现效益

景区作为一个经营单位，其开发一般要实现一定的经济效益，因此，面向市场是景区产品发展的基本点之一。旅游景区在进行旅游产品设计时，应当以

97

当前的和潜在的市场需求为导向，以旅游者需求为研究和产品设计的出发点，在对市场进行充分调研的基础上，根据市场结构和偏好，开发出市场喜闻乐见的旅游景区产品。产品开发要以市场需求为导向，开发产品前须进行充分的市场调查，准确预测市场的需求趋势和需求数量，设计出适销对路的产品。

3. 突出主题，注重品牌

品牌塑造是产品管理的核心。对旅游景区而言，营造契合的品牌，提升品牌影响力，挖掘和实现品牌价值是其高质量发展的重点工作。景区产品不同于一般商品，其本身具有复杂性和复合性，如何梳理出资源开发主线，明确景区开发主题是形成品牌的基础。因此，旅游景区产品的设计与开发要围绕某一主题，体现出鲜明的特色，进一步吸引目标客源，形成规模化，提供专业化的服务。景区产品的开发要依托地方旅游资源，围绕主题，开发系列旅游景区产品，并注重品牌塑造与管理，形成景区旅游产品的口碑效应。

4. 保护资源，持续发展

景区产品的开发要以保护景区现有的旅游资源为前提，这是实现景区可持续发展的保证。如果不顾保护而盲目进行开发，势必会缩短景区的生命周期，这不仅损害了景区投资者和经营者的利益，也会对景区周边的旅游企业和当地居民的经济利益产生影响。因此，旅游产品设计要能够统筹全局，对各种制约和影响因素进行全面考虑。

5. 融合科技，推动创新

加强景区建设与发展与新质生产力紧密融合，推动高新技术在景区的创新应用，注重新业态、新模式的探索，通过与其他产业融合创新消费场景、增强消费体验。推动景区管理和运营的数字化转型，落实智慧景区建设，提升管理效率和服务质量，为游客提供更加智能、便捷的体验，从而推动旅游产业的持续健康发展。

（三）旅游产品开发思路

1. 丰富景区旅游产品供给

随着人民生活水平的不断提高，居民的旅游消费需求增长强劲，旅游市场规模日益扩张，景区供给不足的局面成为制约旅游经济发展的主要因素之一。景区旅游产品的发展要对接旅游消费的新热点、新趋势，深入开发生态休闲、文化体验、健康养生、研学科考等旅游景区新产品，以资源条件为基础，深化景区提档升级和功能拓展，推动景区产品内涵式发展。按照精品化、大众化、休闲化的旅游产品开发建设思路，以富有特色的景区建设为重点，以休闲性、体验性、娱乐性、智慧性旅游产品为主要开发方向，不断丰富旅游景区产品供给，逐渐实现供需平衡。

从单一观光到综合开发是景区未来的总体趋势。而文化旅游、商务旅游等各种不同的旅游类型有着不同的诉求，景区需要复合型的产品、多元化的发展。以观光游为主的旅游随着生活质量的提升而逐渐减弱，度假游、休闲游、商务游、复合游等专项旅游产品逐渐发展起来，不断提升"旅游+"的引导能力和供给水平，主动推动旅游与相关产业和领域的融合，深化旅游与多产业融合，着力培育"旅游+体育""旅游+康养""旅游+农业""旅游+文化""旅游+研学"等新型融合产品，培育景区拓展自驾车露营地、体育户外运动、养生养老养育、文化展演体验等消费新业态。面向旅游发展，需要推动各部门、各地方在规章、标准和政策制定或修订过程中，进一步考虑增强旅游景区发展功能，为与旅游业的融合发展提供更多的对接口。出台一批指导"旅游+"融合发展的政策标准，推出一批多样化融合发展示范基地和产品，优化旅游供给结构和质量，提升景区的供给效率。

2. 推动高质量景区旅游产品建设

A级旅游景区评定是以资源和质量为核心对全国范围内的旅游景区进行综合度量的重要参考，也是旅游市场的风向标和最重要的品牌，实践证明，A级旅游景区尤其是高级别的A级旅游景区具有强大的市场号召力和影响力。需要全面提升以A级旅游景区为代表的旅游景区的高质量发展，尤其加强3A级以上旅游景区建设，树立以5A级旅游景区为代表的旅游景区精品形象，强化高A级旅游景区产品质量监管，优化5A级旅游景区的产品结构，推动旅游景区高质量发展。需要定位一批特品级旅游资源，以建设世界级旅游景区和度假区为着力点，形成一批具有国际影响力的景区和度假区品牌。对于基础条件较好的景区，要以"创A"为抓手，全力提高旅游景区服务品质，按照《旅游景区质量等级划分和评定》标准，鼓励和支持现有旅游景区积极创建A级旅游景区。面向高级别A级旅游景区产品打造，要求景区以游客为本，丰富旅游内容，增加旅游新形式，完善旅游基础设施，加强软件建设，强化服务意识，推动旅游景区服务品质显著提高，增强游客的体验度和舒适度。

面向未来发展，各地要结合本地旅游资源，着力打造一批具有世界影响力的精品景区，形成一批社会广泛认同的新型精品景区，使旅游景区功能更完善、旅游线路更精彩、旅游产品更丰富，有利于进一步扩大客源市场份额，提高旅游综合收入，提升旅游质量，培育旅游产业发展新的增长极。

3. 面向国内旅游基础需求

在国内旅游整体稳健增长的同时，结构性升级悄然出现，旅游消费形态正在变化。在移动互联技术快速普及以及社群经济的兴起之下，周边游、亲子游、大健康、体育赛事等跨界、跨产业旅游方式正成为拉动消费升级的重要力量。

从消费主体来看，国内旅游从小众市场向大众市场转变，已拥有全球最大的国内旅游消费市场；从消费形式和消费需求来看，旅游消费空间将由团体游客的封闭世界转变为游客和市民共享的生活空间；从产业内容来看，旅游产业正在由狭义的旅游商业范畴扩展到广义的大旅游商业领域；从市场主体来看，旅游业经营模式将由单一旅游企业主体转变为日益多元化的跨行业商业主体；从旅游业发展模式来看，以景区景点旅游发展模式向区域资源整合、产业融合、共建共享的全域旅游发展模式加速转变。

着眼于个性化、休闲化、智慧化、大众化的旅游新趋势，面向国内市场，满足地方旅游的基础需求。景区旅游产品开发不断增强旅游项目的参与性、趣味性、互动性、情境化、体验化，纵向发展当地旅游，实现观光型景区向休闲度假的升级，延长当地旅游产业的产业链，促进产业的优化升级。

4. 开发国际化旅游新产品

全球范围内，旅游作为重要产业，在人口、物质流动方面起到了巨大作用。中国已成为世界第四大旅游目的地，而随着全球化的加深，未来入境旅游人数将进一步增加，对接国际旅游市场，推动旅游景区产品的国际化是必由之路。中国景区的高质量发展要求形成一批具有世界级影响力的景区产品，提升中国旅游业的世界影响力和话语权，进一步撬动全球旅游市场。需要遴选出一批世界级景区，实施旅游要素的国际化改造，重点开发符合国际旅游建设要求的国际化旅游新业态，如文化旅游、会展旅游、邮轮游艇旅游、乡村休闲、时尚购物、房车营地、海洋度假、冰雪旅游、低空旅游等，开发多元化的新产品。

5. 实施差异化旅游产品开发

旅游产品高质量供给不足、供需不匹配是我国旅游市场发展中的长期问题，而且产品同质化开发是当下供需问题的主要源头之一。面向景区高质量发展，需要明确其产品的开发定位、主题和策略，有针对性地聚焦不同客源市场，形成差异化的产品体系。景区开发建设中需要利用核心资源打造的主题产品应突出主题特色，能够层次化、精细化，突出景区原生态、本土化的产品设计，打造与特色景观文化紧密联系的特色文化旅游产品，树立特色品牌，创造旅游精品。

充分满足游客需求，丰富旅游景区产品，避免同质化竞争，不断创新，大力开发专项旅游产品，推动旅游景区核心旅游产品的主题化和组合旅游产品的特色化。通过景区形象、旅游产品特征、旅游服务质量控制等形式，努力形成其在整个旅游产业中独特鲜明的个性，使游客建立品牌忠诚度，提升旅游产品品牌营销效果。

6．推动文旅深度融合发展

在旅游景区高质量发展的进程中，文化和旅游的深度融合是一种不可或缺的发展趋势。文化是旅游的灵魂，旅游是文化的载体（中国旅游景区协会，等，2019）。通过文旅融合，可以更好地传承和弘扬地方文化，丰富旅游产品的内涵和形式，提升旅游体验的品质。为实现文旅深度融合，首先需要挖掘和利用地方文化资源，如历史遗迹、民俗风情、非物质文化遗产等，开发具有文化特色的旅游产品和服务。其次，加强文化创意产业与旅游业的结合，如通过文化节庆活动、文化体验馆、创意工坊等方式，让游客深入体验和了解当地文化。同时，应重视传统文化与现代科技的结合，利用数字化和智能化技术手段，提供更加生动、互动的文化体验。此外，注重培养文化旅游人才，提升从业人员的文化素养和专业技能，以更好地传播和推广地方文化。通过这些措施，可以使文化和旅游相互促进，共同提升景区的吸引力和竞争力，实现旅游景区的高质量、可持续发展。

二、旅游产品开发策略

（一）需求为导向，创新产品业态

随着旅游产业的不断发展，产业融合在不断深化，旅游产业价值链与工业、农业、服务业等相关产业结合重组，旅游景区的发展要推动价值的符合化、资源的创新化、产品的多元化、业态的提升化。加强分类指导，创新旅游业态、优化产品体系，实现从独立发展型向综合拉动型转变，推动旅游景区成为三次产业融合发展的典范。

1．国内旅游市场趋势与特征

近年来，国内旅游市场发展迅猛。2005—2023年，国内旅游收入平均增长速度为19.18%，国内旅游人数平均增长率为11.26%，虽然2020—2022年受新冠疫情影响，国内旅游收入和人数受到影响，但2023年出现大幅反弹，其中，国内旅游收入同比增长140.17%，国内旅游人数同比增长93.93%，旅游逐步成为人们的一种生活方式，掀起国民出游新热潮（图 5-1）。

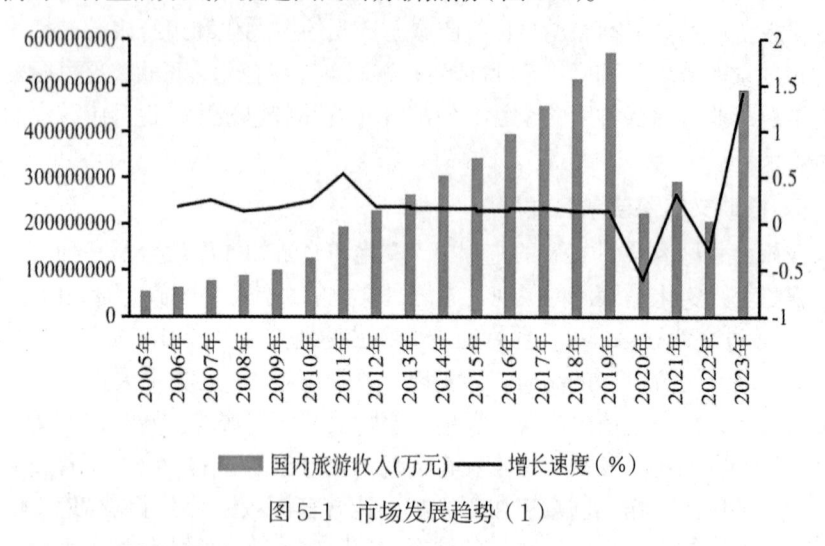

图 5-1　市场发展趋势（1）

当下国内旅游呈现多元化的发展状态，市场热点频出，整体上看，市场发展出现以下趋势：

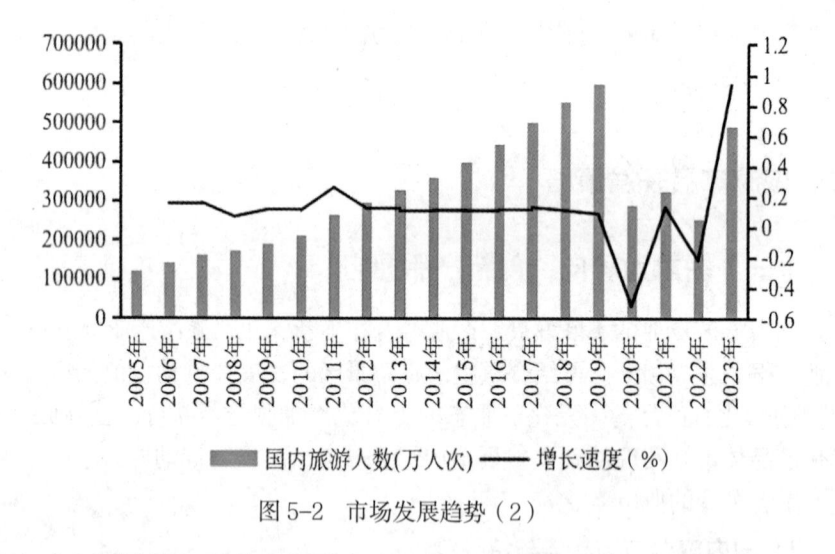

图 5-2　市场发展趋势（2）

（1）高频周边游。随着消费需求和品质需求不断升级，自驾游用户尤其是家庭客群越来越注重高品质出游体验，而以本地游、周边游为主的"微度假"大幅增长，成为旅游消费市场的主流。2015—2019 年我国自驾游游客数量从 23.4 亿人次增至 38.4 亿人次，2022 年同比增长 105.8%，恢复至 2019 年同期的

108.1%，自驾游人数占国内出游总人数的比重为 74.8%。从出行距离来看，短途周边出游更受青睐，距离在 10～50 千米的自驾游人数占全部出行人次 71.3%，出行时间在 12 小时以内的人次占全部出行人次的 42.1%，选择参与周边游、都市游的自驾游游客的占比分别达到 69.5% 和 62.7%；从出游时间来看，自驾游热潮主要集中在春节、暑期和国庆节，约有 28% 的用户选择在暑期自驾游玩。居民可支配收入提升，碎片化时间增多以及公路、铁路网络日趋成熟为周边短途游和自驾游的爆发式增长奠定了基础（图 5-2、图 5-3）。

图 5-2　国内在线周边游市场规模

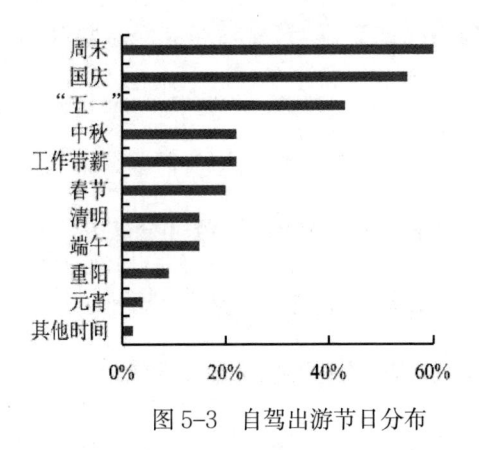

图 5-3　自驾出游节日分布

（2）亲子游。2023 年国民经济和社会发展统计公报显示，0~15 岁人口有 24789 万人，占全国总人数的 17.6%。这 2.4 亿儿童及其背后的家庭需求催生出崭新的亲子消费形态，旅行与文化、科技、教育、营地、餐饮、商品、运动、避暑、冰雪等新需求、新业态将加速融合发展。当前，全面双减、全面普惠、中小学劳动实践、中小学课程调整、推动文旅教育融合等国家相关政策推动了亲子旅游及相关研学旅游的快速发展。我国有 67.8% 的亲子游客群主要集中在地级市，"80 后""90 后"以家庭为单位的亲子游客群不断壮大，形成消费阶层，同时全面放开二孩、三孩政策为亲子游市场长期火热提供支撑。亲子游产品需要兼顾父母的便捷性、儿童的适应性以及教育过程中的体验性，用户需求多元化发展倒逼产业链升级。儿童年龄的增长伴随着旅游频次的减少、深度的增加以及单次消费的提升。同时，家庭端的差异化教育需求和精神性的生活文化需求依然在稳步增长，在亲子文旅、产品消费、校外儿童素质教育、研学营地，以及家长自身的成人修养课程和体验性产品设计，都将催生出更多消费升级和创新模式（图 5-4）。

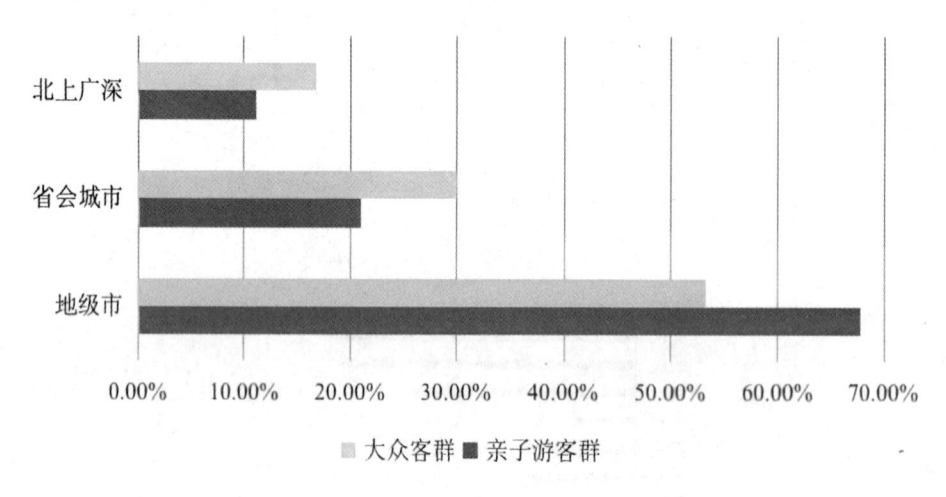

图 5-4　中国亲子游人群城市分布

亲子游不同阶段对应的出游特征情况如表 5-2 所示。

表 5-2 亲子游不同阶段对应的出游特征

年龄	3～4岁	5～6岁	7～9岁	10岁以上
阶段	幼儿	学龄前儿童	低年级儿童	少年

续表

时间跨度	1天以内	1~3天	一周	一周以上
性质	周边游	短期亲子活动	长线游增多	户外拓展夏令营
单次人均消费	400元	600元	900元	1500元
频次	每年3~5次	每年5~10次	每年3次	每年1~2次

（3）休闲化。大中城市及周边郊区休闲游正在成为文旅产品中的新宠。国内旅游呈现出短时间、近距离、高频次等新特征，"轻旅游""微度假""宅酒店"等成为新亮点。人们更加在意身边的美丽风景和日常的美好生活。近距离的出行、高频次的休闲已成为2020年以来国民旅游休闲的主要趋势，距家1~3千米以内区域构成休闲活动的空间范围。休闲活动丰富多样，休闲场景趋于多元，文化休闲在城镇居民日常生活中的比重日益提升，参观博物馆、展览馆、科技馆等文化场所的城镇居民持续增加。游客旅游行为更加生活化，活动空间逐渐从景区走向社区，走向老百姓的日常生活空间，走向一站式旅游度假地，由此带动都市休闲游、乡村旅游、主题公园游、邮轮旅游等"泛生活化"和体验性强的细分市场快速发展，推动更多共享业态进入旅游领域，融入更多科技和文化创意元素，让旅游更时尚、更加生活化。

（4）数字化。在《"十四五"文化和旅游发展规划》中，明确强调旅游行业应进一步强化信息基础设施建设，深度融合"互联网+旅游"模式，并加速推进智慧旅游的发展，其核心特征为数字化、网络化和智能化。当前，包括在线旅行社、酒店业、主题公园、博物馆业以及交通运输业等在内的多个相关行业，正逐步实施数字化转型，以适应新时代的发展需求。近年来，数字文旅产业的发展势头尤为迅猛，数字文旅消费规模持续扩大，数字内容供给变得更丰富多元，数字内容的受众群体也在不断扩大。这一系列数字化进程为中国文化产业和旅游产业注入了新的活力，使其获得了前所未有的发展动力。此外，数字服务、旅游智能装备以及旅游智慧管理等最新应用正在全面展现智慧旅游的新面貌，为游客提供了更为便捷、高效的旅游体验，也为整个旅游行业带来了前所未有的发展机遇。

（5）格局不平衡。我国旅游资源丰富，但分布不均，导致不同地区旅游业的发展程度存在显著差异。首先，在区域发展上呈现不均衡现象，其中东部沿海地区由于经济发达、交通便利、基础设施完善、旅游资源丰富，吸引了大量游客，而中西部地区受限于地理位置、经济条件等因素，旅游资源开发和旅游产业发展相对滞后。其次，表现为城乡差异，城市地区尤其是大城市，旅游设施和服务较为完善，旅游产品多样化，而农村地区由于基础设施不足、服务水平不高，旅游发展相对缓慢。此外，还受季节性因素影响，部分旅游目的地存在明显的季节性特征，旺季时游客众多，淡季时游客稀少，导致旅游资源和服务设施的利用效率不高。

2．旅游产品新业态

注重对整个行业的引领和预先判断，对接行业发展新趋势，通过产业融合，不断挖掘新题材、新手段，适应游客新需求，实现产品业态创新。

（1）康养旅游。中国正加速步入老龄化社会，2023年年末，60岁及以上人口超过2.9亿人，占全国人口的21.1%。同时，白领亚健康比例高达76%，营养干预和健康管理需求旺盛，相应的休闲养生和康体旅游等市场需求将不断升级。此外，截至2022年年底，我国60岁及以上老年人口达到2.8亿人，占总人口的19.8%，而根据统计预测，未来10年，每年可能新增2300万中老年人，为康养旅游市场提供了巨大的开发潜力。康养旅游融合亚健康人群与老年人群的基础市场，作为大健康产业和旅游产业的复合型产业，未来发展空间巨大。因此，要全面开发针对康养、老年人和医疗旅游的产品。结合景区自然、人文等资源，挖掘其康养价值。例如，利用温泉、森林、山地等自然资源，开发温泉疗养、森林浴、徒步旅行等康养产品。开发不同类型的温泉、水疗、保健设施，升级养生服务。融入中医药养生特色，形成对海外市场的吸引力。加强对康养旅游从业人员的专业培训，提升服务质量和专业素养。鼓励景区与科研机构、高校等合作，共同研发新型康养旅游产品和技术。加大投入，完善景区康养旅游相关配套设施，如康养中心、健康餐厅、健身设施等，提升游客的康养体验。加强旅游景区与老年组织的合作，创新老年旅游产品。加强旅游景区与住宿接待业、国际医疗品牌的对接。

（2）体育旅游。体育和旅游的主力消费群体集中在"80后""90后""00后"与该群体契合度高，且均为平台型产业，易于相互融合。体育旅游的形式主要分为以高频运动引发的泛户外旅游活动，更趋生活化以及赛事IP引发的体验式观赛游，具备高黏性和群体化特征。体育赛事能够缓解旅游目的地的淡旺季差异，通过创造附加值带动旅游综合收入提升，反之旅游为体育赛事提供更深层次的消费场景，实现多层次变现。目前体育旅游产品仅占我国旅游市场的5%

（发达国家约25%），成长空间巨大。通过持续开展体育品牌赛事，为体育旅游发展奠定了坚实基础。体育旅游可以从三个方面进行强化：一是集中建设一批体育示范基地和户外运动基地；二是开发徒步、探险等户外体育运动旅游产品；三是举办一系列精品赛事，构建体育旅游品牌。

（3）文化旅游。文化和旅游有着天然联系，文化是旅游的灵魂，旅游是文化的载体。"以文促旅，以旅彰文"，文化和旅游融合发展不仅是产业趋势也是重要的国家发展战略。通过实施文化旅游景区提升行动、文物古迹活化行动和旅游文化演艺推进行动等一系列文旅融合的新举措，将从旅游景区等方面有效推进现有文化旅游业态的产品进行更新换代。需要进一步丰富景区的参与互动项目，打造高端体验产品；开发再现、活化、衍生系列主题旅游产品，让文物"动"起来、经典"活"起来、传统"走"出来，这些都是为了变过去的"观光欣赏"为"参与体验"，以此拉动旅游消费。

（4）工业旅游。工业旅游是近年来逐渐兴起的旅游新业态，矿井游、酒窖游等多样的工业旅游形式越来越受到游客的追捧。尤其部分工业城市在转型发展中，留下很多矿山矿坑、厂房设备等工业遗址，可以充分利用这些资源，开发工业观光、地质考察、科普教育、科技博览等旅游产品，在实现资源再利用的同时，也将为旅游业发展开辟新路径，为很多工业生产企业的再发展带来新机遇。

（5）科技旅游。科技旅游是用科学研究、宣传教育等场所和活动以及具有较大科学考察价值的自然环境开展集知识性、教育性、趣味性和娱乐性为一体的旅游形式，让大家在游玩过程中接受科学、自然及人文知识的旅游业态。要在不影响科学研究和生产的前提下，鼓励大型科学仪器、设施、装置以及科技公司、研究院所适当开放空间，完善旅游服务，形成科技教育类景区。鼓励5A级旅游景区及博物馆、展览馆类景区场所率先应用人工智能等未来科技。鼓励高品质旅游景区利用计算机仿真技术，加强旅游者对未来的感知体验。推动VR（虚拟现实）、AR（增强现实）、数字孪生等现代科技在导游导览上的应用，增强场景营造与游客的沉浸体验。推动VR、AR、数字孪生技术在景区和无法复原遗址上的情景再现应用，丰富景区旅游产品的内涵。推动VR、AR、数字孪生技术在主题公园、博物馆等场所的应用，在旅游科普教育、游戏娱乐等方面提升表现力。推动机器人、虚拟数字人等在导游导览、景点解说、信息咨询等方面的应用。推进无人驾驶汽车、游艇等在景区的应用，构筑新型科技旅游产品。

（6）教育旅游。教育旅游融合了知识传授与旅行体验的双重优势，特别是青少年市场的迅速扩大，家长们愿意为孩子提供寓教于乐的旅行经历。研学旅行、国际交流、历史文化探索等项目深受青少年和家长的欢迎，市场潜力巨大。教育旅游不仅可以增强孩子们对知识的渴望和学习的动力，而且有助于培养其独立性和社交能力。此外，通过与各教育机构的合作，开发符合学校课程标准的旅游产品，旅游业与教育培训行业的深度合作，可以创造出更多创新型教育旅游产品。

（7）生态旅游。随着生态环保意识的增强，生态旅游成为市场的新宠。以自然保护区、国家公园、生态农场为主体的生态旅游，强调环境保护和可持续性，推广绿色出行，满足人们返璞归真的旅游需求。发展生态旅游可以促进当地经济发展，同时保护和修复自然环境。生态旅游的发展还应该关注社区参与和利益分享，确保当地社区能够从中获益，实现旅游发展与生态保护的双赢。通过科学规划和管理，开发低影响、高体验的生态旅游产品，旅游业将为促进全球生态文明建设做出积极贡献。

（8）邮轮游艇旅游。邮轮游艇旅游作为一种高端的休闲方式，近年来在全球范围内迅速兴起，尤其是在经济发达和海岸线丰富的国家和地区。随着人们生活水平的提高以及对个性化、品质化旅游体验的追求，邮轮游艇旅游因其独特的魅力而受到越来越多游客的青睐，市场前景广阔。大力推进邮轮游艇旅游景区产品的建设，有序扩大试点港口城市范围，以海南岛、珠三角、长三角及大连、天津、青岛、武汉、宜昌等沿海、沿江城市作为主要邮轮游艇目的地，高标准打造邮轮港口和基地，通过邮轮游艇串联周边主要景区，形成精品主题旅游线路。利用市场机制引导邮轮游艇类旅游景区发展，提高其市场化程度。鼓励邮轮游艇服务港口申报 A 级旅游景区，并按照高 A 级旅游景区标准提升旅游服务设施。

（9）冰雪旅游。随着 2022 年北京冬奥会的成功举办，民众参与冰雪旅游的热情普遍高涨。2021—2022 年冰雪季中国冰雪休闲旅游人数达 3.44 亿人次，是 2016—2017 年的 2 倍多；冰雪旅游收入高速发展，我国冰雪旅游扩容提质并重，正在从开拓向提质转变。需要继续推进冰雪旅游景区建设，开发冰雪运动、冰雪观光和民俗风情综合旅游项目。大力发展冰雪旅游产品，塑造冰雪旅游景区。黑龙江、辽宁、吉林、河北、北京、内蒙古等地以高标准的室外冰雪场地和冰雪旅游小镇、休闲基地为核心，开发冰雪竞技、雪上运动、亲子嬉雪、冰雪休闲、温泉康养等特色旅游项目，提升冰雪场馆标准，完善冬季旅游服务设施。在冬季时间较短的地区，发展一批室内冰雪场馆，丰富冰雪旅游项目，形成独特的室内冰雪休闲产品。

（10）低空旅游。近年来，随着航空技术的进步、旅游市场的细分以及消费者对新奇体验的需求增长，低空旅游逐渐成为一个新兴且充满潜力的旅游领域。政府对于通用航空业的鼓励和支持，包括基础设施建设（如小型机场、起降点）和法规完善，也为低空旅游创造了有利的外部环境。低空旅游可以成为旅游目的地差异化竞争的优势，吸引更多高端客户群体，同时也可以作为科普教育、探险旅游的载体。发展以直升机、热气球、固定翼飞机等为依托的低空旅游项目，同步加强管理，规范运营。通过举办通航大会、航空会展等节会活动，开展滑翔伞、动力伞、轻型飞机的培训体验、航空运动比赛等服务，提升低空旅游类产品的参与度和吸引力。积极开发航空工业旅游、航空文化展示、低空飞行体验、飞行俱乐部等休闲产品和观光体验、运动休闲、赛事活动等低空旅游体验产品，策划举办空中婚礼、空中摄影、空中跳伞等定制空中游览项目，配套发展航空小镇、航空展馆、航空驾校、航空俱乐部等业态，培育航空旅游综合体。

（11）非遗旅游。在全球化进程中，人们对本土文化的认同感和自豪感日益增强，非遗旅游以其深厚的文化底蕴、独特的艺术表现形式和丰富的互动体验，正成为文化旅游领域的一股新潮流。全面梳理景区内及周边的非遗项目，挖掘其历史渊源、文化内涵和艺术价值。通过与非遗传承人合作，整理和保护非遗技艺，确保非遗项目的真实性和完整性。结合非遗元素，设计具有地方特色和文化内涵的旅游产品。例如，开发非遗主题旅游线路，让游客在游览景区的同时，了解非遗技艺的制作过程和背后的故事。此外，还可以推出非遗工艺品、纪念品等，满足游客的购物需求。通过互动体验、现场展示等方式，让游客亲身感受非遗技艺的魅力。设置非遗体验区，提供非遗技艺的学习和实践机会，让游客在参与中深入了解非遗。同时，加强导览服务，为游客提供详细、生动的解说，增强游客的沉浸感和体验感。利用多种渠道和媒介，宣传景区非遗旅游产品的特色和优势。通过举办非遗文化节庆活动、参加旅游展会等方式，扩大景区非遗旅游产品的知名度和影响力。同时，与旅行社、在线旅游平台等合作，将非遗旅游产品纳入旅游线路中，吸引更多游客前来体验。

（二）创新为特色，构建景区知识产权

基于消费者的需求，紧跟时代潮流设计开发新的旅游产品，有助于旅游产品在一段时间内保持足够的影响力和稳定性。新的旅游产品要融入旅游景区理念系统，既要体现景观系统的时间线索和历史关系，也要解释地方历史文化传统和独特的精神内涵，与旅游景区的战略发展目标和现有主题形象高度统一协调。此外，新产品要与旅游景区现有产品形成相互促进的互补关系，且不能相

互干扰和替代。

1. 旅游景区知识产权

知识产权，特指具有长期生命力和商业价值的跨媒介内容运营。对景区而言，知识产权是景区形象认知的产品，简单鲜明有特色的元素和符号，是市场化的产物。旅游景区知识产权，它包括景区名称、商标、特色建筑、著名景点以及特色文化等内容。知识产权应用在旅游景区上即要求形成景区产品的主题，以及围绕主题而构成的衍生品系列，通过知识产权可以在繁杂的市场上迅速找到具备显著识别功能的旅游景区，具有主题性、形象性、独特性、符号性、系统性等特点（甘华蓉，2015）。

2. 形成景区知识产权体系

旅游景区知识产权体系要能够充分体现旅游景区资源或产品的唯一性和独特性。深入挖掘精品旅游景区所在地理单元、民族传统的生态和文化特色，系统梳理旅游景区地脉和文脉，提炼有地方特色的关键卖点，通过形象化设计形成独特的旅游景区文化符号和主题形象。景区需要以打造主题文化为重点，通过多要素整合，把独特文化符号和主题形象植入旅游景区景观、建筑、活动、业态和日常的旅游体验中，形成完整的文化展示系统和主题形象品牌。

旅游景区的旅游产品开发要注意发掘或赋予具有特色的资源，通过"资源＋创意"，提升旅游品质，实现文化价值。通过寻找旅游景区的独特识别物、鲜明特色的吸引点，通过知识产权集聚人气，形成粉丝效应。同时，以主题为核心，推广情景式体验设计，从游客心理出发，运用舞台、场景等设计，结合景区特定的自然、文化资源和环境背景，以主题和知识核心为主线设计体验场景及活动，实现情景交融和游客体验的升级。

面对激烈的旅游行业竞争，景区同时要加强知识产权保护。旅游经营者可以采用全面的创名牌战略辅之以商标法律保护、著作权法律保护，以及积极参加旅游市场公平竞争辅之以反不正当竞争法律保护措施，维护自己的权利（曹梦婷、朱晓辉，2018）。

3. 融合文化自信，打造独具特色的旅游产品

在全球化的浪潮中，文化自信成为国家软实力和旅游吸引力的重要支柱。旅游景区在开发新产品时，必须深入挖掘和传承本土文化，倡导文化自信的同时，也需向游客展示独特的地域文化魅力。这不仅是尊重历史，更是一种文化的自我认知和自我提升。

文化自信的融入，使旅游产品不再局限于表面的娱乐和休闲，而是深层次

地讲述一个地方的故事，展现其精神价值和生活方式。例如，通过生动的民俗活动、具有地方特色的手工艺品展示、传统节日的现场体验等形式，让游客在享受旅游服务的同时，也能感受到浓厚的文化底蕴和地方精神。此外，结合文化自信理念，旅游产品应该注重生态环境的保护和文化遗产的传承。开发环境友好型、可持续发展的旅游产品，如乡村旅游、非物质文化遗产旅游等，既满足了现代游客对于绿色健康旅游的追求，也为地方经济的转型发展带来新机遇。

在知识产权的保护上，通过注册商标、版权等方式，确立产品的法律地位，通过商标保护那些体现地方文化和精神内涵的元素，保障旅游景区的文化资源得以合法利用和传播，以确保具有浓郁文化特色的产品不被侵权。旅游产品的创新发展，应紧密结合文化自信的理念，通过知识产权的保护与运用，让旅游景区的文化特色在市场中脱颖而出，成为吸引游客的独特名片，进而推动旅游景区的品牌形象向更高层次发展。

（三）精品为理念，塑造主题线路

旅游景区主题线路是指根据某一特定主题或文化特色，将多个旅游景点或活动串联起来，形成具有连贯性和吸引力的旅游线路（张瑞，等，2020）。景区范围内，依托不同类型的旅游景点和资源，要求景区深耕细作，设计具有鲜明主题和特色的旅游线路，有重点地推出和打造部分精品旅游线路，以加深游客的体验度和满意度。主题线路的设计应注重文化内涵的挖掘和游客体验的提升，通过创新性的线路规划，打造具有独特魅力的旅游品牌（赵丽娟，等，2020）。

区域尺度要实现旅游景区联动，有序组织高品质的旅游景区，形成主题化旅游线路，并培育建设一批全国一流、世界知名的精品名牌旅游景区产品线路。建议培育建设的线路如下：

滨海旅游线路：以滨海为主题，沿海岸线构筑包括海洋景观、水上运动、滨海度假、海洋科普等多种产品类型的主题景区，涉及辽宁、天津、山东、江苏、浙江、福建、广东、海南、广西及台湾各地。

长江旅游线路：从长江源头到长江入海，打造长江主题旅游线路，结合长江游轮产品，沿江、跨江公路、铁路旅游产品，低空体验产品等，形成多样化展示长江特色及文化的精品旅游景区主题带。涉及青海、西藏、四川、云南、重庆、湖北、湖南、江西、安徽、江苏、上海11个省（区、市）。

黄河旅游线路：以黄河为主题，涉及青海、四川、甘肃、宁夏、内蒙古、陕西、山西、河南、山东9个省（区、市），串联黄河沿岸精品景区，重点展示黄河文化、黄河自然风光和人文历史遗产。

大运河旅游线路：以大运河为主题，涉及北京、河北、天津、山东、江苏、浙江6省（市），串联大运河沿线景区，挖掘运河文化，拓展运河产品体验，突出运河在各省（市）的不同特色和相同精神，构筑以大运河文化带为核心的人文自然特色旅游线路。

长城旅游线路：以长城为主题，串联从山海关到嘉峪关的长城旅游线路，涉及辽宁、内蒙古、河北、北京、山西、陕西、甘肃、宁夏、山东、河南等长城经过或有古长城遗迹的省（区、市），深入挖掘长城历史，传承中华文明，建设沿线高标准的旅游景区，形成文化遗产、自然环境、人文体验融合的世界级主题旅游线路。

"一带一路"旅游线路：丝绸之路旅游线路，东起西安（洛阳），西至阿克苏地区，串联丝绸之路沿线主要景区，包括西安、兰州、银川、嘉峪关、敦煌、哈密、乌鲁木齐、阿克苏等地区，以丝路风情体验为核心；海上丝绸之路北起上海，串联宁波、泉州、厦门、福州、广州、台北、香港、澳门等地区的相关主题景区，以海洋文化和海上丝绸之路文明体验为主。

长征旅游线路：以长征文化为主体，沿长征线路，提升已有长征主题景区品质，建设长征文化公园和相关名人故居、纪念地等，挖掘长征精神，构筑长征红色旅游线路；以"抗战"文化为核心，串联抗战革命根据地、红色老区、纪念馆、军事博物馆等相关景区，形成以"抗战"为主题的红色旅游线路。

青藏高原旅游线路：以高原体验为主题，着力发展两条线路，一是新藏线路，以新藏公路为依托，北起新疆喀什，南至日喀则，串联沿途主要景区；二是青藏线路，以青藏铁路为依托，北起西宁，南至拉萨，连接沿途主要景区。

世界遗产旅游线路：分为南北两段，南部线路以江苏、浙江、安徽、江西、福建等省份世界遗产集聚区为核心，串联相关区域内世界遗产景区，以历史古村落和江南文化体验为主；北部线路以河北、天津、北京、山东、河南、山西等省（市）世界遗产集聚区为核心，串联相关遗产景区，以传统建筑、历史工程欣赏和皇家文化体验为主。

山地旅游线路：以山地为特色，构建山地旅游线路，包括：南部线路东至福建西至云南，串联武夷山脉、丹霞山、南方喀斯特、横断山脉等精品旅游景区；中部线路东至安徽西至四川，串联大别山、巫山、秦岭—大巴山、巴颜喀拉山脉等相关精品景区；北部线路东至吉林西至新疆，串联长白山山脉、太行山山脉、祁连山山脉、天山山脉等相关精品景区。

（四）城镇为依托，联动周边发展

旅游景区发展应与周边城镇建设结合，挖掘所在区域的文化资源，提炼文化符号、民族特色、民俗风情、地方美食等，并应用到景区设计和建设中来，在景区的产品设计和项目开发上融汇地域特点。对于保护地类型的旅游景区，可将旅游咨询、住宿、餐饮等基础旅游服务设施的建设与旅游特色小镇建设相结合，以景区带动村镇发展，以村镇空间补充景区空间。整合景区与周边环境资源，以景区为核心，拓展周边休闲度假空间，在外围形成休闲聚集区，打造一批休闲小镇，促进产业集聚，带动区域开发。引导旅游产业要素在周边城镇中集聚成链，与城市景观、房地产、小城镇、休闲娱乐等深度结合，形成整体、互动结构，实现以景区带动旅游产业集聚区的形成，实现以旅游产业为主导的综合开发利用模式。未来景区的发展还要重视"夜色"经济，即夜游、夜景、夜宴、夜演、夜享、夜乐等。通过与周边城镇联动发展，可以深化产品、丰富内容、打造四时产品等方式来延长客人的停留时间。

同时，面向周边主要客源地和集散地，旅游景区需要进行有针对性的服务和营销，从而更好地延展景区的区域服务价值和社会公益价值。

三、各类景区旅游产品发展方向

（一）自然生态类

以保护为基础，在资源可持续利用和自然本地生态安全保护的基础上，大力发展高品质自然生态类景区。以市场需求为出发点，分析群体背景（如经济发展程度、人的特征）以及个体特征（如收入、职业、带薪假期、受教育水平、生活阶段、个人偏好）。

1. 地质地貌类景区

地质地貌类景区是以地质地貌旅游资源为主要载体而开发的生态型旅游景区。其产品开发要以保护地质遗迹和风景资源为前提，严格遵守旅游开发与生态保护相结合的原则，在发展地质旅游的同时保护好生态环境。一是依托山地、奇峰等自然地质景观，积极打造山地生态旅游观光产品。二是依托独特的地质地貌，开展科普教育活动。三是依托面积广大的丘陵、地貌区开展地质地貌环境体验、地质地貌文化体验等各类综合型旅游景区产品。四是充分利用优越的自然环境，完善生态休闲度假设施建设，开发养生度假产品。五是结合多样的地质地貌活动，开发特色表演、户外拓展、登山、攀岩等运动型旅游产品。

立足地质地貌区域，注重与其周边的民俗、传统文化的融合，增强旅游产品的文化内涵，同时结合农耕文明成果和多样的文化生态环境，考虑统筹规划和整体性发展。通过多途径创新地质地貌旅游景区的产品形式，采取空中观景等方式增加游客对地质地貌类景观的体验程度。制定完善的安全管理制度，对景区内的不安全因素做出评估，制定相应的对策和应急方案。配备完备的安全救援设施，危险地段派专人值班，并对游客进行必要的安全教育。

例如，云南省石林地质公园，1982 年被命名为首批国家重点风景名胜区，2001 年被命名为首批国家地质公园，2008 年被命名为首批国家 5A 级旅游景区，2007 年 6 月被联合国教科文组织列入《世界遗产名录》，2003 年被云南省政府授予"云南省科普教育基地"，2011 年成为国土资源部"国土资源科普基地"。围绕喀斯特地貌形成的复杂多样的地貌组合、地下水系统，人文景观围绕特色民族文化、民族服饰、民族歌舞、民族节日进行开发。主要措施有：第一，在多元化基础上突出特色，突出喀斯特峰林地貌景观的特色，充分发挥地质公园的科普教育功能；第二，按照世界地质公园和世界自然遗产的要求，以国际一流的标准，实施精品发展战略，将石林发展成为国内一流的世界地质公园；第三，打造科普教育旅游产品、传统观光旅游产品、石林休闲旅游产品、乡村和民族风情旅游产品等，丰富旅游线路设计。而且基础设施建设齐全，交通便利，通达性高。重视安全保障，对景区内较危险地区设立警示标语，禁止攀爬，并定期检修。在旅游高峰期，控制游览规模，对游客进行疏导、分流。

2. 水域景观类景区

水域景观类景区是以水体为主要旅游吸引物或依托水体资源而形成的旅游景区，包括河流、湖泊、岛屿、湿地、瀑布等。其产品开发首先要着力于构建完善的产品体系，包括生态观光、度假休闲、科普教育、养生康体等合理的旅游产品，积极推动经济水平较高且水域景观资源丰富的长江中下游、珠三角、长三角、环渤海区域大力发展水域景观类旅游景区。其次是实现分区管理，要根据现有的水域景观类景区资源分布特点和区域生态、经济情况，在保护优先的前提下，从宏观上对不同区域的旅游产品进行各有侧重的分区管理，对于生态脆弱地区要进行严格的生态安全监控，对于适宜开发区域则可在倡导生态保护的前提下发展休闲度假、康养、科普、水上运动等特色旅游产品。

例如，广西桂林漓江风景名胜区，是国务院批准公布的首批国家级风景名胜区，也是首批国家 5A 级旅游景区。漓江自北向南穿越周边风景名胜区，依托喀斯特地貌资源优势,奇山、秀水、田园、幽洞、美石景观构成其主要观光要素;同时,其人文资源也丰富多彩,融合了历史古迹、民俗活动、手工艺术等。风景区旅游设施完善,度假休闲、养生康体产品全面丰富,融合人文与自然景观,推出了多种旅游产品创新,如漓江夜游、文化体验之旅、生态徒步线路等,旨在满足不同游客的需求,同时减少对生态环境的压力。例如,"印象·刘三姐"大型实景演出,不仅展现了漓江山水的壮丽,也传递了当地民族文化的精髓。漓江近年来实施漓江水上游览三十年来最大规模的游船提档改造,着力提升漓江旅游品质。改造后评定合格的游船挂牌运营,并按照"分等定级、分级定价、优质优价、优质优调"的原则实施星级运营管理。漓江秉承"绿水青山就是金山银山"理念和"科学保护漓江要充分发挥优势,发展特色产业,形成产业优势"的精神,探索绿色发展路径,旨在永久保护其自然美景,通过系统保护与科学利用资源,整治环境,打造世界级旅游城市的生态名片。

又如青海省青海湖景区是国家 5A 级旅游景区,青海省国际生态旅游目的地示范区。青海湖是中国最大的内陆湖、最大的咸水湖,其严控临湖地带开发,确保景区开发利用全部位于保护区实验区及以外,不触及生态红线,2015 年 1 月 1 日,《青海湖景区管理条例》正式施行。根据该条例,青海省青海湖景区从湖岸线起,东至环湖东路以外 50 米,西至环湖西路以外 50 米,南至 109 国道以外 100 米,北至青藏铁路 100 米范围内,除沿湖城乡依据乡镇规划建设的项目外,禁止新建、扩建、改建与景区保护无关的永久性建筑物和构筑物。在项目建设中,生态理念贯穿始终,按规定把握环境保护门槛,严格控制项目准入条件。引进国内外先进理念,持续开展生物多样性监测和保护、湿地保护与恢复、重点水域水生态环境保护与修复、完善环境教育基础设施、体验式自然教育研学宣传等,将生物多样性保护理念融入生态旅游全过程,取得了良好效果。生态观光、生态休闲、自然教育、生态文化体验、野生动物观赏等生态旅游项目与绿色交通、慢行系统形成了绿色旅游产品供给和服务保障体系。

3. 森林景观类景区

森林景观类景区依托森林植被及其环境为依托而开发建设,包括竹林(海)、森林等。

开发提升思路:森林景观类旅游景区主要的旅游产品有森林科考、野营、度假、温泉、康养、科普等产品形式,该类旅游产品具有产品参与性强、类型多样、环境保护要求高等特征。

在开发过程中,一是要依托森林景观,积极开发一系列养生、康体、健身、度假、科普等特色产品体系。二是要因地制宜结合此类景区所依托的山地、草原等生态环境，开展登山、滑雪、越野、徒步、溯溪、露营等森林或草原生态旅游活动，打造一批具有吸引力的精品旅游线路。三是不断完善景区旅游服务设施，丰富旅游及相关产业业态，结合"森林人家"等旅游接待服务品牌建设，打造一批具有良好环境、设施和服务质量的示范基地，开发富有地方特色的旅游商品和纪念品体系。四是积极引导森林景观类景区的旅游产品与周边林农牧业相结合，挖掘其中的文化、民俗，与周边村镇形成联动，鼓励社区居民参与其中，建立特色村镇等。

例如，中国河北省承德市御道口牧场草原森林风景区，是国家4A级旅游景区。自2010年以来，景区积极响应河北省委、省政府关于建设"环京津休闲旅游产业带"的战略部署，致力于优化旅游环境、提升服务品质，以满足不断增长的休闲旅游需求。为此，御道口与邻近的塞罕坝、红松洼两大景区实施联票制，简化游客游览流程，延长停留时间，推动了从观光游向深度休闲游的转变。景区还重点开发了承德皇家休闲体育示范基地、御盛捷休闲度假基地、通用机场和桃山湖生态园等一系列高端旅游项目，旨在整合资源，提供多样化的旅游体验。同时，新增的旅游环保车观赏线路覆盖了神秘帐篷山、稀树草原、御泉、桃山湖、大峡谷、龟山、太阳湖等景点，让游客能全方位领略草原风光，体验骑马、品泉、观赏自然景观的多重乐趣。对太阳湖、桃山湖、月亮湖等原有景点的品质提升，增加了更多观赏性元素，丰富了游览内容，进一步提升了游客体验。旅游环境的优化和高端项目的引入，带动了景区及周边地区的经济效益，促进了当地经济的可持续发展。一系列开发提升措施促进了风景区由观光游向休闲游的转型，从而增强了景区的吸引力和竞争力，品牌形象得到进一步提升，成为中国北方知名的休闲旅游目的地之一。

又如地处贵州省六盘水市水城县南部的玉舍国家森林公园，是国家4A级旅游景区，位于珠江水系上游，占地924.47公顷。由核心景观区、一般游憩园、管理服务区和生态保育区4个功能区组成，景观特点为"林茂、山青、水秀、物丰、树美、石奇、峡险、情浓"。公园坚持"生态优先，绿色发展"路线，大力推动护绿、增绿、管绿、用绿、活绿的"五绿"融合发展，守牢生态保护红线，实现生态、经济、旅游等多方共赢。一是围绕森林生态系统健康、森林康养发展需求，有针对性地开展森林抚育、林相改造和景观提升等工作，丰富植被种类、色彩、层次和季相；结合康养基地功能布局，补植具有康养功能的树种、花卉，建成15千米森林步道，着力打造生态优良、林相优美、景致宜人、功效明显的康养环境，为建成集森林疗养、温泉疗养、彝医疗养、膳食疗养、文化疗养、运动疗养于一体的森林康养基地奠定基础；二是通过创新融合的发展方式，打造林下食用菌采摘基地，开展林下食用菌采摘体验等生态科普、研学旅游活动，挖掘食用菌养身功效，研发食用菌康养菜谱，将林下食用菌打造成自栽、自采、自食的康养互动产品；三是加大森林生态食品、饮品、保健品等研发、加工和销售，培育了一批特色鲜明的优质康养品牌，并通过"基地诊疗+民宿休养"模式，带动当地民宿、彝医馆、中医馆、民族艺术品制作等产业的发展，全面推进产业链基本成型；四是利用当地气候条件发展夏季避暑、冬季滑雪项目，建成了全国纬度最低、贵州省首家高山滑雪场暨四季滑雪场，冬季雪场面积 $8hm^2$，高、中、低三级雪道5条，可同时容纳5000人滑雪，四季以旱雪、花草相辅，已成为西南地区滑雪运动目的地。

（二）历史文化类

对于历史文化类的景区，充分依托景区的文化资源和深厚底蕴，着重做好文化的挖掘、展示和体验，不断提升景区的文化内涵。将文化贯穿于旅游活动的全过程，把文化元素融入食、住、行、游、购、娱各个环节，让文化真正扎根在旅游景区之中，成为旅游景区的亮点和卖点。

1. 文化遗迹类景区

文化遗产通常指人类历史遗留下来的物质财富与精神财富的总和。文化遗产又分为物质文化遗产和非物质文化遗产两大类，文化遗产通常具有不可逆性、不可替代性、整体性和系统性的特点。文化遗产类景区是以历史遗迹、古建筑、石窟石刻等物质文化遗产或非物质文化遗产为主要吸引物的旅游景区。

我国作为历史悠久的东方文明大国，丰富的文化遗产和旅游资源吸引着国内外越来越多的旅游爱好者前往并开展旅游活动。文化遗产类景区的产品开发，可以从以下方面考虑：

第一，强化整体提升。在文化遗产类景区的产品设计和发展上，要在以文化遗产资源为基础之上，充分融合地域的建筑风格、城市风貌、民风民俗，形成整体式开发模式。

第二，注重体验式开发，增加游览的趣味性，改变资源展示、产品陈列的单一模式，把静态的文化资源、分散的文化元素、高深的文化内涵转化为既有鲜明的文化特色，又有很强参与性和广大消费面的文化休闲娱乐产品。

第三，合理串联旅游线路。通过对旅游线路的设计，串联景区中重要的文化遗迹资源，形成主题线路，对多项旅游项目在空间上、类型上进行全方位横向整合，突出景区主题或品牌。

例如，北京颐和园，是第一批全国重点文物保护单位，与同时公布的承德避暑山庄、拙政园、留园并称为中国四大名园，1998年11月被列入《世界遗产名录》。2007年5月8日，颐和园被国家旅游局正式批准为国家5A级旅游景区。2009年，颐和园入选中国世界纪录协会中国现存最大的皇家园林。第一，颐和园持续提升资源价值和景区形象，在自然、山水、建筑和园林等方面深入挖掘文化遗产资源的价值，特别是挖掘颐和园作为遗产的核心价值，呈现自然环境与人文环境相融合的和谐之美。创新活动内容和形式，举办园史展、历史文化展，充分利用近年来北京卫视的综艺《我在颐和园等你》等资源加强宣传，做强颐和园旅游文化品牌。第二，继续完善接待环境和服务水平。完善能充分满足接待量要求的停车场，满足景区容量需求的疏散广场、公共厕所和游客服务中心等基础设施。强化景区从业人员培训，如遗产的历史和文化知识、服务规范和礼仪，特别是个性化与人性化的服务理念，以满足游客越来越高的服务需求。第三，创新打造特色旅游项目和旅游商品。探索富有文化性、体验性和娱乐性的旅游项目，利用现代科学技术设计景点展示、互动参与和舞台体验的载体系统，为游客提供除了游览休闲之外的综合文化体验。积极支持文化创意机构等加强特色旅游商品的研发，注重从视觉上呈现颐和园的文化概念，将游客的旅游经历和文化情感巧妙融入其中。

2. 古村古镇类景区

古村古镇类景区是以历史文化名村、镇，古村落为支撑和基础的旅游景区。产品开发措施如下：

第一，要有效保护好古村古镇的历史文化资源，主要包括建筑整体架构修复、檐口雕刻等建筑装饰的修复、历史遗迹复原等重点工程，有效保护和传承古村文化习俗，对于古村原有的积极淳朴的文化习俗要传承发扬，在新时代可适当加入新鲜元素。同时要注重对非物质文化表现形式的保护和利用，保护和培养古村民间工匠和艺术创作人。

第二，完善基础设施建设。在古村古镇的旅游开发中，基础设施往往是短板。对其基础设施建设要在尊重和保护古村古镇整体风貌和氛围的基础上，更多地考虑游客和居民诉求，尤其是在环卫设施、信息服务设施、游娱设施等的建设上，合理布局，满足现代游览和休闲的需求。

第三，注重情境营造，包括视觉体验情景、听觉体验情景、嗅觉体验情景、触觉体验情景、味觉体验情景等，将古村古镇的文化和历史感融入现代旅游方式中，融入游客"食、住、行、游、购、娱"的各个旅游环节中，实现古村镇体验的目标情景，达到"可欣赏、可享受、可回味"的境界和水平。

第四，古村古镇整体开发与社区建设相融合。将旅游发展与村民共同致富紧密结合，鼓励社区居民以投资、入股、经营、管理等多种方式参与到旅游发展中来，同时多样引入产业业态，配合主题民宿、酒店、温泉等度假产品，全方位、多体系地开展经营，增加二次消费，丰富收入来源。

例如，江苏省同里古镇被誉为"世界文化遗产"之一，多次荣膺国家级历史文化名镇、中国十大历史文化名镇等称号。其资源特色鲜明，集古典园林、古桥流水、明清建筑于一体，是中国传统文化与自然景观和谐共生的典范。面对新时代的旅游需求，同里古镇紧扣"一体化"和"高质量"两大发展脉络，主动融入"沪苏同城化"战略，以高标准、高要求推动农文旅融合发展示范区建设，力求展现"江南韵更足、小镇味更浓、现代风更强"的新江南水乡典范。通过深度挖掘古镇的文化底蕴，同里镇注重游客心理需求，以文化浸润提升旅游产品的附加值，形成了一套可复制、可推广的同里模式，为其他古镇提供了宝贵的发展经验。在产品创新方面，同里古镇匠心独运，提炼传统文化精髓，打造出"退思邀月"夜游项目，融合行进式夜游与沉浸式戏剧体验，为游客营造出"有载体、有记忆、有特色"的独特夜游品牌，进一步丰富了古镇的旅游业态，营造了浓厚的古文化氛围。为了扩大古镇的知名度和影响力，同里古镇运用多媒体手段和广泛媒介，向旅游市场传递其文化旅游品牌形象，深化游客对古镇文化的认知和信赖，使其在消费者心中留下深刻印象。同时，古镇开辟特色手工艺品体验区，不仅展示了手工艺品的历史与文化，更邀请民间艺人现场表演并指导游客亲手制作，让游客在实践中感受传统工艺的魅力，极大地提升了旅游体验的互动性和趣味性。通过上述一系列创新举措，同里古镇不仅提升了自身在文化旅游领域的竞争力，更在保护与传承传统文化、推动地方经济发展、提升游客满意度等方面取得了显著成效。

3．文博场馆类景区

文博场馆类景区是以文化馆、博物馆、展览馆等文博场馆为基础的旅游景区。产品开发措施如下：

第一，强化互动体验。现代博物馆要进一步开发娱乐休闲功能，可以运用体验型和交互式方式与游客互动，如利用现代的VR、AR、MR等虚拟现实技术，实现情景再现，借助文化演艺活动实现历史回顾与沉浸式体验，借助智能机器人服务。

第二，深入结合互联网发展。结合多样丰富的文博战利品，形成有效的

O2O 宣传模式，充分结合"互联网+"，通过官方网站、多媒体网络平台以及移动互联网，全面、生动地实现展品与大众互动。同时，借助互联网平台和数据库，鼓励文博场馆将其收藏的部分藏品的资料、高清图像和书籍资源免费向公众开放版权，真正推进文博场馆的数字化和公益化发展。

第三，注重文创产品开发。依托文博场馆大量的展品资源，完善文创产业链的建设，进行创意设计和产品开发，形成特色纪念品，重视文创商品系列化制作，延长消费产业链。

例如，北京故宫博物院，是一座集古代建筑、艺术珍品与历史文献于一体的综合性博物馆。近年来，故宫博物院在文创产品开发方面取得了显著成就，2017 年的文创产品销售收入达到了 15 亿元，标志着其在文创领域的领先地位。与此同时，数字媒介的应用也极大地拓宽了故宫文化的传播范围与深度。故宫博物院的文创产品策略基于资源的深度挖掘与创新设计。通过对馆藏资源的整合与凝练，故宫选取了具有独特文化价值与市场潜力的元素，开发了一系列文创商品，包括但不限于饰品、文具、服饰、家居陈设、彩妆等（中国旅游研究院，2023）。这些产品不仅满足了消费者的个性化需求，还有效促进了故宫文化的广泛传播，增强了博物馆的社会影响力与品牌价值。在数字时代背景下，故宫博物院利用数字媒介搭建起了"多元阐释空间"，这一平台不仅连接了古建筑、文物与现代受众，还通过数字技术实现了文化与意义的多维传递。故宫博物院的数字化实践包括"每日故宫""皇帝的一天"等 App 开发、VR 技术应用等，其中《每日故宫》App 针对当代受众的碎片化信息消费习惯，提供了每日更新的馆藏精品推荐，有效传播了故宫文化数字记忆。同时，通过 VR 动态图像技术，故宫博物院成功复原了诸如景德镇御窑遗址等历史文化场景，让受众得以通过虚拟现实体验历史，进一步深化了文化记忆的建构。故宫博物院通过文创产品开发与数字媒介应用的双重创新，不仅成功地将传统文化转化为现代社会的活力元素，还极大提升了公众对中华文化遗产的认识与兴趣。故宫博物院的实践表明，文化机构可以通过结合传统资源与现代技术，创造出具有持久影响力的文创产品与数字体验，进而促进文化遗产的保护与传承。

4. 传统习俗类景区

传统习俗类景区主要依托寺庙、道院等各类传统文化场所、遗迹，以及民间信俗活动及其载体开发建设。产品开发措施如下：

第一，创新发展方式，避免同质化。传统习俗类景区内的宗教等各类文化资源和民间信俗活动，具有一定的相似性，因此如何将其相似的旅游资源开发出不同的、更具特色的旅游价值，如何将新开发的历史文化内涵知名度较差的资源进行创新是其开发的关键。因此，需要创新传统习俗类景区的发展方式，可通过旅游项目创新、旅游产品多样化、新鲜化改变游客的单一参与形式和感受。

第二，挖掘特色文化，明确发展导向。了解传统文化与民俗活动起源、发展历程及概况，探索所具有的旅游价值，倡导传统文化中的伦理价值，挖掘传统艺术所带来的价值、宗教文化对人求知欲的满足，同时结合民间艺术、民族风情和宗教信仰开发地方特色的旅游产品，以价值导向为核心进行开发。

第三，与特色节事活动相结合。此类景区通常拥有深厚的历史和宗教文化底蕴，以及宝贵的宗教遗迹、遗物和非遗等文化资源，依托独特的自然景观、宗教寺院和民间信俗活动场所可以定期或不定期举办有关仪式和节庆活动。

例如，作为中国佛教四大名山之一的五台山，承载着悠久的历史与深厚的宗教文化，以其独特的佛教文化遗产与壮丽的自然景观，正式列入联合国教科文组织的《世界遗产名录》，此前还被评定为国家5A级旅游景区。五台山的资源特色不仅在于其宗教建筑与佛像雕塑的精美，更在于其自然风光与人文历史的完美融合，构成了一幅生动的佛教文化图卷。为了最大化地利用与展示五台山的佛教文化资源，景区采取了一系列创新性措施，旨在通过旅游产品让游客在有限的停留时间内深入体验五台山的自然与文化魅力。基于佛教文化，五台山景区精心构建了品牌形象与品牌故事，从寺庙建筑、佛像艺术到装饰图案，每一处细节都蕴含着禅宗美学的淡泊宁静与自然舒适，旨在引导消费者从多维度感知五台山的独特韵味。在产品设计中，佛教文化元素作为主标识，而其他资源中的特色成分则作为衍生物标识，共同构建起五台山品牌识别的丰富层次，确保了品牌的独特性与识别度。五台山的旅游产品创新与文化资源整合策略，有效提升了景区的市场竞争力与游客体验。通过精准定位不同消费群体，景区成功开发了一系列兼具创意与文化内涵的产品，满足了游客对深度文化体验的追求。品牌故事的构建与个性化设计，不仅加深了游客对五台山佛教文化的理解，还促进了当地旅游经济的发展与佛教人文风情的传播。在各方的共同努力下，五台山的旅游文创产品在设计、研发、生产、销售等环节形成了良性循环，为景区带来了可观的经济效益，同时也为保护与传承佛教文化遗产做出了重要贡献。五台山通过深入挖掘与整合佛教文化资源，辅以创新性的旅游产品开发策略，不仅增强了景区的吸引力，还促进了佛教文化的传播与旅游经济的繁荣，为同类宗教文化景区提供了可以借鉴的成功范例。

5. 红色旅游类景区

红色旅游类景区是以红色革命遗迹、革命纪念地、革命名人故居为核心的旅游景区。产品开发措施如下：

第一，进一步完善基础设施建设。用先进的理念提升红色旅游景区的建设标准，更新景区内导览系统装置，利用现代科技手段，实现多元化身份识别，借鉴先进博物馆建设理念，将声景、VR、光影等技术相结合，为游客提供更加轻松、愉悦、有趣的参观体验。打造鲜活、生动的红色旅游景区，拉近游客与历史、与英雄的距离，实现场景切换，如身临其境。

第二，以红色文化为依托，将红、绿、俗等地域资源有机结合。景区产品打造除了要深挖红色旅游资源之外，也要与当地的生态环境、民俗文化和地方精神相结合，打造具有浓郁红色文化氛围的红色精品住宿设施，将红色主题与地方文化精神相结合，打造绿色生态、无公害的农家红色餐厅，使红色旅游与绿色旅游、历史文化旅游、民俗旅游深度融合。

第三，加大对红色旅游景区的宣传力度。从媒介宣传层面来营造独特的旅游一体化效应，既要提高旅游者对红色文化需求效应的有效重视，又要关注其经济效益、社会效益，尤其是从全域视角来建立多领域协同效应。借助"互联网+"等多媒体宣传渠道，依托文字、图片、视频等宣传方式，提高红色旅游发展效应。

例如，延安革命纪念馆，位于中国陕西省延安市宝塔区西北，延河东岸。该纪念馆成立于1950年7月1日，是中华人民共和国成立后最早建成的革命纪念馆之一。于1997年被列入首批全国爱国主义教育示范基地；2008年，延安革命纪念馆被评定为首批国家一级博物馆；2020年，延安革命纪念馆被评定为国家5A级旅游景区，是融收藏、研究、宣传于一体的革命纪念馆。其主要开发措施有：第一，发挥教育价值，创新陈列内容，丰富展示方式。定期对陈列内容进行修改，挖掘革命历史先进人物、典型事件背后的故事，能让青少年在每一次的参观中都有新的收获和体会。在研学旅游产品中，撰写适合青少年文化层次的讲解稿，突出趣味性，使讲解通俗易懂，寓教于乐。在向青少年展示的过程中，配上绘声绘色的幻灯片，更加能吸引青少年的注意力。第二，加快延安市红色旅游商品、纪念品开发的步伐。开发特色旅游项目，围绕"吃、住、行、游、购、娱"六个方面，把红色景区内具有参与性与互动性的项目挑选出来，给予充实和包装，将不同种类、形式的产品推向市场。第三，注重创新机制，适时营造旅游产品推广氛围，如鼓励游客DIY旅游纪念品等，增强体验产品的开发力度。第四，充分利用电视、报刊、网络等媒体对延安市红色旅游景区进行形式多样的广泛宣传，如组织拍摄红色旅游推介片，并制成光碟；印制红色旅游产品手册；开展红色旅游主题赛事等。采用"走出去，请进来"的办法，有目的、有重点地举办红色旅游景区专题会展。与旅行社密切联系，通过旅行社组织红色旅游精品线路，宣传延安市红色旅游形象。红色旅游景区与院校、企事业单位合作，建立爱国主义教育和革命传统教育基地，定期组织学生到景区开展学习活动，鼓励企事业单位组织员工参观红色场馆、会址，强化班级和单位的文化建设。

（三）现代游乐类

1. 主题公园类景区

主题公园类景区围绕一个或几个主题创造一系列特别的环境和气氛的项目吸引旅游者，是满足旅游者多样化休闲娱乐需求而建造具有创意性活动方式的现代旅游场所。其产品开发措施如下：

第一，明确主题方向，实现差异互补。目前主题公园类旅游景区重复建设较多，伴随着开发商的主力行为，不少匆匆上马的主题游乐园存在构思陈旧、相互抄袭模仿的现象，形成行业恶性竞争。因此，在主题公园类景区的建设运营中，一定要做到综合统筹管理，明确主题和发展方向，挖掘其独特的文化内涵和特色，实现区域内和区域间的差异化和互补化。

第二，产品及时升级，推陈出新。主题公园类景区在产品设计上要充分利用高科技技术，开发新产品和项目。针对那些经营时间较长的主题公园类景区，在项目设计上应该常换常新，用高科技的手段搭配公园主题，针对特色项目进行再创新和再提升，打造独特的品牌效应。不断开发新型旅游产品，满足不同游客的多种需求。

第三，丰富产品体系，延长产业链。主题公园类景区的产品发展满足旅游市场消费需求的变化，适应经济社会发展的新趋势，不断丰富其产品体系。丰富主题公园类景区的体验项目，特别是休闲、亲子、探险、刺激、文化等方面的体验要素，开展多样的节事活动和娱乐项目，吸引更多的游客参与。开发一系列旅游商品和纪念品，尤其在盈利模式上要避免传统的门票模式，拓展和实现主题公园的多元化经营。

例如，北京欢乐谷是国家 4A 级旅游景区、新北京十六景、北京文化创意产业基地，北京欢乐谷设置了 50 余项主题景观、10 余项主题表演、30 多项主题游乐设施、20 余项主题游戏及商业辅助设施，每天提供近 80 场的表演，满足不同人群的需要。首先，北京欢乐谷善于开发各类活动产品，针对不同群体、不同节日开展各有特色的活动，满足不同群体的需求。同时，社会热点、大型赛事和大事件也成为北京欢乐谷的营销主题。其次，利用节日营销。在不同的节日针对不同的目标人群策划相应的活动,策划了"春节年俗百艺欢乐节""国际时尚文化节""暑期玛雅狂欢节""'十一'国际魔术节""欢乐万圣节""圣诞冰雪狂欢节"六大主题活动,每个活动都有对应的定位。通过极有吸引力及轰动性的主题活动打造全新的旅游亮点和热点,提升了游客在欢乐谷的游玩体验和情感体验,直接刺激北京本地游客的消费欲望,同时吸引更多的外地游客前来。第三,创新产品类型。欢乐谷在国内首创性地把演艺与公园相结合,最大限度地增加狂欢、娱乐要素。配合一些主题活动邀请不同国度、不同文化领域的演艺人员助阵,让游客体验身临其境的感觉。例如,北京欢乐谷原创大型舞蹈诗剧《金面王朝》自2009年全新升级改版以来,不仅在国内颇受好评,在海外旅游市场也受到了追捧,已成为韩国、新加坡等旅游团队到北京必看的剧目。

2. 城市公园类景区

城市公园类景区是以城市自然生态系统和人文生态系统为主要吸引物、满足城市居民的休闲需要的旅游景区。其主要包括专类公园和综合公园等。城市公园是城市中最具有价值的开放空间之一,是表示城市整体环境水平和居民生活质量的一项重要指标,是城市中人与环境互相协调的标志,也是城市生态环境稳定和发展的基础。第一,应突出其地方社会特色,即突出其人文特性和历史特性等。城市公园建设应继承城市本身的历史文脉,融合地方风情民俗文化,突出地方建筑艺术特色,这样才能增强公园的凝聚力和城市的吸引力。第二,应有准确的定位和明确的主题,其后围绕着公园的主要功能,以体现时代特征为主旨,综合考虑公园的整体布局。这样的规划设计就会有章可循,才能实现城市公园在塑造城市形象、改善城市环境(包括城市空间环境和城市生态环境)、满足人们多层次活动需要的三大功能。第三,应具有多元化的价值体系,如生态价值、环境保护价值、保健休养价值、游览价值、文化娱乐价值、美学价值、社会公益价值与经济价值等,无论在社会文化、经济、环境、防灾避险还是在城市的可持续发展等方面都具有非常重要的作用。随着城市公园的功能向综合性和多样性衍生,现代城市公园综合利用城市空间和综合解决环境问题的意义日益显现。因此,城市公园规划设计不仅要有创新的理念和方法,而且还应体现出多种价值体系协调发展的思想。

例如,北京市北海公园是第一批全国重点文物保护单位,也是国家4A级旅游景区。主要开发措施有:第一,重视文物修缮和基础设施建设。北海公园在开放的同时不断加强对园林景区的保护与整治,在古建与文物的修葺与维护、园容与生态的管理与保护方面都做出许多努力。在不影响建筑基础和古树生长的情况下，采用堆山叠石、高步道及池前山石铺墁的手法，使新建步道、叠石与古建"水精域""妙鬃云峰"相得益彰，融合为一体。装了先进的避雷、防雷系统，以及电视监控系统、消防预警系统等安全防护措施。第二，重视园容管理。北海公园尽可能追求历史风貌和景观意境的恢复，充分考虑历史记载及近期效果和远期规划相结合，在进一步考证历史原貌的同时保证现有的功能性和景观性，对北海景区景观提升有重要意义。对园内古树进行定期的卫星定位普查，普查内容包括古树数量、种类、生长状况、周边立地情况、保护情况和照片资料。普查完成后对古树进行了挂牌。进一步充实完善了全园古树档案，并为古树档案实施电子数据库管理提供了可靠依据。第三，重视娱乐设施建设。北海公园现共有9处专为不同种类船只租借所设的码头，分别为北岸小船码头、龙舟码头、东岸小船码头、船坞小船码头、荷花船码头、西岸手划船码头、南岸小船码头、摇橹船码头和琼华岛琳光殿码头。第四，挖掘特色，重视人文环境提升。举办"我和北海有个约会"等亲子活动及学生夏令营活动，为广大青少年儿童搭建了很好的学习和交流平台，不仅增长了儿童及青少年的知识与见识，激发了其对中国传统文化的浓厚兴趣，更培养了其热爱祖国、热爱中华民族传统文化的精神品质。

3. 特色街区类景区

特色街区类景区以经营专门特色商品和商业服务或具有某一时代建筑风貌的街区为主要吸引物的旅游景区。其产品开发措施如下：

第一，加强特色建设。对于街区的开发来说，特色是非常重要的，否则会给游客带来一种疲劳感和重复感。因此，应该充分挖掘街区的一些特色因素，使之具有鲜明的文化主题或地方特色，通过发展一些具有特色文化的景点和项目，挖掘游客情怀，给游客带来不一样的体验，从而使街区的旅游开发符合城市形象的转变和提升。

第二，丰富产业业态。不仅要考虑旅游产业发展，同时还要注重城市经营层面的管理与提升。在大力发展旅游、休闲和度假等基本功能业态的同时，需要不断深化发展节事、消费、购物、娱乐和体验等新兴业态，以满足游客和本地居民的休闲需求促进游客旅游消费，拉动旅游休闲街区的经济收入，打造街区吸引力，提升人气，成为旅游恢复与发展的突破区。

第三，完善服务功能。健全街区旅游公共设施与信息服务功能，加强旅游交通、游客服务中心等公共设施建设，强化休闲旅游标识系统建设，推动旅游信息服务尤其是惠民便民服务发展，强化重点区域的安全管理与应急救援，尤其是街道狭窄区域的紧急疏散等功能。

例如，前门大街位于中国北京市的中轴线上，形成于明朝嘉靖年间，最初作为皇帝前往天坛祭祀的御路，后演变为京城重要的南北交通要道和繁华的商业中心。如今的前门大街是国家级历史文化街区、国家级旅游休闲街区，不仅保留了众多知名的老字号商铺，如全聚德、东来顺等，还汇聚了各式各样的现代店铺和餐饮，成为游客体验地道京味文化和品尝北京小吃的热门地点。其开发措施主要有三点：第一，在管理创新上，前门大街和大栅栏商业街在2008年后的改造和重新定位过程中，企业作为合作者开始参与修整行列，并带来人才、设备、资金。前门大街在改造过程中尝试将运营和改造的权利交到企业之手，探索政企合作改造历史商业街区的新思路。第二，在文化创新上，前门大街展现了街区文化魅力，保护传承了文化遗产。2015年7月，已有来自国内外的200多个非遗项目确定进驻非遗园。着力打造集文化旅游、演艺、会展于一身的文化产业集群，一批中国非物质文化遗产传人率先入驻非遗园。大栅栏商业街以社区图书馆的方式，不定期举办面向附近居民的文化主题活动，打造独一无二的社区公益文化便利店。营造了多元、共享的街区特色，为老城居民带来全新的文化体验。第三，在营销创新上，前门大街创新打造了新派生活街区"北京坊"，引进新生活、体验式的业态和品牌，携手打造零售体验模式。拉开了整个前门商业街区的新零售业态，通过引进品牌体验店，在微博、小红书、抖音、B站等社交平台发出大量新媒体内容，为北京坊带来较大传播量。借助OTA平台、社交媒体等工具，将北京坊的商家门店搬到线上，让更多人了解和走进前门商业街区，体验多重文化品牌门店。通过新零售的方式进行升级改造，线上线下完美结合，为前门商业街区的发展注入新动力。

4. 休闲健康类景区

休闲健康类景区是以休闲、疗养或医疗、度假设施为主要吸引物的旅游景区，多拥有良好的生态环境和明确的主题性。其产品开发措施如下所示：

第一，以优势资源为基础，整合其他资源，构建一个多元化、功能独特的休闲度假与健康产品体系，包括"食、住、行、游、购、娱"等旅游要素及拓展要素的更多项目和活动，丰富游客兴趣体验。融合多种业态，不断推动休闲产品升级。

第二，重视景区设计，提升服务质量，提供多样个性化服务，满足休闲度假市场需求。要解决旅游内容的硬件和软件，硬件体现在旅游景点的精心设计和建造，以及旅游活动设施的完善和创新利用。软件体现在服务质量的规范管理和服务现场的互动体验。多方位营销及品牌建设活动和项目要最大限度地调动游客各种感官，活动程序越复杂，体验内容越丰富，参与面越广泛，对游客就越有吸引力。

第三，接待设施高品质，控制合理的游客容量，对于此类旅游景区，在景区承载量的诸多方面，不仅是满足空间、设施、生态承载量，更重要的是秉持以人为本理念，在保证人身安全的前提下，满足游客心理承载量和社会承载量。

第四，加强区域联动和服务一体化模式、民族风情文化体验模式等。例如，通过建立"微管家"度假服务体系，提供个性化服务，以及通过酷玩联盟等形式的区域联动，实现资源共享和互利共赢。这些措施有助于提升景区的吸引力和竞争力。

例如，江苏省溧阳市天目湖旅游度假区，是一个围绕沙河与大溪两座大型水库建立的国家5A级旅游景区。以清澈的湖水、环湖的青山和丰富的生态资源闻名，拥有山水园、南山竹海和御水温泉等多个主题景区，是集观光、休闲、文化和娱乐为一体的综合性旅游目的地。其主要开发原则有以下三点：第一，坚持可持续发展原则。天目湖旅游度假区可持续发展依据旅游度假区实际可承载量，合理安排与控制游客接待人数，以减少对生态环境的破坏。并立足可持续发展，进行设施扩建、设备更新，加强服务和人员旅游消费引导，提高度假区的环境承载力。第二，可持续发展规划。考虑天目湖生态环境和水资源的限制，贯彻科学开发的原则。在旅游项目开发时考虑社会、经济影响的同时，还应考虑到对山、湖、水泊环境的影响，做到资源合理科学利用。度假区内的宾馆、旅店等建设选择符合国际标准的绿色环保型的设备及建材。要注重度假区道路与绿化带设计，强调两者的和谐统一。第三，重视项目建设。天目湖旅游度假区旅游项目保持原生态，尊重大自然，充分挖掘当地文化内涵，满足不同类型客户和消费群体的个性化需求，让游客观光游览的同时感受异地文化。做好天目湖旅游度假区最大的特色"水"产品开发，实现旅游差异化竞争。通过特色旅游商品开发、旅游节庆活动等形式，以其特色的旅游形式吸引游客。

（四）产业融合类

1. 工业旅游类景区

工业旅游类景区是以工业生产过程、工厂风貌、工人工作生活场景为主要吸引物的旅游景区。其产品开发措施有：第一，工业旅游项目需要彰显自身特色和品牌效应，反映独特主题，内容明确，关联度高，具有现场体验感和参与性。可突出工业生产、人文历史、高新技术、产业主题、工业遗址、博物馆等主题类型，也可提供产品实物、生产流程、厂景厂貌、科技成果等展示内容或主题体验活动。第二，旅游项目开发设计应充分考虑顾客在舒适性、方便性、安全性、及时性、美观性、经济性、信息可获得性等方面的需求。第三，依托企业工业旅游主题，通过创意和策划，提供可参与的体验活动。

例如，北京市751园区，是由工业建筑改造的一个充满现代艺术气息的创意产业园区，作为工业遗产利用的典范，其以其独特的工业风格和浓厚的艺术氛围而著称。目前园区不仅有众多设计师工作室、艺术展览空间、时尚发布秀场，还经常举办各种文化活动、时装周和设计展览等。园区内保留了原有的煤气罐和管道设施，并将其融入现代设计之中，形成了一种新旧交融的特色景观。其开发原则主要有以下三点：第一，保留原风原貌。既保存了脱硫塔、铁路线、储气罐等工业遗址风貌，也融入了现代时尚元素。厂房和设施保留，与陆续扩建形成的现有厂区相互映衬、浑然一体，老工业资源与时尚设计对比强烈。坚持"修旧如旧"，尽最大努力保留老旧厂房的原汁原味，将园区打造成为集工业遗产、时尚设计、创意生活、文化消费于一体的工业旅游区域空间。园区贯彻落实新发展理念，采用开放式生态、时尚消费园区等，较好地满足了年轻人对时尚、潮流、个性的需求；采用声、光、电等技术烘托休闲氛围，营造老工业区情景化的沉浸式体验，形成园区独特的亮点和记忆点；持续优化园区公共配套基础设施，形成了园区独有的人文景观。第二，多产业融合。明确了国际化、高端化、时尚化、产业化的发展目标，以时尚设计为核心，以服务、交流、交易、品牌孵化为发展定位，积极引入设计领域头部资源与新消费业态，逐步形成了以时尚设计为主、多产业融合的发展格局，具有工业风情独特、网红业态集聚、品牌活动荟萃、街区氛围浓厚、文化科技融合等特色。第三，不断创新。坚持以文塑旅、以旅彰文，深化文化科技融合，创新"文化+旅游+工业"发展模式，推动管理和服务水平提升，提升751文化软实力和品牌影响力，创新文化旅游场景，创造引领美好生活方式的消费体验，更好满足人民群众旅游消费需求，打造首都文旅发展新高地。

2. 现代村镇类景区

现代村镇类景区是以乡村独特的自然资源、田园风光、生产经营形态、民俗风情等为主要吸引物。其产品开发措施如下：

第一，自然和人文景观特色鲜明，要能够体现自然乡村风情及当地文化特色。建筑外观特色突出与环境相协调，尤其在接待设施、服务设施上要体现一定的乡村性和农家风情。

第二，丰富体验活动。可根据当地自然和人文文化资源，开发体验性乡村休闲娱乐活动。如依据当地民俗，开发民间节庆活动、文艺演出，可以依据当地农事活动，开发参与性休闲娱乐项目。

第三，完善乡村基础服务设施，改善乡村可进入性，设计建设停车场、驿站等交通服务设施，完善标识系统；改善乡村环卫设施，提升旅游厕所建设和管理标准。

第四，大力发展特色民宿、乡村庄园、乡村主题度假酒店和特色商品购物场所，体现乡村特色，丰富乡村旅游产品。

例如，黑龙江省漠河北极村是国家 5A 级旅游景区，是全国观赏北极光的最佳观测点，也是中国最北的城镇。漠河旅游产品开发措施主要有：第一，重视基础设施智慧建设。漠河市北极村开发了一款手机游北极的 App 应用，包括智慧导览、语音讲解、在线预订、信息查询等功能，让游客在手机上一站式全面了解旅游信息，方便了游客出行。同时，北极村在所有景区和公共服务区域全面覆盖 Wi-Fi 稳定网络，游客点击"北极漠河旅游"官方公众号，很快会呈现各类景点信息、景区导览，使景区信息尽在"掌握"之中，让游客直观体验到北极村的智慧化。根据淡旺季，在景区内设置合理的接待服务，并依照接待量安排班次，线上票务和服务预约系统需要根据游客需求与技术更新不断进行升级改造，以解决在线预约支付问题；并且在景区内部提供更为便捷的智能开票、丰富的智慧导览与讲解等一站式服务，从而形成属于本景区的系统数据，生成精准的景区游客画像。第二，当地特色突出，景区及其附近主营的餐饮类型以农家菜、铁锅炖、烧烤为主，菜式多为东北家常菜，大院式住宿很有东北农家氛围，有东北的特色火炕，冬暖夏凉，受到广大游客的青睐。作为中国最北的边陲小镇，神州北极、北极哨所、古水井、圣诞老人之家、最北第一家等观赏性景点体现了北极村的"最北"品牌。第三，休闲活动具有民俗性特色。休闲娱乐场地主要有北极翔鹰民俗体育场、玄武广场、北字广场、界碑、北方民族园、鄂伦春民族博物馆、七星山湿地公园、中国北极文化园。娱乐性的文化活动主要有漠河极光节、冬至文化节、北极村江畔篝火晚会等，其中，漠河极光节是国家首批公共文化服务体系示范项目。

3. 文化艺术类景区

文化艺术类景区是在文化、工艺以及艺术等本身强大吸引力的基础上，进行文化的创意和演绎，因此，传统文化、工艺以及艺术的活化，在景区建设以及升级中占有举足轻重的地位。其开发措施有：第一，文化活化与体验升级，文化艺术类景区的开发首先强调对传统文化、工艺和艺术的活化利用。这包括通过景区活化、建筑活化、节事活化、演艺活化、空间活化和商品活化等方式，将静态的文化资源转变为生动的体验活动。这种活化不仅局限于视觉上的呈现，更重要的是增强游客的参与感和互动性，让文化体验变得更加立体和深刻。例如，通过设置工作坊、互动展览、民俗表演等形式，让游客能够亲手触摸、亲自体验文化，从而加深对文化内涵的理解和情感共鸣。第二，文化与环境的深度融合，景区的开发设计应注重文化与环境的和谐共生，通过实物景观载体实现文化与环境的无缝对接。这意味着从宏观的空间布局到微观的服务细节，如指示系统、公共设施等，都要充分考虑文化元素的融入，使每一个角落都成为文化故事的讲述者。这种全方位的文化渗透有助于营造浓郁的文化氛围，使游客在游览过程中不断发现和感悟文化的魅力，实现景区与文化的相互促进和共同成长。第三，品牌合作与产业链整合，为了提升景区的知名度和影响力，文化艺术类景区往往需要与创意、研发和生产企业进行紧密合作，共同打造具有鲜明文化特色和高附加值的品牌形象。通过与区域内文化品牌的战略捆绑，并利用各自的优势资源进行互补，可以扩大品牌影响力，吸引更广泛的客群。此外，与相关产业的联动也有助于延长游客的停留时间和消费链，推动景区经济的可持续发展，形成以文化为核心的产业生态圈。

例如，东郊记忆旅游景区位于四川省成都市成华区，是国家音乐产业基地、国家 4A 级旅游景区、国家文化产业示范基地。采用创意产业开发的运营模式，在开发再利用的过程中不断调整运营模式，最终定位于"一基地，多名片"的运营模式，一基地为音乐产业基地，多名片指融合多元文化艺术的复合文化平台。引入了工业遗存保护区与文化创意产业发展相结合的新兴文化旅游景区经营模式。在保持原园区历史特色建筑遗址的基础上，经过城市建设改造，适当调整地域规划，目前具备了数字音乐的产业聚集区和文化体验区、新歌声发布和歌曲选秀培训基地、儿童话剧表演、艺品超市、微电影制作培训基地、摄影艺术产业基地和文化主题展览空间等多元空间。园区的业态布局可划分为七大类型：表演与展览、音乐培训、酒吧娱乐、音乐主题零售、文化餐饮、设计酒店、商务办公。园区规划中，通过景区特色对街道进行命名。"东郊记忆"园区以"一基地、多名片"为运营模式，以"都市时尚与文化创意产业"为发展目标。本着对历史文化的尊重，坚持有机更新，活化工业遗产的开发思路，以艺术、创意、综艺、青年时装等产业为主要竞争优势，在城市更新、产业投资、园区运营、创意孵化等方面布局。

4. 科技教育类景区

科技教育类景区是以科学技术研究与展示基地和教育场所为主要吸引物的

旅游景区。其产品开发要支持景区内文化、研学等项目建设，包括景区内文化展览展示、研学场所设施等项目，文化内涵挖掘展示不足是当前旅游目的地普遍存在的短板，极大制约了景区高质量发展。此类项目旨在引导景区增加景区内文化展陈展演场所和活动，鼓励景区挖掘、梳理文化底蕴，设计文化展示方式。同时，引导景区广泛面向中小学生和其他研学对象，增加场所设施，实现景区应当具备的科学普及、文化普及和社会主义核心价值观普及等社会功能。

例如，上海科技馆是国家一级博物馆、国家5A级旅游景区，是上海市人民政府为落实科教兴国战略而兴建的一座集中国特色、时代特征和上海特点于一体的综合性自然科学技术博物馆。其开发措施主要有：第一，提供便捷舒适的参观体验。通过优化客流系统将统计准确率提升到95%以上，提供更精准的客流预测分析；建成"三馆合一"统一票务系统，为游客提供"一门式"购票预约服务；升级游客无线网络，实现展区公共区域100%全覆盖。提供多国语言官方门户。通过官方门户网站为观众提供路线推荐、活动预约、虚拟导览、线上展览、线上教育等一站式服务通道。上线英、日、韩、法四国外语网站，扩大国际影响力。第二，创新科普形式。通过发展文化创意产业来提升博物馆的活力，扩大博物馆的影响力。开发具有时效性和灵活性的科普特展，以权威科学的内容和综合性展示教育手段为基础，将科普内容与展示技术、文化艺术、教育活动等资源进行整合，打造独一无二的科普IP，在差异化竞争中开辟出一条科普文创产业的发展之路；以IP展《十二生肖》为例，科技馆共举办了12次原创生肖特展，始终坚持"用时尚诠释传统，将科学变为风尚"的宗旨进行策展，从科学和人文双重视角解读生肖动物的前世今生，并将与展览配套的教育活动、观众调研、文创开发、宣传推广、巡展转化等工作纳入特展的指标要求中，全方位持续打造寓教于乐的原创科普特展。

5. 体育旅游类景区

体育旅游类景区是以体育运动设施、场馆以及体育活动为主要吸引物的旅游景区，包括体育场馆、体育园区等。其产品开发措施如下：

第一，与观光资源相结合，嵌入体育活动。从目前的旅游市场来看，专程为了体育活动而出游的人群仍然占少数，吸引人们前往目的地的仍以风景优先，因此，与景区观光相结合的体育旅游在市场经营过程中能够持续生存并逐渐发展。很多体育旅游项目，如拓展运动、蹦极、高空滑翔等，在项目的市场新奇期过后，容易面临经营困境，甚至导致企业倒闭。只有地处自然景观和地域文化资源优越区域的体育旅游，有丰富的景观作依托，其经营状况良好。

第二，以体育赛事为主题的品牌式体育旅游。品牌式体育旅游基本上由三类体育表现类型构成：一类是以城市马拉松和户外运动为代表的全民健身体育赛事带动的体育旅游；另一类是冰雪、山海等天然条件下的特色休闲运动带动的体育旅游；再一类是由于景点区域化和旅游生活化，逐步形成的"漫旅游"，取代"上车睡觉，下车拍照"的留影赶路式旅游，促进目的地的时尚运动，形成品牌体育。目前，这三种类型的体育形式构成了具有代表性的品牌式体育旅游，它们与大众体育形式的区别，主要表现在"多频次、长停留、益消费"的特点。通过品牌赛事的运营，极大提高体育旅游目的地景区的知名度和人气。

例如，密苑云顶乐园位于河北省张家口市崇礼区，是一个世界级的滑雪度假村和四季旅游目的地。该乐园占地广阔，面积超过100平方千米，拥有丰富的滑雪道，是2022年北京冬奥会比赛场地之一。除了冬季滑雪之外，乐园还提供夏季户外活动，包括山地自行车、徒步和观光，旨在全年吸引游客。其优越的地理位置、便捷的交通连接，以及高品质的服务，使其成为中国华北地区首屈一指的休闲度假选择。其开发措施主要有以下三点：第一，探索"互联网+"形式。利用互联网平台将线下滑雪教育延伸到线上，大幅拓展滑雪教学的场景，提高用户的消费体验。推出雪场官方微信平台、微信公众号等服务，方便大众进行滑雪预订和活动参与。雪友可以直接通过"手机商城"和"便捷通道"等在线服务直接购买云顶滑雪门票、预订班车、教练、查询相关信息，免去现场排队购票等待和烦琐的预约流程。第二，项目丰富多样。建设有滑雪TBL初学者地形教学公园、云顶雪地公园、U型池、雪上飞碟、云顶滑雪学校、山地车、观星、儿童夏令营、儿童冬令营、观光缆车、徒步、山地飞盘高尔夫、攻防箭、全年滑冰场等设施，多种项目形式促进消费，形成特色休闲体育旅游方式。第三，基础设施建设完善，室内娱乐设施完备，建设有室内儿童乐园、宴会厅＆会议厅、游泳池、健身房、射箭馆、季卡会员休息区等场所，活动丰富，可增加客单消费。第四，重视品牌建设。云顶成为首个中国滑雪场冠名美国滑雪场赛道的滑雪度假区。美国加州斯阔谷雪场的雪上技巧赛道被正式冠名为密苑Secret Garden，标志着中国滑雪场品牌国际知名度和影响力的提升。云顶着重进军国际市场，实施"山地联盟"战略，是密苑云顶乐园搭建的一个国际顶级滑雪度假区共享平台。密苑云顶乐园与瑞士LAAX度假区、澳洲Mt Buller度假区、日本志贺高原度假区、白马八方尾根度假村、美国加州斯阔谷与高山草甸度假村五家联盟进行重磅合作。秉承共享愿景、共享价值、共享山地的理念，建立滑雪度假区合作伙伴关系，促进双方滑雪度假产业发展，提升品牌国际知名度和影响力。

第六章　完善公共服务，提升游客体验质量

旅游公共服务包括政府、企业和社会组织等提供给广大游客的公共服务设施和服务项目，是社会服务单元的重要构成。随着旅游业的迅猛发展，旅游公共服务的意义越来越受到各方面的关注，并为旅游业的发展提供有力的支撑。公共服务承担着提升游客体验、延长消费链、提升旅游景区效益的多重使命。目前，我国的旅游景区存在公共服务成本较高、标准化程度低、服务品质有待提升、旅游服务消费不足等问题，需要在高质量发展背景下进一步提升。

一、基础设施建设

旅游景区基础设施是指为适应旅游者在旅行游览中的需要而建设的各项物质设施的总称，是景区发展旅游不可缺少的物质基础。重视旅游基础设施建设，加强景区交通和公共服务基础设施建设，进一步完善标识标牌、解说服务、公共卫生等服务设施，集中力量开发建设一批新的自然生态环境良好、文化科普教育功能完善的景区，是推动建设国内外具有较强吸引力的精品景区的重要条件（中华人民共和国国务院，2014），其对于增强旅游景区的吸引力，提升游客满意度具有重要意义。

（一）优化交通服务设施

1. 提升景区外部交通

景区外部交通主要指游客从居住地到景区和来往于景区之间所使用的各种交通工具，由旅游公路、旅游航空、旅游铁路、旅游水运以及特种旅游运输方式等共同构成，是发展旅游业重要的基础条件，决定游客进入景区目的地的总

量（王冬萍，2018）。外部交通的规划与建设需要充分考虑到景区发展的实际需求和未来目标，实现到达景区的"最后一公里"畅通无阻。需要多部门协调配合，综合地方公路、铁路、水运、航空等各类交通的优势，共同构建便利的旅游景区外部旅游交通体系。

航空与旅游是密不可分的关系，航空运输为旅游业提供了快速、安全和便捷的交通方式，促进了旅游业的发展。航空业的发展使国际旅游变得更加容易和便捷，因此促进了旅游业的国际化和全球化。着眼于旅游景区的发展，航空基础设施优化势在必行。一方面，需要优化航空旅游布局，推进旅游景区主要交通连接线建设，同时依托高速铁路、城际铁路、民航、高等级公路等构建"快进"交通网络。另一方面，加快建设高品质景区到中心城市、干线公路、机场的支线公路。基于民航服务特征，景区管理系统相关人员可会同各省旅游管理部门协调民航部门，针对旅游淡旺季调整国际国内航班，开辟新航线，扩大重点客源地区的旅游包机业务。进一步优化区域内部空中旅游交通网络，提高交通效率。

在中短途旅行中，铁路运输比飞机和汽车更为方便、经济和环保，能够满足游客对旅行时间和舒适度的需求，尤其以高铁为代表的快速铁路和城际铁路的建设，大大减少了城市之间的时间成本，同时也使得周边城市和景区的旅游资源更加容易被开发和利用。结合景区建设，地方铁路网络构建需要考虑到旅游发展的实际需求，对于客流量大、具有建设条件的景区可增设火车站，如张家界、黄山等景区都有自己的火车站，并开通了直达列车，极大地方便了游客的交通出行。此外，铁路部门可加强与旅游景区的合作对接，根据不同的旅客需求提供特色化的服务和旅游产品，推出旅游铁路专用车、观光列车等定制化服务，提高游客的旅游便利性。

景区旅游专用道路可以更好地满足游客的出行需求，缩短游客到达景区的时间，提高景区的可达性。因此，需要推动建设完成一批景区旅游专用道路，建设连接各景区之间的快速旅游通道，推进游客集散地至景区通行道路质量，提高通往景区道路的建设标准，特别是高速、国道、省道、县道通往景区入口道路的通行等级，提升旅游景区的可入性。

加强景区与城市、景区与交通干线之间的交通设施和交通组织，实现城市中心区、机场、车站、码头等到主要旅游景区之间的交通无缝衔接，解决旅游"最后一公里"问题。在景区交通枢纽建设中，可以设置停车场、换乘站点、信息查询服务等，提升游客抵达景区的便利程度，还应考虑到交通安全、环保等因素，确保旅游交通的安全与可持续性。针对重要客源地，可增开旅游列车，在游客高峰期增开旅游专列，设置旅游服务停靠站和接驳站。

鼓励推行绿色交通，建立无缝的换乘系统。依托公共交通网络，强化旅游服务功能，在服务内容、服务项目、服务方式、运行机制方面与国际接轨，重点适应自助游、自驾游等新兴市场在接待设施、交通标识引导系统等方面的交通服务需求。推动建立旅游景区交通枢纽，整合不同的交通方式，如公共交通、租赁自行车、出租车、网约车等，提供一站式服务。推动应用互联网技术、智能交通管理系统等手段，为游客提供便捷快速的出行体验，并提高景区交通资源的使用效率。鼓励景区周边的居民、商家等开展共享经济活动，如共享单车、共享汽车等，为游客提供更便捷的出行方式。鼓励跨区域连锁经营的汽车租赁公司和乡村旅游巴士发展，推进城市公交服务网络与城郊主要旅游景区和乡村旅游点的有效连接。

景区外部交通条件提升以政府为主导，建立和完善省、市、县三级合理分担、共同筹措旅游公路建设资金的机制。对于旅游公路建设和改造所需的资金，可以通过政府预算、发行债券、吸引社会投资等多种方式融资，确保旅游公路的可持续建设和管理。加强对旅游公路规划和管理的力度，制定相关规章制度，明确旅游公路规划的标准和指南，并加强旅游公路的监管和维护工作。力争实现一种及以上"快进"交通方式通达4A级旅游景区，两种及以上"快进"交通方式通达5A级旅游景区，初步形成功能完善、服务配套的旅游公共服务体系。

2. 优化景区内部交通

景区内部交通包含景区内交通方式、道路设置、车辆承载数量、交通管理模式、道路交通安全等多个方面，既要考虑生态环境保护，又要满足游客游览便捷性，充分体现人性化管理（邱勇，2016）。景区内部交通是游客游览和旅游活动开展的关键，串联景区内景点，服务景区内的游线组织。

地方政府和景区开发部门负责景区内部道路建设，强化与旅游公路衔接。充分考虑旅游景区长远发展，以游览线路安排为基础，结合现有道路条件，充分考虑地形、排水和工程管网的布线等要求，并考虑森林消防、管理维护、救护的需要。同时，结合自驾旅游的发展，要注重设置便利的停车设施、提供清晰的地图和线路指引等，增强游客的自驾游体验。

用低碳理念优化交通网络。完善景区游览线路，旅游区内部的游憩道路、旅游环线及景观特色道路需要强化低碳与环保理念，生态化改造提升景区内部道路和特色游步道，在景区道路建设和改造过程中，可以采用低碳建材和设备，如利用再生材料、太阳能LED照明等，减少碳排放和资源浪费。推动开发文化路、小品路、生态路，以及自行车道、步道等旅游绿道，把交通作为旅游吸引物来建设，形成多元化的游憩环线和旅游景观线。

加快重点景区内部道路和停车场系统建设，发展景区出租汽车、延伸公共汽车站点、组建旅游车队、高铁站零换乘等措施。进一步推广智能化停车系统，提高停车效率和空间利用率，降低停车场等基础设施对景区生态环境造成的危害。

例如，浙江省神仙居景区的如意桥，垂直高度为140多米、全长100米，横跨东、西峡谷，桥身由三条交错起伏的流线桥面组成，部分桥面为全透明玻璃设计，从上空俯瞰，宛如一柄悬在空中的"玉如意"，刚柔并济的造型与神仙居的自然风光完美地融为一体。人们行走在桥面上，就如漫步在空中的彩虹之中。

景区内部不同种类交通设施建设要求如表6-1所示。

表6-1 景区内部不同种类交通设施建设要求

景区内部交通设施	建设要求
景区内公路	景区内公路主要用于各个景点之间的游客运输以及供应运输，可分为主行道和次行道。主行道要求人车分流，次行道在限速限量情况下可以人车共用。建设要绿化美观，安全畅通，与景观环境相协调，并有车辆站牌、站点、交通标识、引导牌、警示牌等配套设施
停车场	优化景区停车场、公交站场布局，预留充足的空间；做到面积合理、管理到位、美观、有特色，与景观协调；景区内停车场需要设立停车线和回车线，大型停车场要大小车分离，尽量用绿化及道路划分出各自的停车空间，强调自然协调。停车场规模大小根据游客数量确定，建设需坚持生态环保的原则。因旅游季节性需要，在旺季停车位不足、淡季闲置等情况下，为避免破坏环境，不适合再修建新停车场的景区可考虑建造临时停车场

续表

景区内部交通设施	建设要求
游步道	景区内部游步道一般不允许机动车辆进入。游步道要按照坚实、平稳、防滑、耐磨、排水、方便和环保等要求进行设计和建设。线路布置应顺应地形，与景观相协调。路面宽度根据游人数量、停留时间和承载能力确定。危险路段必须设置防护措施
索道	景区内索道建设需遵循科学规划、统一管理、严格保护、永续利用的原则，索道选址和线路设计需要与重点区域保持距离，并与周边环境相协调适应。客运索道设计要与其他交通方式有效衔接，坚守安全性，施工和运营过程中将生态环境破坏降到最低。自然保护区、国家级风景名胜区不能在核心区建设索道
游船	景区内水面游船设施需要秉承安全、环保的原则，游船设计需符合水面承载能力要求。船上载客要符合船体承载要求。加强乘客管理，垃圾废物一律为船上收集岸上回收，禁止任何向水面倾倒污染物、垃圾等行为。游船设计同时需要配备码头、站点标识等基础设施。对于损坏的基础设施要及时检修和修缮，破损脱漆严重的船舶应淘汰
桥梁	景区中桥梁布设需要根据具体的地形地势决定，遵循安全、美观、舒适的原则，其建筑材料不应破坏生态环境，桥梁的风格和体量应与周围环境和谐统一

续表

景区内部 交通设施	建设要求
道路观景平台	景区内外公路可根据需求设置观景平台。观景平台周边应设置明显的提示标识牌，应包含观景平台、解说标识牌、停车区域、休息设施、垃圾桶、游步道（根据实际可选）等设施，观景平台如有危险地段应设置安全防护栏和警示牌
特殊交通	除以上外，部分景区涉及特殊交通如游艇、滑翔机、直升机、电梯、热气球等。特殊交通设施需要严格遵从安全第一、生态环保的建设要求，并加强设备设施维护、安全保障、环境管理等多方面工作

（二）规范公共设施建设

旅游景区公共设施是指为了满足旅游者在景区内公共活动、服务和管理需要而设置的各种基础设施，是构成景区环境的重要内容，景区公共设施设计格局直接影响景区的环境和人们对景区的印象（袁元，2014年）。公共设施在环境中有固定的功能属性，起到为环境服务的作用，设计合理且具有美感的公共设施不但可以有效地提高其使用频率，而且可以增强游客爱护公共设施、爱护公共环境的意识，同时提升游客对游览地的归属感（江明明，等，2017年）。做好景区公共基础设施规划，要坚持适度开发原则，结合景区自然环境情况，充分整合资源，建设生态、环保的基础设施，实现高质量建设和高水平保护。

提升景区休闲空间和公共旅游服务设施建设，丰富景区公共休闲设施，鼓励构建景区休闲服务区、休闲营地、公共商业区等开放空间，增加游客在景区内的停留时间，提高游客的满意度。推动将阅读、非遗展示、艺术表演等文化服务融入旅游服务中心、旅游集散中心等旅游公共服务场所。推动在游客比例较高的文化设施中，增加旅游信息咨询、旅游地图、旅游指南等旅游公共服务内容。增设休闲服务设施，提升旅游服务设施的现代性，如设置自助服务设施、智能导览系统、充电桩等，为游客游览、观光、休憩、提供基础服务，并进一步提高游客的便利性和舒适度。

推动公共服务设施景观化、功能化品质提升，根据景区容量分析合理配置基础设施，解决游客进入与停留的问题，按照景区化运营的需要，将景区大门、围栏、集散演艺广场、游客中心、餐饮购物节点、特色商铺商业街、游乐体验空间等设施进行景观和功能融合提升。例如，浙江提出"设施成景"，聚焦提升便捷度、提高舒适感、彰显辨识度、加强安全性，让景区在"小处取胜""微"处精彩。

建立景区无障碍设施建设的长效机制，加强对无障碍设施的规划、设计、建设和管理。落实推进老年人、残疾人等特殊游客群体旅游公共服务设施建设，充分考虑特殊游客群体的需求，优化无障碍设施的布局，如通道宽度、坡度、扶手等要符合标准。增设特殊群体的无障碍设施专区，如无障碍厕所、无障碍停车位等，增加特殊群体参与旅游活动的机会，鼓励旅游企业开发适合特殊群体的旅游产品。

推动医疗卫生、金融、供水供电、邮政通信等公共服务设施与旅游景区的同步建设，充分考虑景区特点和需求，在规划和设计阶段就把多样的公共服务设施的建设纳入整个景区的规划中来。保障主要景区通信、水电等供给服务。

景区基本公共设施设计要求如表6-2所示。

表 6-2　景区基本公共设施设计要求

重点设施	设计要求
公共休闲座椅	旅游景区公共座椅的主要作用是为游客提供休息的场所。设计景区座椅要考虑游客使用习惯和特征，设计符合人体工学的产品。同时要兼顾审美品位，与周围环境协调。公共休闲桌椅应合理安置，在开放广场、绿地、游客集散区域、休息平台等游客集聚和休息区域需要重点安置，提高利用率
垃圾桶	垃圾桶是旅游景区重要的公共环境设施，是促进景区可持续发展的必要设施。景区垃圾桶的设计既要方便游客丢垃圾，又要方便清洁工人清理，人流量较大的地区一般间隔500米设立一个垃圾桶。落实分类垃圾桶安置，推动新型多功能、智能化垃圾桶的应用，协助旅游景区环境卫生的管理。垃圾桶的外观可以根据景区的地理位置、环境特点来设计

续表

重点设施	设计要求
照明设施	景区照明设施主要用来环境亮化和美化，其设计需要具有系统性。景区标志性建筑和重要景点采用照度适量、色彩相宜的照明设施，形成丰富的视觉层次感，非主要区域根据情况适当安装照明设施。采用散热效果好、光亮度稳定性好、寿命长的灯具，有条件的景区可采用低耗、节能、环保型的符合国家能源发展战略的照明设施。照明设备安装注意与环境相适应，避免景观侵扰性光源污染
无障碍设施	景区无障碍设施主要服务于残疾人和老年人，是景区人性化设计和服务质量提升的关键。景区无障碍设施一般包括无障碍观光车、无障碍电梯、无障碍坡道、无障碍游步道、无障碍卫生间、无障碍停车位、无障碍标识牌等。无障碍设施需要标识清晰、注重细节、分布合理，符合残疾人、老年人的需求。有条件的景区可以增设无障碍服务配套设施，如无障碍餐厅、无障碍商店等，最大限度地满足各类游览参观的人群的需要
给排水设施	给排水包括给水、排水、消防等工程。景区给排水和服务配套设施建设需要注意旅游景区与城市的差异化问题，结合景区日常用水、客流变化等情况，做好用水量、排水量预测。结合景区所在位置条件，可采用多种水源交替供水的方式，完善景区用水净化设施，采用污水分类处理方式，提升污水处理能力。针对滨水型景区，更要注重其给排水系统设计，力求生态、环保、无污染
供电设施	景区供电一般采用国家电网和地方电网联网供电，极端情况下可采用自发电供电。在旅游景区内不得布置大型供电设施，电力线路尽量采用埋地铺设，在自然保护区、风景名胜区、国家5A级旅游景区等重要区域内不得安排高压电缆和架空电线穿过。区域内游乐设备、缆车、海拔高点等重点区域需强化防雷设施

（三）完善标识设施体系

旅游标识系统是景区环境和景区产品的重要组成部分，具有多重实用功能，并直接影响着景区的形象与经营（王绍喜，2005年）。依据《旅游景区公共信息导向系统设置原则与要求》（GB/T 15566.9—2012）、《城市旅游公共信息导向系统设置原则与要求》（GB/T 31382—2015）等相关国家标准，推动各地完善交通沿线及关键节点的旅游交通导览引导系统，协调辅助支持各景区旅游标识体系建设，将旅游标识设施作为重要旅游基础服务设施统一规划设计。

1. 完善旅游交通标识服务

完善高速公路、国省干线沿途的旅游景区交通标识牌设置。规范景区内旅游交通标识体系设计，景区内使用景区专用交通引导标识系统，标识准确、醒目、增加区域人文特征和旅游特色，实现旅游标识的设置规范、清晰明确、快速识别，制作要符合《道路交通标志和标线》（GB 5768.2—2017）等国家标准的相关规定。

推进跨区域特色旅游线路的交通引导标识建设，完善通往旅游景区的重要节点、换乘点的交通导览图，形成标准化的旅游交通引导标识体系。

2. 统筹景区内部标识系统

在景区主要入口处、服务中心等位置放置景区导览图，并在图上标注出主要路线、景点、设施等信息，方便游客快速了解和使用。在景区内部设置指示牌，标明不同区域、景点、设施等的名称、位置和距离，让游客能够根据指示牌找到自己需要的场所；设置路标标识，让游客能够更加清晰地了解自己所在的位置和路线，增加游客的安全感和信任度；设置标志牌，标识出景区的名称、特色、历史文化背景等信息，为游客提供更多的文化和历史知识；设置环保标识，鼓励游客尊重环境、爱护自然和动物，增强游客的环保意识；设置主要停车场，并在路边设置停车标识，标明停车场的名称、位置、收费标准等信息，方便游客停车；设置安全标识，包括消防设施、急救站点、警察局等信息，保障游客的人身安全。

标识牌的指示内容应尽可能采用图示表示，说明文字应按国际通用语言和地方语言双语表达，或结合主要客源地和地方要求采用多语种方式表达。完善景区标识规划设计，确定各标识牌所放置的位置和总数、规格，结合人体工程学和建筑学、美学，便于标识牌能发挥其本身功能。

根据景区特点和发展需求，制订统一的交通标识规划方案，明确标识种类、数量和布局等。有条件的景区建议使用双语或者更多语种。图例必须使用国家已经颁布的标准标识。标识牌设计规范，突出主题，位置凸显信息传达准确、清晰，文字表述简洁明快、便于理解和记忆。颜色清晰舒适，便于识别旅游景点环境。景区标识设置位置合理，有较大的可见度，为发挥其功能性作用，导览标识必须达到其完整的功能性，面貌完整，文字及图案内容清晰、直观；品质、韵味高尚，造型、风格适当，设计风格要突出生态性、文化性、艺术性、多样性和功用性；并因类型不同，区分色彩的冷暖、强弱、软硬、轻重，区分形状的明快与恬静、华美与质朴，使之适合旅游景区环境；其标识材质、外观和风格要与景区类型、特色、环境协调一致，设计各种类标识时，可按照不同功能区分系统，并建立各系统之间的有机结合。

加强对标识的维护和管理，定期检查和更新老旧标识，及时修复损坏的标识。利用新技术手段，如数字化导览、语音提示等，提高交通标识服务的质量和效率（表6-3）。

表6-3 旅游标识位置及要求

标识类别	位置	要求
旅游形象标识	省市主要入口，如机场、火车站、长途汽车站、高速路口等	简明清晰，无遮挡物，位置合理，标准规范，多种语言，主体鲜明，体系完整，不影响正常交通，针对老人、儿童、残疾人等特殊人群设计特色标识
旅游标识导引	自驾风景道沿线	
	省市主要入口，如机场、火车站、长途汽车站、高速路口等	
	主要交通节点、道路交叉口	
解说牌示	各入口、交通枢纽、游客集散中心、主干道交叉口	
景区景点标识	根据具体位置设置出入口、风貌解说、服务管理、人文历史展示、设施说明、管理通知等牌示	
安全、警告标识	放置在事故多发区、地形地貌危险、受保护区域、游客不得擅自入内等区域	

（四）构建解说服务系统

旅游解说系统是通过运用沟通媒体帮助游客了解特定信息，达到保护资源、服务和教育的基本功能，从而进一步实现资源、游客、社区和管理部门之间的互动交流。世界旅游组织指出，解说系统是旅游目的地诸要素中十分重要的组成部分，是旅游目的地的教育功能、服务功能、使用功能得以发挥的必要基础，是管理者管理游客的手段之一（王婧，等，2015）。通过解说的独特功能，可以实现"资源、游客、社区和旅游管理部门之间的相互交流"，包括认识对象（信息源）、使用者（接受者）、旅游解说（沟通媒介）等（唐鸣镝，2006）。

1. 构建解说体系

景区解说系统承担旅游景区的教育功能、服务功能、使用功能等，尤其针对自然保护地、历史遗产等类型的景区，解说系统同时要承担自然教育、资源保护等社会职能。旅游解说要遵循协调性、针对性、科学性三大原则（唐鸣镝，2006）。在解说体系的构建上，依据景区实际情况进行设计，原则上要动静结合，因地制宜。景区的解说系统要着眼于景区资源，在凸显其自然环境条件的情况下结合丰富的历史遗存和传统风貌，体现景区特色。不同类型景区的环境解说体系的要求不同（表6-4），针对自然保护区或生态旅游区因其独特的资源环境和保护性要求，需要对解说需要提出更高的标准。因此，首先需要提高有关部门和人员对解说系统重要性的认识，解决观念问题并建立专门的管理机构进行解说系统的规划设计、监督、协调等工作。在解说体系可以分成解说主体、解说内容、解说设施三个部分，从解说形式上又可以分为静态解说体系和动态解说体系两类。静态解说体系以文字、图片等静态内容为主，解说主体为讲解设施辅助下的游客自体，解说设施主要包括标识牌、电子屏、印刷品、多媒体展示设备等静态辅助设施；动态解说体系则以导游解说、体验式解说或人机互动式解说为主，解说主体为导游、景区讲解员或互动设备（如移动讲解设备、智能机器人等），解说设施包括导游员解说设备（如麦克风、蓝牙讲解器）、智能讲解设施以及作为辅助讲解的其他静态展示设施等。不断丰富解说设施，可运用滚动屏幕、电子触摸屏、感应投影、电子导游系统等多种现代信息技术手段，配合地图、导游手册、折页、相关书籍等，并制作方便游客携带且具有纪念价值的解说材料。可设计原生态形象，并建立具有鲜明特色的理念识别体系，定位明确清晰，寻求差异，彰显个性，充分发掘和利用地方景观、风俗和特色产品等地方品牌的无形资源，发挥资源的关联效应。

表6-4　景区基本公共设施设计要求

景区类型	解说体系构建建议
自然生态类	在遵循资源环境保护的前提下，重视解说设施的生态化设计，结合自然生态类型景区特征，体现景区生态环境特色。解说内容强化自然生态保护和科学科普，可增加环境警示性解说的内容
历史文化类	挖掘历史文化类的文化特征和文化底蕴，在解说设施和相关产品的制作上，体现地方文化特色。讲解内容的制定可融入地方故事、人物、传说、风俗、节事等，强化体验式解说，注重细节，加强重点及针对性解说，可采用故事或历史串线的方式构建解说内容，增进游客理解旅游资源的历史文化价值
现代游乐类	可以自导式讲解为主，增强解说设施的交互性，融入现代科技（人机交互、虚拟现实、3D仿真等），注重游客现代感和沉浸感的营造。重视引导式解说设施（引导牌、地图、景点介绍牌等），并尤其注意对服务内容（如开放时间、使用方法等）以及安全管理等方面的解说
产业融合类	解说体系融入产业特点，尤其在解说设施的设计上，如工业旅游类景区可融入工业加工元素、体育运动类景区则结合体育运动特征。解说内容上丰富产业导向类解说，普及相关产业知识，并可结合景区内体验活动，传递知识，加深游客对解说内容的记忆

2. 丰富解说内容

丰富景区解说内容，拓宽解说媒介和传达方式，有助于提高景区旅游解说系统的建设水平和创新程度，其关键在于为游客创造多层次、多感官的体验，结合故事讲述、专业知识和互动参与，设计环境沉浸、故事化讲解、互动体验，辅以多媒体，创造出既教育又娱乐的解说体验，使参观者不仅能学到知识，还能享受整个过程，留下深刻印象。

不断丰富解说内容，景区要不断挖掘其自身与周边环境的自然、人文和社会内涵，以解说组织主题，以主题串景区。可在自主设计的基础上，结合专家咨询、游客评估等方式制定和调整，鼓励与地方旅游协会、文旅研究机构、旅游教育机构等合作。可利用旅游景区所在地的语言、民间歌曲、曲艺、服饰、饮食、社交等生活习俗场景对游客进行积极引导，注重细节、强化重点，深度展示景区的风格魅力和内涵品质。还可设计互动性质的展览或活动，如模拟场景、文化体验等，以此吸引游客参与并加深了解。此外，需要推进高品质旅游景区的国际化，组建多语言导游服务队伍，为各国游客提供多种语言的解说服务，使更多游客能够了解景区的历史、文化、背景等信息。有条件的景区可组建专业人员团队，从事解说系统的研究，并指导实践工作。

3．完善导游服务

导游在旅游中扮演着重要的角色，他们不仅能够帮助游客更好地了解旅游的目的地，还能够提供有关历史、文化和当地传统等方面的知识。导游还可以为游客提供安全和便利的旅行体验，并协助处理任何紧急情况。加强解说系统中软件部分的建设，提高旅游信息服务的整体质量。合理设计景区游览路线，编制解说词。针对景区不同的空间、游客群体，开展分区、分级讲解等形式。丰富导游解说形式，创新导游服务内容和形式，拓展导游服务领域，除传统的人工导游外，可增加语音导览仪、微信导游、线上导游平台等新型导游方式。进一步强化电子解说服务质量建设，提高在线解说服务咨询的快捷性和专业性以及涉及解说内容有偿支付时保障用户隐私和交易安全等，通过线上线下的全渠道协调整合让游客拥有无缝衔接的优质体验（张阳，2022）。

在优化游客体验的背后，景区更要重视储备旅游解说人才，构建导游人才队伍。可采用专职讲解员、志愿者讲解员与专家讲解等多种形式丰富景区解说人才队伍。导游人员需要经过系统培训，提高导游的综合能力和业务水平。大力推进旅游解说人才培训工作，各地方旅游主管部门可联合行业协会，组织本区域旅游景区导游人员的联合培训、形成行业监管、推动校企合作。有条件的景区可建设人才储备基地，与旅游大专院校或相关培训单位合作，定向输出旅游人才。多渠道提升旅游解说人才的解说能力，可采用加强与国内外相关培训基地、示范基地的合作，编制导游规范手册，组织导游业务能力竞赛，建立导游服务评价和反馈系统等方式，全方位锻炼并提升解说服务人才的业务能力。

4．重视解说效果反馈

解说效果反馈是衡量景区解说系统服务的重要指标，但目前国内景区在解说效果反馈方面的相关工作仍较为欠缺，需要引起景区管理的重视。针对解说效果反馈建设，一方面是在游览过程中，加强导游、讲解员等讲解主体与受众之间的沟通，及时获得游客体验的真实情况，并做好信息反馈和汇总；另一方面是结合游客服务反馈系统，通过景区官方网站、手机服务App、景区留言板、咨询投诉电话、管理部门信息等多渠道收集游客反馈信息和建议，并可采取游客回访或景区随机调研、游客满意度调查等方式获取游客评价。景区管理部门需根据收集的反馈内容，及时调整更新旅游解说服务系统。

（五）持续提升旅游厕所质量

旅游厕所是指在旅游活动场所建设主要为旅游者服务的公用厕所。景区公共厕所与其他场所的公厕最大的不同就是景区公厕要应对不同的自然景观要素，不仅要关注建筑自身的空间系统，同时要抓住环境特征，不破坏景观尺度与美学特性，关注建筑与其所依托的地域景观环境和人文环境之间的景观生态协调（苏振强，等，2020）。

景区旅游厕所建设应贯彻落实《旅游厕所质量等级的划分与评定》（GB/T 18973—2016）国家标准，尤其需要加强中西部欠发达地区、高寒、高海拔、缺水、缺电地区旅游景区厕所建设，客流量大的旅游景区需要配备移动厕所，有效缓解旅游高峰期"如厕难"问题。

提升旅游厕所建设品质，要以彰显人文关怀、科技生态、特色文化新内涵为方向。景区旅游厕所设计需考虑不同人群的使用需求，推动增加母婴专用卫生间、残障人士专用卫生间、第三卫生间、专用无障碍通道等。厕所卫生、简洁、舒适、设施齐全，使用生态环保材料，注重环保设计和节水设施使用，打造节能环保"生态厕所"。旅游厕所外部造型要融入景区环境，尊重地域文化差异，鼓励各旅游景区进行差异化、主题化打造。厕所选址要符合景区规划，与场地使用性质相符，标识明显，内部空间划分合理。推进旅游厕所管理可持续，完善旅游厕所管理服务平台，有条件的景区可逐步引入厕所智慧智能系统，完善旅游厕所电子地图标注和厕所使用状况提示等创新工作。

同时，要积极推进旅游景区的厕所建设，并在游客高峰期时可选用分级管理或增加生态移动厕所的方式，实现供需平衡。通过政策引导、部门联动、资金补助、标准规范、监督考核等形式，采取"新建与改建结合，养护与提升并举"的方式，使旅游景区及其周边的旅游集散点、旅游餐馆、旅游娱乐购物场所、休闲步行区等的旅游厕所达到国家有关标准。落实业主单位建设责任，将旅游厕所纳入A级旅游景区等创建和评定工作，不断提高景区内A级旅游厕所比例。开展第三卫生间建设，推进厕所无障碍化。全国景区应基本实现A级旅游厕所"全域覆盖、数量充足、使用免费"，尤其是全国4A级及以上旅游景区厕所应基本实现全部达到 3A 级旅游厕所评定标准。

（六）建设特殊人群友好的设施

旅游景区作为公共服务的重要组成部分，有责任为所有游客提供平等便捷的服务。加强适应老年人、未成年人、孕婴、残疾人等群体需求的旅游公共服务设施建设改造，确保如老年人、残疾人等特殊需求人群能够无障碍地享受旅游的乐趣。为此，景区需要建立完善的无障碍服务设施体系，不仅在硬件设施上要做到通道无障碍、设施便利，更在服务理念上要体现出对特殊群体的尊重和关怀。针对服务特殊人群的基础设施建设，需要加强以下几点：

第一，规划设计无障碍服务路径。在规划设计时，应考虑旅游路径的无障碍化，确保特殊群体能够平等地访问所有开放区域。这包括合理的通道宽度、坡度设计、无障碍电梯的配备以及易于抓握的扶手等设施的设置。

第二，建立无障碍服务专区。在景区内部，应当增设无障碍专区，如设有专门的无障碍厕所、更宽敞的无障碍停车位等，为特殊人群提供专门的休息和服务空间。

第三，推进无障碍服务设施的长效管理。对已有的无障碍设施进行定期检查和维护，确保其始终处于良好状态。同时，通过建立反馈机制，收集特殊群体游客的意见和建议，不断优化服务设施。

第四，开发适合特殊群体的旅游产品。鼓励旅游企业针对特殊群体的具体需求，开发个性化的旅游产品和服务，如提供特殊辅助工具的租赁、设计专门的旅游路线和解说内容等，从而提高他们的旅游体验。

二、服务设施配套

旅游服务设施是指为满足游客旅游活动的正常进行而由旅游目的地提供的、使旅游服务得以顺利开展的各种设备和设施的总称。旅游服务设施是景区的有机组成部分和旅游活动开展的基本前提，服务内容主要集中在住宿、餐饮、娱乐、购物等几个方面。旅游服务设施配置应根据景区特征、功能、规模及游客结构来确定，并考虑用地与环境等因素，需要满足游客多层次的需求还要适应景区设施管理的要求，同时要考虑必要的弹性和利用特征。其布局应采取相对集中与适当分散相结合的原则，方便游客充分发挥设施效益，便于经营和管理（潘肖澎、马有明，2013）。

（一）配套游客服务中心

游客服务中心是主要的游客接待区域，也是综合式、开放式、一站式的旅游公共服务平台。景区游客服务中心是景区的核心枢纽和用户门面，集成宣传展示、信息咨询、行程安排、景区讲解、教育、休闲、投诉、便民等多种功能。面向景区高质量发展，需要形成以旅游集散接待为基础，以旅游咨询、旅游预订、导游服务、景区展示、体验互动为内容，以临时休息服务、餐饮服务、旅游纪念品销售、优点通信、便民服务、投诉处理为补充的网络化一站式景区服务中心。面向入境游客，景区需要提供必要的中外文旅游地图、旅游指南等免费旅游宣传材料，完善旅游服务中心"i"标识设置，将护照等纳入有效预约证件，并保留必要的人工服务窗口。

《旅游景区游客中心设置与服务规范》（LB/T 011—2011）中对景区游客服务中心设施设置有基础规定，对景区而言，需要科学按照相关规范，配置和提升A级旅游景区的游客中心，做到位置合理、规模适度、设施齐全、服务到位、功能体现充分，咨询服务人员配备齐全、业务熟练、服务热情。

针对规模较小、游客量较少的小型旅游景区，或位于景区较为密集的旅游集聚区内，可与周边旅游景区进行捆绑，设置综合游客服务中心，集中为周边旅游景区的游客和居民进行服务。

（二）优化住宿服务设施

住宿设施是旅游景区中的重要服务，尤其对于大型景区而言，高品质的住宿服务必不可少。随着生活质量不断提高，人们对酒店等住宿设施与服务提出了更高的要求。优化旅游景区住宿设施空间布局、档次结构和功能结构，提升旅游住宿业品质和特色，要全面落实标准化、规范化服务，发展和改善个性化、特色化服务，协调景区内外住宿服务设施是景区住宿提升的必经之路。

1. 景区内住宿服务设施

完善配置硬件设施，不断升级软件服务，持续提高服务水平。在建设用地范围内可酌情新建旅游酒店，景区内住宿服务设施和旅游发展建设可以适当超前，类型和功能多样化，符合不同类型游客的旅游需求。重点发展度假型、会议型、保健型、文化型等特色主题酒店和自驾车营地、帐篷营地等大众住宿，并根据不同旅游需求，突出不同功能。形成设施齐全、服务周到、布局合理、档次协调的旅游住宿服务体系。合理计算景区过夜游客数量，合理调控酒店接待能力。景区内生态敏感地区、遗迹遗址、潜在安全隐患地段禁止建设住宿服务设施。引导和监督旅游住宿业在经营过程中实施清洁生产,采取先进的工艺技术及设备,使用清洁的能源和原料,实现能源和资源节约、减少排放。住宿服务设施建设要结合所在地的自然地理、历史文化、民族风情等资源,系统设计建筑、服务功能、服务项目等方面的主题文化内容,大力增强酒店的可观赏性、文化体验性,努力促进住宿服务设施的提质增效。加强房间和公共区域的清洁管理,保证游客在整个住宿期间都能享受干净、卫生的环境。增设安全监控设备,制定应急预案和演练,确保游客在住宿期间的人身和财产安全。景区内的住宿具有稀缺性,与周边住宿相比,价格一般更高,因此尤其需要注意合理调控景区内住宿设施的价格,谨防欺客、宰客等行为发生。

2. 景区周边住宿服务设施

引导各类经营主体,配置建设景区周边住宿服务设施,提升创意,丰富产品。鼓励在景区外建设星级酒店、连锁酒店、文化主题酒店等多样化的住宿服务设施。将景区外的住宿接待与周边社区发展相融合,鼓励群众充分利用自有资源,大力发展农家客栈和新型民宿。尤其针对节假日景区外溢游客,充分发挥景区外住宿接待的优势作用,合理引流,规范秩序。地方政府需要对景区外的住宿接待设施进行有效监管,合理设置行业准入规定和许可,指导督促有关旅游酒店、民宿等住宿服务设施的建设和服务规范,优化完善准入条件、审批流程和服务,彻查无证经营和不规范经营。

(三)提升旅游餐饮服务

餐饮是旅游景区的重要组成部分,作为旅游景区的配套服务设施,它不仅直接关系着游客的旅游体验,影响旅游景区的整体形象,还与住宿、娱乐等共同构成旅游景区产品体系,决定旅游景区的盈利模式。与社会餐饮相比,旅游景区在客源构成、市场营销等方面具有显著的独特性,需要立足景区餐饮的特点,着力培育特色旅游餐饮。可充分挖掘地方特色餐饮,利用当地农副土特产品,创新开发地方风味菜系,建设多元化、多层次的餐饮服务体系,培育餐饮品牌和集聚区,以满足不同人群的消费需求。

1. 景区内旅游餐饮服务设施

旅游景区内的餐饮服务是指针对游客在景区内活动过程中的餐饮需求而提供的服务。餐饮服务是景区服务的重要组成部分,餐饮服务的质量水平和风格特色在很大程度上反映了景区经营的总体质量水平和风格特色。同时,旅游景区内餐饮服务的经营方式具有灵活性,主要有景区自主经营、承包经营、特许经营等多种经营方式。

餐饮设施是景区的重要吸引物，需要建立更加完善的餐饮服务设施，提升服务品质。一方面，要合理规划，景区的旅游餐馆必须布局合理，突出特色，要根据不同景区的特点，推出特色餐饮，同时也要兼顾大众口味。景区内旅游餐饮的容量需要具有弹性，可以适应游客季节性波动。根据不同的客户需求和就餐场所特点，可设置不同类型的餐厅和就餐区域，满足游客的个性化需求。另一方面，针对景区内的旅游餐饮服务设施需要重视餐饮卫生安全，旅游景区经营管理者应当履行食品安全管理责任，建立食品安全管理制度，督促、指导景区内餐饮服务提供者加强食品安全管理，配合、协助监管部门开展景区餐饮服务食品安全监督检查。同时，需要营造舒适的就餐环境，完善就餐设备设施，旅游景区餐饮服务提供者接待游客、旅游团队应当与自身供餐能力相适应，不得超能力接待。景区内餐饮设施建设需进行统一规划建设，以突出绿色生态、低碳环保和地方特色为主，与景区自然风光融为一体。食品监督管理部门应当履行食品安全监督管理职责，对旅游景区餐饮服务提供者进行监督检查，及时向社会公告监督检查情况。

此外，景区内餐饮发展中可以强化与游客的互动，如可让游客参观菜肴美食的制作过程或与文艺表演活动结合等，增强游客体验和餐饮乐趣，弘扬本地美食文化，调动游客的积极性。

2. 景区周边餐饮服务设施

针对景区周边的餐饮服务设施，需重视其食品卫生与安全，强化地方监管，坚决取缔无证和违规经营，加强市场监管，维护景区及周边餐饮市场秩序的稳定；加大卫生环保执法力度，对存在脏乱差、卫生状况不达标、破坏景区环境或乱排放、存在环境污染隐患的餐饮设施尤其是不符合要求的农家乐，责令其限期整改。对影响景区的违规建设问题进行严肃查办，该停业整顿的严格要求其停业整顿，该拆除的坚决予以拆除。

（四）完善旅游购物服务

旅游购物是旅游活动的基本环节，是旅游消费的基本载体和实现单元，旅游购物可以促进旅游消费水平增长，是景区产生经济价值的重要组成部分。一定程度上，景区旅游购物的发展水平，可以直接地反映景区的发展水平。伴随着旅游消费结构的变化，旅游商品与旅游景区相辅相成，游客到达景区选购旅游商品，或者旅游商品作为旅游吸引物增加景区到访人次（吴鹏宇，2019）。从景区角度而言,供游客选择的旅游商品必须有吸引力,才会激发游客的购买欲望,游客尤其青睐的是具有浓郁地方特色和传统文化韵味的旅游商品,需要推进实用性旅游商品及地方特色旅游纪念品进景区工作。

在旅游景区规划中要把旅游商品购物设施作为其中一个重要的辅助设施考虑进去。其建筑物的样式风格、形与神应与景区的整体风格一致,与主体建筑协调,与景区的整体形象美和文化气质相吻合。合理布局景区的旅游购物经营点,旅游景区内旅游购物设施选址宜选在景区风景线的必经之路上,这样不仅能保证最大的客流量,同时也能确保有购物需求的游客不至于错失购买机会。鼓励在出入口处建设有规模、上档次、具特色的旅游购物商业街,在景区内部安置具有特色的商品经营位点、小商超,或在餐饮、住宿、娱乐服务设施内安置商品零售、展示柜台。应实行统一管理、集中经营、诚信服务,提高旅游购物在景区营业收入中的比重。

促进观光向创意生活体验层次升级,谋求适度商业化、理性商业化。支持旅游景区开发设计特色旅游商品,鼓励旅游景区开发既有当地特色又符合市场需求的旅游商品,以地方资源为依托,以市场需求为导向,有针对性地开发、改进与完善旅游商品,以迎合各个层次客群的消费需求。注重旅游食品、旅游饮品、旅游纪念品、旅游保健品和旅游收藏品、旅游音像制品的设计,注重产品内涵,弘扬地域文化,宣传景区形象。可将旅游纪念品设计加工与游客观光体验相结合,优化购物环境,展示制作工艺,提升商品价值,并推动加强宣传效果。

进一步完善景区旅游商品定点生产企业制度,选定和扩大旅游商品定点厂家。对已有的定点旅游商品生产厂家,定期进行指导、评估和检查,对定点生产企业实行扶助政策,在投资、信贷、税率等方面给予适当倾斜,评选景区优秀旅游商品,并进行广泛宣传,逐步形成本景区名牌旅游商品。

(五)创新游娱体验服务

游娱服务设施种类多样,包括健身类、歌舞类、游戏类、知识类及附属类等,景区在设计和建设游娱服务设施时,要考虑其主题与景区主题形象的一致性。鼓励景区创新推出参与性强、体验性好的景区游乐、研学等项目,不断提升景区吸引力。支持景区策划开发具有地方文化特色的旅游演艺产品。充分发挥景区内文艺演出团体的作用,强化文艺演出创作,用丰富多彩的文艺演出节目提升景区的文化品质,在重要文艺演出节目上不断创新,文艺演出团体在节目创作上与景区吻合,结合当前文艺演出的发展潮流,以群众喜闻乐见的节目为主。充分挖掘当地的历史文化、民族文化等地域文化，将主题、艺术形象与地方文脉深入结合，融入旅游演艺、展示和旅游商品设计中。推进景区文化旅游演艺市场的建设，逐步实现旅游旺季驻场演艺常态化。鼓励景区建设与非遗产文化展示活动相结合，并形成常态化运营。注重景区夜间经济和特色夜景观，丰富KTV、酒吧、俱乐部、演艺中心、剧场等现代娱乐设施。将游娱服务设施作为游客游憩活动的有效补充，与旅游线路安排合理结合。大力发展民俗娱乐演艺活动，推动民俗活动与周边村镇发展的深度融合。

（六）加强景区医疗设施建设

考虑到游客可能遇到的突发情况，景区内医疗设施必不可少。尤其是一些远离城市的自然生态类景区，其医疗急救系统具有救援半径大、应急反应时间长、转运速度慢、医疗专业人才短缺和距离市综合医院远的特点，医疗救助难度较大，因此应将医疗服务设施建设作为这类景区的建设管理重点，为游客提供及时有效的应急医疗服务。一般景区需要配有医疗救援点和急救箱，A级旅游景区需要配备医务室、医疗点，其中需有急救药箱、担架、救护设备，需要有专职医护人员，有条件的景区可以配备急救车辆。

为保障游客旅游安全，鼓励景区组建医疗服务队伍，形成明确的医疗管理服务制度。针对自然条件复杂的景区，要在现有医疗点的基础上，采取分层次布点。对于距现有医疗点5公里以上，有游客活动和工作人员居住的景点区域设置固定医务室；对于游客流量大且有滞留的区域设置流动医疗点；针对容易发生伤病的区域风险节点设置救助点。努力减少急救半径，缩短院外急救反应时间，提高院外急救应急反应速度。另外，加强院外急救设备建设，配置足够的适用于景区院外急救的轻量化器材，如自动体外除颤仪（AED）、应急救护一体机、便携式急救呼吸机、便携式心电监护除颤器、担架式心肺复苏仪、多功能担架、脊柱板、卷式夹板、急救毯等，推动高原缺氧地区旅游景区配备供氧设施设备，根据不同的医疗服务点配置相应的急救设施。构建快速救援救治体系，制定医疗救援管理办法，建立景区突发事件紧急通道，连接周边医院构建游客线上健康服务系统，提高院外急救队伍的急救水平，完善院外急救信息系统，进行游客健康管理与统计服务。

三、公共信息服务体系构建

旅游公共信息服务体系是社会大众获取旅游相关的公共信息服务产品的重

要途径（吴泓，2014）。而随着自助出游比例逐步提升，旅游相关资讯获取、景区公共信息服务体系建设迫在眉睫。景区公共信息服务体系建设要通过信息技术和旅游服务、旅游管理、旅游营销的融合，使旅游资源和旅游信息得到系统化整合和深度开发应用。

（一）推进网络服务基础设施建设

网络基础设施服务对于景区的智慧化和服务品质尤为重要。面向信息化发展，需要大力推进景区无线网络基础设施建设，有效满足公众随时随地网络接入需求和景区导览、社交娱乐等应用需要。优化网络基础设施布局，建设以5G移动通信为主、WLAN等其他无线接入技术为补充的宽带无线接入系统，重点旅游景区需要形成4G、5G网络全面覆盖、热点区域WLAN全覆盖的信息网络，并进一步提高网络覆盖率和传输能力，实现信息的集约化管理，提供高度可靠、高度灵活、可扩展、可重复利用、能适应新技术发展的数字化信息基础服务。加强景区与网络服务商的合作，合理配置路由器和无线访问点，增强无线信号覆盖范围和传输速度，升级网络带宽，提供更快捷、流畅的上网体验。构建用户满意度高、卫星通信质量稳定可靠、掉线率低的实时无线网络服务。

（二）推进基于移动互联的信息服务

推进移动信息服务应用，结合地理信息系统、遥感、全球定位系统等开发旅游咨询网站、手机订阅信息、App、微信公众号、微视频、社区等，为游客提供旅游信息查询、交流互动等服务。推进移动位置服务应用。开发基于位置服务（Location Based Services, LBS）的软件、程序，为游客提供查询位置、线路、交通、酒店、餐饮等服务。推进虚拟导游服务应用，开发景区文字介绍、图像资料和语音解说等方面的程序和软件，为游客提供虚拟导游服务。推进移动电子商务应用，利用智能手机、平板电脑等，进行机票、酒店和景区门票等预订和线上支付。加强旅游信息的采集、追踪、分析、处理和发布，实现旅游服务质量信息共享、快速传递、及时更新，完善旅游信息发布制度，为公众提供准确、可靠、及时的旅游信息。

（三）推进物联网技术和电子支付应用

推进物联网技术在旅游场景的应用，利用GPS（全球定位系统）、RFID（射频识别）等技术进行监测，实现从景区停车场、门禁系统到观景点、旅游餐饮、旅游购物场所的人员和物料的全过程管理。通过摄像头视频识别、红外感应器识别等技术方法进行数量和特征识别和提取，用于应急状态下对景区游客聚集区域的人流、车流进行疏散。实现手机等设备与旅游信息系统的方便快捷的无线连接，实现旅游信息数据交换和服务。推动景区电子围栏等管理监测设施应用，加强景区管理和保护。

推进手机支付、刷脸支付等多样化的支付手段与旅游的融合，推进智能手机在景区门禁系统等方面的应用。推动北斗系统在山岳型、高原型、滨海型等旅游景区的紧急救援中的应用，包括导航定位、通信通话、足迹跟踪、危险预警、事故报警及事故救援服务等。利用人脸识别、指纹识别、虹膜识别等技术提升用户体验，如通过辨别游客浏览网页时的情绪变化，帮助改进行程预订体验等。推进智能眼镜、智能手表、智能手环等可穿戴设备在信息查询、定位导航、随行翻译、电子导游等方面的应用。推进可穿戴设备在跟踪游客旅游过程的应用，记录旅游时间、旅游距离、步行速度等，提升游客旅行体验。推进可穿戴技术在监测游客身体健康状态方面的应用，跟踪监测游客脉搏、血压等健康指标，帮助游客实现健康出行。

（四）推动人工智能和仿真技术应用

推动人工智能人脸识别与语音控制在旅游景区导览服务、身份识别、人流控制中的应用。推动人工智能和智能机器人在导游导览、景点解说、信息咨询等方面的应用。利用智能搜索和控制技术，推动人工智能在旅游危险领域、事故现场作业等方面的应用。利用自动程序设计，推进景区无人驾驶汽车、游艇、无人配送设施等方面的应用。推动VR（虚拟现实）、AR（增强现实）、拓展现实（XR）、混合现实（MR）、元宇宙、裸眼3D、全息投影、数字光影、智能感知、数字孪生等技术在实景导览、线上游览等场景中的应用，增强游客的沉浸式感官体验。

（五）建设景区旅游大数据应用和服务平台

深度结合大数据分析、数据挖掘和数据融合的技术，运用大数据对游客数量、结构特征、兴趣爱好、消费习惯等信息进行收集分析，为旅游市场细分、精准营销、旅游战略制定提供依据。运用大数据对旅游消费信用等信息进行收集分析，加强对旅游市场主体的服务和监管。运用大数据对游客信息进行关联分析，进一步优化旅游公共服务资源配置。运用大数据对旅游景区信息关联分析，为景区流量控制及安全预警提供数据支持。

（六）提升入境旅游公共服务水平

加强入境游客较为集中区域的旅游服务中心外语咨询服务，提供必要的中外文旅游地图、旅游指南等免费旅游宣传材料，完善旅游服务中心"i"标识设置。推动入境游客较多的景区开发多语种预约界面，将护照等纳入有效预约证件，并保留必要的人工服务窗口。优化入境旅游支付环境，加强相关软硬件设施配备，畅通移动支付、银行卡、现金等支付渠道，提升入境游客线上线下购买文化和旅游产品与服务的支付体验。

（七）景区公共信息服务重点工程

景区公共信息服务重点工程是提升景区信息化水平、优化游客体验、加强管理与安全新举措的关键所在。

1. 景区管理系统及数据库建设

景区管理系统是一个集成的、多功能的平台，旨在实现景区资源、游客、票务、安全等各方面的全面管理。需要不断完善景区管理系统建设，及时掌握景区运营管理信息，有效推动国家及地方的监管监察。同时建议从全国层面构建一个景区数据库系统，汇集景区基础服务数据，为景区发展分析做好数据支撑和决策支持。

2. 区域旅游景区大数据服务平台

以省域为单位，由各地方政府及旅游管理部门牵头筹建本地区旅游产业大数据服务平台，并针对景区开展大数据收集、分析和监测等专项服务，利用大数据分析，提供多维分析和决策支持，帮助景区进行精准营销和资源优化。推动旅游景区与交通运输、气象、体育、水利、能源、应急管理、公安、统计、能源等部门数据共享，网上智能数据采集和分析功能，实现对景区多维度的产业监测和行业监管，并服务于区域旅游产业发展监测和评估。形成重要旅游公共信息的发布，提前预报，及时预警，科学引导群众错峰出游。

3. 数字景区示范工程

数字景区是指充分利用数字技术，实现高效运营、精准营销和智慧服务的景区。景区数字化是推动传统景区提质升级的过程，也是数字经济赋能旅游业高质量发展的必然趋势。设计智能化景区建设标准，结合扫码、面部识别、人工智能、物联网等先进技术，推行一站式、精准式、快速式、智能化设施，推进智能入园、便捷支付、智慧物流、智能管理、智能导览等多种服务，大幅缩短游客在旅游和服务中的等待时间。并根据景区智能化建设情况，选取优质景区作为示范。深化智能化景区示范和试点工作，发挥示范效应，扩大旅游试点范围，并逐步形成行业规划和行业标准，全面提升服务质量。

4. 精品景区虚拟现实体验工程

结合3D、5G、虚拟现实、数字孪生、人工智能、云计算、可穿戴智能设备等先进技术，对精品景区（5A级及部分4A级旅游景区）以及文博院馆类旅游景区进行数字化和视觉化重建，整合三维数字孪生技术，搭建元宇宙场景，推动智能化、区块链等技术与文化旅游发展结合，构建网上虚拟体验和在线数字平台，方便游客居民线上游览，并辅助景区实现游客调控和产品拓展。促进电子竞技、动漫游戏等线上数字场景与线下旅游场景融合发展。

5. 景区信息与便民服务系统对接

推动景区公共信息服务系统与美团、大众点评、抖音等居民社区服务信息平台以及便民服务系统对接。尤其在旅游景区信息发布、公共安全信息、舆情和投诉处理等方面，实现景区服务融入便民服务和多渠道信息互通，从而提升景区公共服务水平。

四、安全保障体系构建

安全是旅游活动正常进行的保障，也是旅游业发展的重要前提，而旅游安全问题仍然是旅游业发展中比较突出的问题之一。旅游安全事故时有发生，不仅给旅游者带来伤害，影响其出游活动，还给旅游地、旅游企业带来损失，破坏旅游目的地及旅游企业的形象，从而影响当地旅游业的发展。而安全服务不仅是旅游区管理部门的职责所在，更是打造国家级旅游景区的需要。为此，应对景区旅游安全服务体系进行设计，以强化游客旅游安全保障，提升景区旅游安全服务质量。

（一）组建旅游安全管理机构

景区应尽快建立并完善安全管理机构。以旅游安全和救援体系建设为重点，构建涵盖旅游安全法规、旅游安全预警、旅游安全控制、旅游应急救援、旅游保险等方面的旅游安全保障体系。

设立公共安全服务机构。组织管理部门力量，组建景区公共安全委员会，涉及应急、公安、消防、交通、安监、质监、涉外、卫生、物价、环保等多个相关部门，建立完善的公共安全预防预警机制和突发事件处理机制，并负责景区内突发事件的协调和指挥工作。在每个节点建立公共安全服务中心，链接各景点的安保体系，为游客各类活动提供安全保障。

旅游主管部门需与安全生产监督管理部门合作，加强旅游景区的安全生产保障工作，有效防范重特大旅游安全事故。深入组织开展旅游安全大检查，切实消除安全隐患。

重点景区要设立巡警，为游客提供安全保卫、紧急救助、信息引导等服务。各旅游景区成立安全领导小组，负责景区的安全工作，旺季时公安人员常驻主要景区维护治安秩序。

加快建立紧急救援体系，配备专业的医疗和救援队伍；加强对消防安全隐患的防控和预警，定期排查安全隐患。

（二）完善旅游安全管理制度

建立健全旅游景区安全风险提示制度，强化有关部门安全监管责任，落实旅游经营单位安全主体责任，制定旅游应急预案，建立旅游突发事件应对机制。规范旅游安全风险级别划分及风险提示，强化预警与应急响应联动，及时向旅游者发布旅游安全警示。贯彻实施原国家旅游局颁布的《旅游安全管理办法》，规范旅游安全监督管理、旅游突发事件应急处置，落实旅游经营者安全生产主体责任。有条件的景区可研究编制《景区安全管理办法》，建立健全景区安全管理制度。

健全景区巡逻保安制度，人员配备到位，日常管理规范，将双休日、春节、"五一""十一"等节假日作为重点工作时间，有效增加一线巡逻保安力量，做好各类应急处置的准备工作；架构全方位点、线、面结合的防范网络，严厉打击各类危害游客生命财产安全的行为。针对世界遗产、国家5A级旅游景区等重点旅游景区，推行网络实名制预约购票，通过分时段实名制预约，实现游客调控和安全管理，降低景区公共突发事件风险。

推进旅游景区安全生产管理标准化，明确目标责任，加强消防宣传和管理等各项工作，要按照"有人员、有器材、有战斗力"的标准建立微型消防站，要加强安保措施，杜绝旅游安全生产事故隐患，营造环境优美、运营安全和谐的旅游环境。全面落实景区内餐饮单位量化管理标准，各类餐饮场所符合国家卫生规定，严打制售假冒伪劣产品和危害游客身心健康的行为。

制定切实可行的重大突发性旅游安全事故的应急预案，按照属地管理原则，建立健全旅游景区突发事件、高峰期大客流应对处置机制和游客安全预警信息发布制度，将其纳入所在地统一的应急体系。

（三）构建突发事件应急机制

建立旅游突发事件应对机制。各地省、市、区（县）联动各景区，构建旅游应急指挥系统，对该区域内自然灾害、事故灾难、突发公共卫生事件、突发社会安全事件等导致的旅游者重大伤亡事件，制定救援和工作体系。景区内部需完善旅游安全应急指挥、应急预案编制及演练、信息报告及应急值守等相关制度。建立健全覆盖旅游景区的实时数据和影像采集系统，实现对突发事件、客流预测预警等指挥调控功能。分类建立旅游应急救援中心、救援工作站、应急救援点，为游客提供及时应急救援服务。建立数据共享机制，打破信息孤岛，推动与安监、外交、公安、交通运输、质检、食药监、气象、地震等部门进行数据对接。实现与各级旅游应急指挥中心的信息共享、协同联动，全面提高旅游安全监控和应急指挥能力。旅游突发公共事件发生后，事发地有关单位和个人，应当立即将有关情况向当地政府、旅游行政管理部门报告，并迅速有效地应对和处置旅游者在旅游过程中所遇到的各种突发公共事件，竭尽全力为旅游者提供救援和帮助，保护旅游者的生命安全。

针对突发公共卫生事件，要建立防控应急机制，抓紧、抓实、抓细各项防控工作。针对相关事件制定应急预案，明确措施和处置流程，做好公众安全引导、员工、游客监测，严格执行上岗工作规范。针对事件准备必要的药物和防护物资或与当地医疗机构建立及时紧密的联系。加强现场巡查和与上级部门的沟通联动。积极利用大数据和智慧手段，做好游客信息动态监测。

（四）完善安全服务设施建设

旅游景区是人流量大、人员集中的公共活动场所，是公共安全重要的防治领域。应进一步完善安全设施，制订游客分流预案，合理组织安排景区内游览线路。运用智慧手段加强安全服务设施建设，包括景区资源环境和灾害防治、应急等智慧管理项目。景区需配置应急救援报警装置，完善安全设施设备配备，加强消防车道、自动喷水灭火系统、消火栓、消防水源等消防设施建设改造。强化对景区旅游道路，特别是桥梁、隧道等交通安全，索道、大型游乐设施等设备安全以及食品安全、气象安全等方面的监督检查，对参与高风险旅游项目的旅游者进行风险提示。在加强旅游景区安全管理的同时，应结合智慧景区建设，重点关注旅游景区特别是自然资源类型景区的泥石流、滑坡、洪水、冰雪等自然灾害应急系统、设施配备，关注景区内名木古树、古建设施等的监控防控，增加相应的智慧化监控设施设备,保障公共安全和公共财产安全。

(五)强化旅游安全教育

组织开展旅游景区管理人员和导游人员的安全管理培训工作,加强企业安全管理制度建设。完善旅游安全服务规范,旅游从业人员上岗前要进行安全风险防范及应急救助技能培训,提高一线从业人员的应急救护能力。开展旅游安全应急演练、旅游安全应急技能训练等,提升旅游安全应急能力。

落实游客安全教育,加强旅游安全知识宣传,增强旅游者的安全意识和自我保护意识。针对具有一定自然灾害风险和隐患的景区,在易发生滑坡、落石、泥石流等灾害地段加强安全标语的宣传。有条件的自然生态类景区,可将旅游安全教育与自然教育结合,通过宣传教育手册、教育影片等方式强化游客对自然环境的安全认知和应急对策。开展旅游安全宣传咨询日等活动,强化旅游安全宣传教育,提升游客安全意识和安全应急知识。针对突发公共安全健康事件,做好舆论管理和游客教育,提升公共安全意识。

(六)构建安全预警和信息发布平台

在各地政府和旅游主管部门的协调下,区域内旅游景区和相关服务需要构建便捷、公开、及时的旅游安全预警和信息发布平台(体系)。一方面是相关信息的线上发布,及时发布相关景区最大承载量、游客动态数据、重大安全问题处理、安全监测与预警信息等。重点景区推进节假日旅游预报制度,即要求重点景区在节假日通过大众传媒逐日向社会发布主要旅游区(点)的住宿、交通等旅游设施接待状况、安全评估等重要信息。另一方面是现场安全提醒和警示,如在易发生事故的危险地段,通过安全标识标牌(如告示牌、警示牌)发布安全提示信息,提醒游客应注意的事项和紧急联系方式。通过电子显示屏、指示牌和广播发布避难设施及场所和疏散线路。在高峰期通过广播、电子显示屏等方式告知游客安全疏导缓冲区的位置及线路,在重点部位和危险区域设置安全警示标识。在旅游高峰期、重大活动或节假日期间,应在游客中心、出入口等主要地段和醒目位置,通过广播、电子显示屏、移动终端等发布渠道,发布景区最大承载量、游客动态数据、景区影像等信息。对其信息板、平面示意图等实物信息发布渠道,应定期维护,保证信息内容清晰准确、外观完整良好。对以官网、移动终端等多元化网络信息发布渠道,应保证正常运行,信息完整准确、及时更新。

(七)形成危机公关管理机制

针对景区出现的公共安全、紧急事件等相关隐患、问题,建立相关公共关系部门,并与媒体保持密切联系与沟通,提供最新信息。

针对危机发生的事前、事中、事后形成公共关系应对机制。事前做好宣传管理和信息发布。事中迅速对舆情做出反应,及时披露事件的发展动态,向旅游代理商或合作机构及时提供相关信息与咨询,配合其他政府部门,首先做好相关事件的游客安置,保证游客安全,并在酒店、餐饮、交通等旅游相关产业给予补贴和支持,提高安全保障并加强媒体舆论监控。事后积极主动与公众交流安全保障措施,制定重塑品牌的公关活动,针对存疑游客改善品牌形象,灵活设计公共促销方案,推动优质宣传,如通过一系列优惠政策和推介活动开发新市场,弥补流失市场,协同名人推出积极宣传等,提倡游客参与评估安全保障措施制定及实施。

(八)落实旅游景区安全保险服务

在旅游活动中,旅游者有可能出现各种风险,如旅游者人身意外伤害、疾病和财物丢失等。当这些事件发生时,旅游景区将面临游客投诉和索赔,承担经营风险。景区安全保险主要面向游客和景区本身,包括旅游者安全保险、景区财产保险等(席建超,2015)。目前,我国的旅游保险仍然存在险种单一的问题,尤其在面向景区层面,亟待丰富。而景区风险管理意识的落后和游客自身意识不足也导致了对保险重要性的认知。景区和地方管理者需要配合保险公司和多种媒体渠道,推动对旅游保险的宣传和推广,鼓励游客购买附加救援服务的旅游意外险,提升游客的保险意识,同时结合景区特点,加大景区旅游保险产品的开发力度。推进完善游客保险体系和相关业务,根据游客特征,设计满足游客需求的保险产品。在已有商业机构推广旅游意外险的基础上,探索旅游景区责任险联合投保,搭建统一平台,通过平台承担景区管理单位的经营风险,进一步提升景区风险应对能力和风险管理水平。

第七章 扩大宣传推广，稳步推进品牌建设

旅游景区的旅游市场营销，从本质上讲就是面向市场，为实现战略目标，需要制定一系列战略决策方案、设计和组合。由于我国旅游景区的多重属性，其除了作为旅游产品和服务的重要一环之外，同时还肩负着吸引游客、拉动消费、塑造地方形象、传播地域文化等重任，因此，旅游景区的营销不仅是旅游企业的责任，也是地方政府需要大力支持与协助的重要工作。

一、市场营销策略

（一）绿色营销

绿色营销是以促进环境保护与可持续发展为目标，为实现企业的经济利益、消费者需求和环境利益的统一，市场主体根据科学性和规范性的原则，通过有目的、有计划地开发以同其他市场主体交换产品价值来满足市场需求的一种管理过程（陈世光，2000）。它是一种能辨识、预期及符合消费的社会需求，并且可带来利润及永续经营的管理过程。树立景区绿色营销观念，就是要求旅游景区企业在营销活动中，要顺应时代可持续发展战略的要求，注重地球生态环境保护，促进经济与生态环境协调发展，以实现企业利益、消费者利益、社会利益及生态环境利益的协调统一。

在实施过程中，绿色营销要求开发成熟的景区绿色产品，关注游客体验，在营销和产品中融入环境教育元素。应制定绿色价格、完善绿色分销渠道、寻求绿色媒体进行景区促销使景区形成整体化运作。运用鲜明的绿色标识，坚持商品的特色化与质量保障程度，树立景区绿色发展形象，提高企业的实施标准。

（二）精准营销

精准营销包含旅游市场细分和精确的游客定位。旅游市场细分是进行有效的广告投放的前提条件。景区精准营销策略要基于市场分析，可通过大数据对社交媒体中产生的海量数据进行挖掘、收集、储存和分析，对游客数据场景化采集，构建人物画像，预测消费者的各种偏好，应用精准营销方案，对具有旅游偏好的用户进行筛选，同时分析其个人喜好、消费习惯、购物需求等特点，通过数据挖掘，分析这些社群的旅游信息，锁定目标客户，开展点对点的定制化服务。针对不同地区、不同人群、不同时段的游客行为和偏好，制定不同的营销方案，并使广告投放精准直达目标人群。

（三）创新营销

创新营销就是根据营销环境的变化情况，并结合企业自身的资源条件和经营实力，寻求营销要素在某一方面或某一系列的突破或变革的过程。其包括营销观念的创新、营销产品的创新、营销组织的创新和营销技术的创新等。

在旅游景区营销组织中，可充分利用创新营销原则，以及丰富的营销技术和手段，探索多样化的旅游营销模式，如新媒体、新渠道营销、跨界营销、新奇特营销活动等。

（四）联合营销

联合营销是指两个或两个以上的景区为了增强市场开拓、渗透和竞争能力，通过共同分担营销费用，协同进行营销宣传、品牌建设、产品促销等方面的营销活动，以达到资源优势互补和营销效益最大化的目标（袁素红，2008）。联合营销可以使联合体的景区内各成员以较少的经济投入获得较大的营销成果，能达到单独营销无法达到的效果。联合营销的各相关利益者之间可以通过共享资源、信息来实现营销一体化，从而提高效率，降低单位成本。不同景区之间还可通过共享品牌形象、共享销售队伍、共享销售渠道来降低广告费用和销售成本，也可通过共享市场来实现旅游客源空间拓展，降低交易成本。此外，也可与旅行社、酒店、航空公司等旅游产业链上下游企业建立合作关系，通过打包服务、共同营销等形式，扩大市场影响力。

（五）整合营销

整合营销传播的核心思想是以整合企业内外部所有资源为手段，再造企业的生产行为与市场行为，充分调动一切积极因素以实现企业统一的传播目标。其强调与顾客进行多方面的接触，并通过接触点向消费者传播清晰一致的企业形象（李明，2006)。整体营销传播中，消费者处于核心地位，对消费者深刻全面地了解，是以建立资料库为基础的。其核心工作是与那些最有价值的消费者保持长期的紧密联系，以本质上一致的信息为支撑点进行传播，以各种传播媒介的整合运用作为手段进行传播。

（六）体验营销

体验营销是体验经济时代一种新的营销理念，而旅游的本质就是体验。景区体验营销强调重视旅游者心理需求的分析，获得游客情感需求的特点，结合旅游产品、参与者和服务的属性，策划有特定氛围的营销活动，让游客参与并获得美好而深刻的体验。体验营销需要有一定的主题，并建立在目标顾客消费习惯和体验营销要求的基础上，设计营销事件和特色活动。景区管理者要充分利用旅游景区资源，将各种工具进行全方位的组合运用，让旅游者充分沉浸在旅游景区提供的氛围中，主动参与到设计的事件中来，从而完成体验生产和消费过程。

二、市场营销措施

（一）合理制定景区营销方案

景区营销方案是景区营销的具体计划和营销管理的行动指南，它是景区在一个相当长的时期内市场营销发展的总体设想和规划（刘德光、陈凯，等，2005)。旅游景区营销方案的形成要受到企业内外部多种因素的共同影响作用，包括国际国内经济和政治形势、政策法规、旅游产业形象、景区所面临的市场机遇与威胁等外部因素，以及企业资源、企业竞争力和企业家能力等内部因素。但总体而言，旅游景区的内在盈利能力以及旅游景区在旅游产业和景区集群中的相对竞争地位，则是整个旅游景区经营战略中最具有决定性的两个重要因素（周玲强，2006年)。景区营销的实质一方面是通过推广景区产品和服务价值激发游客产生旅游意愿，并通过增强景区产品和服务吸引力来影响游客对景区产品的需求；另一方面是在一定区域范围内寻找目标游客群体，引导游客需求，形成利于景区经营的旅游消费特征。因此，统筹市场战略、提升综合效益、合理有效实施是景区营销方案制定的重点。

1. 加强客源市场调研

旅游景区市场调研为景区管理部门和投资开发商提供参考依据，是制定景区战略规划和阶段性营销策略的依据，是进行旅游市场分析和营销决策的基础，也是景区进行市场预测的前提（李娌、王丽萍，2017）。应加强客源市场的调研，提高旅游景区产品开发的有效性、针对性。通过问卷调查和大数据处理等技术，摸清细分市场，研究不同市场、不同游客群体的特点和具体需求，科学分析旅游市场，及时掌握消费趋势与口碑动态，借助大数据平台实现精准数据支撑、精准产品定位、精准内容创作、精准渠道推广。根据目标客源市场，多渠道开展宣传促销，精心打造产品和服务，从而创新旅游景区的主题形象，树立旅游景区品牌，提高景区的知名度和竞争力（表7-1）。

表 7-1　旅游景区市场营销调研内容

调研类别	应用于	营销调研内容
市场分析与预测	营销规划	对相关细分市场和不同产品的市场规模、份额及收入进行预测和预算
消费者调研	市场细分与定位	对消费者的情况、意识、态度、购买行为，以及消费者审计进行定量测算；对消费者的需求、感觉和希望进行定性评估
产品与价格研究	产品的形成、推出及定价	对改良产品或新产品进行测算和消费测试，以及开展价格敏感性研究
促销与销售调研	沟通的效果	进行评估的内容包括：消费者对不同的广告主题内容和媒介的使用、对各种形式的促销活动以及对销售的有效性的反应
分销调研	分销网的效率	分销人员应了解产品、存货情况、宣传品的摆放，以及经营的效果，包括零售审计与使用率研究
评估与运作监控研究	对营销结果的总体控制和产品质量控制	对消费者总体满意度的评估，以及对产品成分的评估，包括通过营销测试和试验进行的评估

资料来源：周玲强. 旅游景区经营管理 [M]. 杭州：浙江大学出版社，2006.

2. 制定景区营销规划

为提高景区旅游营销水平，应重视旅游景区的营销专项旅游规划。一个科学的营销规划是保证景区营销工作得以有效开展、达到预定目标的必要内容，而且从长远来看，景区做专门的营销规划是一个趋势，从而可以根据实际的景区建设情况适时地进行营销工作，进一步避免盲目、冲动、无序地开发市场。科学的营销规划可以事半功倍，目标准确，更有效地使用资金，并带来丰厚的收益。景区营销规划有长期和短期之分。长期规划应注重旅游景区品牌的塑造，面向景区未来十年或更长时间段的发展而制定的目标管理和行动方案。长期规划的建立，可以使景区管理者在制定工作计划时有长远打算，早做准备，还可以以此作为检验目前工作对后期产生的影响的标准。短期规划面向于近期采取的营销策略和行动计划，以解决当下问题实现快速经济效益为主，短期规划应在长期规划的指导下制定，并可以使管理者明确在近期内实现景区长期目标应达到的程度，是与长期规划整体或者部分相联系的。景区旅游营销规划过程中，应时刻围绕景区的核心旅游产品进行安排，对其旅游区位优势及特色服务进行深入挖掘，提炼营销热点，并在此基础上以市场需求为导向，确定出充分个性化的营销主题，从而激发旅游消费群体的旅游愿望。应通过合理的营销规划，打造旅游"名片"。

（二）构建多元化营销体系

1. 形成景区多媒体营销矩阵

加大旅游景区整体包装、宣传营销力度。构建景区整体形象，创意旅游景区的系列主题形象，树立旅游景区品牌。强化宣传促销，协同旅行社营销，充分利用互联网、移动通信、数字旅游平台等新渠道开展旅游推广和产品营销，形成多平台、深层次、立体化的宣传营销格局。

利用现代媒介，拓展客源市场覆盖面。科学统筹旅游景区"进电视、进电台、进报纸、进酒店、进社区、进街道、进车站、进机场、进写字楼、进商场"等客源地营销工程。整合媒体资源，创新宣传手段，开展网络营销，强化旅游推介和营销作用，充分利用微信、微博、数字旅游、影视植入、网络搜索植入、视频直播等新媒体开展营销推介，利用新媒体平台强化与游客的互动，辅助精准营销。通过国内外主流网站进行宣传，利用国际社交媒体平台策划营销活动，强化线上线下旅游企业合作，依据旅游大数据进行市场客源分析，进一步提高旅游营销精准性（表7-2）。

表7-2　景区新媒体营销矩阵发展方式

新媒体	平台特点	发展方式
微信平台	微信具有用户普及度高、付款便利、服务开发和拓展便捷、隐私性强等特点	合理利用微信平台，开设景区微信公众号、服务号，一方面及时为游客提供各方面的信息咨询，宣传推广景区活动。另一方面优化公众号、小程序设计，并可开通购票、入园、游园、购物等服务功能，为游客提供便利。强化与游客的互动，如通过奖励的方式鼓励游客微信转发、游后好评，实现口碑传递
微博	微博具有传播快、粉丝活跃、对话便利等优势，但同时因控制力低、监管不强，易受负面信息影响	景区可以基于微博平台，组织信息转发奖励活动、与网络名人大V实时互动、大型活动直播、分享景区信息和相关活动等方式，增加粉丝数量和活跃度。此外，结合微博用户的反馈和互动情况，进行深入分析，掌握客源情况，服务精准营销
网络短视频	网络短视频具有生动、活跃、表现方式多样、年轻用户多等特点	抖音、快手、bilibili、微信视频等网络短视频平台成为时下流行的分享互动新渠道。景区的运营宣传同样需要与其进行深度结合，如可以通过邀请网红主播线上直播、上传景区有趣的小视频和新鲜事、购买平台付费广告等方式吸引粉丝关注，起到快速宣传推广效果

续表

新媒体	平台特点	发展方式
知识问答平台	如知乎、知识星球等平台，互动性强，补充知识面，调动人群力量，实现针对性效果和广泛性效果	景区通过问答类平台运营可以巧妙地将品牌口碑、服务、产品特色植入内容中，因为针对性强，精准度比较高，主要用来软性植入推广，是一款强劲的网络口碑营销利器
海外新媒体平台	包括 twitter、YouTube、Facebook、Instagram 等海外新媒体平台具有国际化的传播渠道，便于形成海外知名度	与网络红人合作推动景区在海外新媒体平台上的营销，精准定位目标客群针对目标客群设计营销内容。开通多国语言的分享平台，宣传景区特色，形成海外粉丝客群

2. 构筑多样化节事营销体系

节事营销是利用影响力较强的大型活动，如会展会议、体育赛事、传统节日等，吸引公众注意，并推动其产品购买行为（张俐俐，2005）。旅游景区的节事活动，是促销策略的关键环节。根据旅游景区产品的主题文化，通过详细的策划组织，不仅可以推销旅游产品的品牌形象，还可以扩大旅游景区的市场效应、增加销售量。旅游节事活动通过旅游产品的主题文化载体，强化旅游景区的文化品位、提升旅游景区的知名度。

鼓励景区开展会展营销，紧抓经济、社会及对外交流活动中的重大事件，依托各类特色节庆节事、展会论坛、推介会及热门体育赛事、影视节目等进行景区旅游宣传。可推出精品主题活动，提升游客体验，提升知名度和整体形象。体验营销的关键在于让游客也参与到景区的各项活动中，使游客充分发挥主动性和创造力。

重视景区在弘扬中国传统文化中的作用，进一步挖掘地方特色文化，形成品牌节事。景区的节事营销同时要与城市的整体营销结合起来，结合区域品牌形象，拓展旅游功能，提升吸引力。鼓励景区组织多样化的旅游活动，支持各地和重点旅游景区举办具有地方特色的旅游节庆活动，培育旅游节庆品牌，增强活动营销效果。

3．充分对接多种营销渠道

旅游景区营销渠道又称分销渠道，是指景区在使用权转移过程中从生产领域进入消费领域的途径，即从景区产品向游客转移过程中经历的各个环节而形成的通道（李娌、王丽萍，2017）。旅游景区的分销渠道可以分为在景区的服务和旅游资源从景区向游客转移过程中，帮助景区资源和服务所有权从景区向消费者转移的所有企业和个人。这个渠道既包括旅行社等中间商和代理商，也包括渠道起点和终点的景区和游客。景区需要采用科学合理的渠道策略，组合旅游产品，满足游客的综合性需求。

重视中间商的作用，加强对中间商的管理。用好旅行社、旅游网络平台等中间商，关键在于加强对其管理。在管理过程中，景区可采用中间商绩效评价方法，将能够为景区带来大量游客的中间商作为重点战略合作伙伴。通过绩效评价，给予中间商适度的激励，对于绩效评价低于合作标准的中间商可以减免合作关系。

以网络平台为支撑，强化景区直销能力。随着信息技术的不断发展和网购市场的不断成熟发展，景区可充分利用好携程、途牛、驴妈妈等OTA平台以及微信、微博、官方网站等营销平台，有力地促进景区散客市场发展。同时，利用好官方网站、官方微博、微信公众号等网络营销平台，通过这些平台为游客提供了丰富及时的旅游信息，发挥网络营销的优势。

4．合理制定门票定价策略

门票收入是景区获取经济利益的主要途径，门票价格作为一种调节旅游需求的工具，可以有效调控游客数量。在公益性服务的大目标下，通过合理制定门票价格，吸引游客，实现经济利益和社会利益双赢是景区营销管理的重要内容。景区门票价格调控：一是要加强景区门票价格管理。随着居民收入水平的不断提升，游客的消费能力也在不断上升，加之物价上涨等因素，部分旅游景区门票价格需要进行调整，同时调整门票价格也将为随后围绕门票价格进行让利优惠留出空间。门票价格调整的具体情况可以参考周边的类似景区的门票价格和国家有关政策法规的具体要求。确定了景区门票的标准价后，需要严格执行，并加强社会监管，设立门票举报热线，确保市场价格统一。

二是实行组合式定价优惠。鼓励旅游景区推出旅游巴士服务，提供固定的班车接送、一站式旅游服务。旅游巴士可以与其他旅游产品、景区门票打包定价，对散客实行集约化的服务和管理，提升景区的规模效应，降低成本。

三是灵活调整淡旺季价格。受季节、节假日等因素影响，大部分旅游景区的游客市场具有明显的淡季和旺季的区分，可针对具体情况实行季节差别定价，在旅游旺季少采用门票折扣，而在淡季采用较高的门票折扣调节游客数量。

四是针对团体游客单独设立门票折扣。与旅行社保持战略合作关系，对于稳定景区游客市场尤其是团体游客市场有重要作用。对于不同分类的团体游客，根据每类团体游客的具体情况和特点，可采用不同种类的定价策略。

五是实行买赠优惠策略。景区可利用买赠优惠等策略，配合开展促销活动，例如，购票入景区可为游客提供吸引人的景区特色赠品或相关服务优惠等。

5. 引导公共舆论改善整体形象

重视公共舆论宣传，建立和维护企业的信誉和形象，加强与游客的沟通，传播正确信息，优化提升文明旅游环境。引导改善公共舆论，一方面是组织公共关系活动，如新闻发布会、赞助活动、社会公益活动、公众参与听证会等，形成景区良好的公共形象。另一方面是从游客端入手，强化游客文明行为引导，如建立游客旅游不文明档案，实行游客不文明信息动态管理，加强与公安以及航空、铁路、旅行社、旅游饭店等旅游相关企业联动，形成游客旅游不文明信息通报机制。动员全社会营造文明旅游大环境，开展旅游不文明行为监督和公益宣传活动，提升游客文明旅游的行为和素质，从而形成积极正面形象，扩大景区影响力。

6. 深化合作和联合营销

推动旅游景区的跨区域合作，通过主题游线、节庆联办等方式实现精品景区深度合作。在区域层面，建议整合各地旅游节庆活动和国际赛事，联合区域内景区创意推出富有特色的综合性旅游节庆产品，并加大节庆活动宣传营销力度，形成集中营销。

与具有文化同源性或同一区域内的相关景点开展联合营销，共享游客资源，提高整体竞争力。一方面，景区可以与周边具有资源互补特性的旅游景区进行合作，共同开辟旅游线路，互相开放市场，互通客源资源。各个旅游目的地应树立合作意识，加强合作，不仅要创造良好的旅游环境，而且可以互换游客，既使各地企业获益，又让消费者得到更多的满足，最终实现各地"多赢"。另一方面，景区可采用与周边景区联票的方式进行捆绑营销，分享客源。联合营销既要强调区域旅游整体品牌的打造，也要突出各自景区独到的旅游特点与资源魅力，协同参与旅游产品组合、客源市场分析、营销战略制定、旅游资讯共享、知名度和整体形象的塑造等。

鼓励跨区域旅游资源共建景区，推动已有旅游景区融合。建立由各旅游目的地政府共同参加的旅游经济协商制度，负责解决旅游资源共同开发和利用问题。面向客源地建立联合营销机制，鼓励中西部地区高品质景区面向东部发达地区客源市场进行重点宣传，并给予价格优惠支持，推动实现旅游产品供给平衡。

7. 全面推进海外营销

继续服从服务国家外交大局，全面布局旅游外交工作，统筹出入境旅游市场优势，深化旅游国际合作。建立入境旅游市场开发激励机制，加大与国际知名旅行商的合作力度，引进一批国际专业人才参与旅游规划设计、旅游商品研发，组建高层次的国际智囊团。鼓励旅游景区在境外重点客源市场设立营销窗口，建立区域性多语种的国际旅游信息网络。打造入境游客特色休闲街区，建设国际旅游社区。完善符合国际标准的旅游城镇酒店、游客中心、交通节点等旅游接待设施。借助国际论坛、旅游交流年、产品博览会等平台，提升旅游景区的对外开放水平。鼓励各地与国际旅游资源丰富的城市结成友好城市，拓展国际旅游合作空间。

（三）完善旅游营销机制体制

1. 多部门协调配合机制

从地区旅游景区主管部门层面，创新机制，建立多部门、多层面的旅游营销机制。整合宣传、文化、广电和出版等各方资源，建立全方位的旅游营销体系。建立和完善省、市、县旅游营销联动机制，联合开展各类旅游宣传促销活动。完善旅游宣传推广体系和运行机制，开展市场需求调研和营销绩效评估，推进旅游宣传促销专业化、市场化。建立宣传、文化、旅游、外事、商务联合推广和省、市、县、企业联动、捆绑营销机制。

2. 形成景区营销联盟

形成全国范围内或区域范围内的景区营销联盟，实现景区间、区域间旅游整合宣传营销平台共建，在宣传营销、市场推广、品牌建设、活动打造上的合作共享。坚持品牌共建，对接区域发展，进一步提高游客体验的深度和广度。坚持合作共赢，开展联盟景区两侧有效协作，共同构建无障碍化的景区合作机制，推动联盟景区的共同发展。

3. 建设景区诚信经营体系

加快完善旅游景区及相关企业和从业人员诚信记录。建立违法经营的景区"黑名单"制度，完善违法信息共享机制。发挥行业协会作用，完善行业自律规则和机制，引导会员企业诚信经营。加强旅游企业和从业人员的诚信管理，健全旅游企业、从业人员的基本信息库，完善诚信旅游评价与监督机制。大力推进依法治旅，强化景区综合执法队伍建设，规范旅游市场秩序。积极探索开展旅游景区秩序综合评价、旅游目的地警示管理、旅游综合执法和旅游联合执法、旅游经营者失信行为记录、公示和惩治以及游客不文明记录管理等一系列市场监管制度创新和工作机制创新，全面提升旅游景区管理服务水平。联合社会力量广泛参与旅游诚信经营活动，充分利用电视、广播、报刊、网络等各种媒体，发布旅游服务质量信息，进行舆论监督。通过行政管理部门监督指导、社会舆论宣传引导、行业自律倡导、企业及其从业人员自觉行动等全方位、多渠道地构筑旅游诚信体系，完善旅游投诉、违规处罚和不良信用公示制度。

4. 营销人才培养奖励机制

组建专业化、国际化、高素质的旅游营销人才队伍，有计划地培养一批通晓国际事务、精通营销业务、工作能力强、外语水平高的知识型旅游营销人才，建立旅游营销专家学者人才库、旅游企业营销管理人员人才库等。加大旅游营销高端人才的引进和培养力度，与国内外的专业教育培训机构、高校合作开办旅游营销培训班，为旅游营销的创新和可持续发展提供人力资源保障。建立旅游营销奖励和营销队伍培训机制，努力打造一支高水平、专业化的旅游营销队伍。

（四）景区营销重点工程

景区营销重点工程是一个综合性的策略集合，旨在通过各种营销手段提升景区的知名度、吸引力和游客满意度，从而实现旅游产业的可持续发展。

1. 国际客源地网络营销工程

借势海内外有重大影响力的平台，不断深化与周边国家、传统友好国家（地区）和城市的旅游文化合作与交流。在文化和旅游部及外交部的指导下，以省级旅游管理部门为主导，以省级为单位建设海外旅游营销平台，建立对接友好城市，对接不同国家的旅游服务网站，利用 Facebook、YouTube、Twitter、Tiktok、Instagram 等海外社交平台，建立面向海外游客的宣传窗口。聘请国际专业团队针对国际客源地市场拍摄专题宣传片。利用海外社交媒体建立宣传窗口，发布各类营销信息。

2. 产业融合营销工程

强化旅游部门与农业、工业、服务业、科技、体育等相关部门的合作，推动旅游景区之间及景区与旅游消费链相关要素之间整合，旅游景区与其他产业相结合。瞄准观光旅游、休闲娱乐、商务旅游、研学旅游、康养度假等各类专项旅游市场，形成组合式、主题式、定制式的多样化旅游产品，制订融合宣传方案，精准实施，在传统旅游宣传渠道进行宣传的同时，在农业、工业、科技等相关产业宣传渠道进行宣传投放，推动产业融合与互动互惠。

3. 区域整合营销工程

通过市级、省级、跨省级3个层面，整合知名景区，形成主题线路，通过目标游客的精准分析，针对性制定促销方案。以省级行政区为单位，依托整体品牌，构建具有分层次、有代表性的景区品牌子体系，实现旅游景区和区域品牌的无缝对接。构建区域整体化旅游服务方案，积极引导各地依据其资源禀赋打好"特色牌"，推出精品景区和精华产品，不断拓展旅游形象的内涵与外延。

4. 新媒体营销培训工程

由各地旅游管理部门和相关行业协会牵头，组织区域旅游景区的新媒体营销培训，指导旅游企业结合新媒体构建跨区域、跨平台、跨网络、跨终端的宣传营销体系，开展持续性、系统性、集中性、针对性、广渠道、全媒体的宣传营销格局。加强区域旅游与门户网站合作服务，协助推广地区景区品牌。强化自媒体宣传，加强微信、微博等线上营销，面向所有用户推广旅游文化。强化OTA旅游网站平台宣传，推广综艺、影视植入，吸引综艺节目、影视作品作为拍摄场景地，扩大景区宣传力度。

5. 景区营销专项资金工程

各地方旅游管理部门加快出台旅游营销资金管理办法，制定景区营销的专项配套政策和资金支持，确保旅游景区宣传营销工作有序推进。加大旅游文化宣传营销专项资金额度，联合社会资本设立旅游营销服务基金。旅游企业按照实际情况设立营销专项资金，并制订资金使用计划，在营销效果评估的基础上精准投放。

6. 宣传营销队伍建设工程

建立景区旅游营销人才库，在文化和旅游部的指导下，各级省市政府及相关管理部门进一步推动建立一批旅游人才培训基地，指导旅游景区与各类旅游文化教育培训机构合作形成人才储备制度。强化区域宣传营销人才的整体培训和素质提升，由相关部门和行业协会牵头，定期举办营销推广技能培训，提高职业素养。积极引进国内外高水准的旅游宣传营销专业团队，促进国际交流与合作。

7. 景区营销联盟建设工程

中国旅游协会、中国旅游景区协会牵头，在各地旅游部门的指导下，建设全国或省域范围的景区营销联盟，实现景区间、区域间旅游整合宣传营销平台共建，在宣传营销、市场推广、品牌建设、活动打造上合作共享。通过营销联盟对接国际市场，积极与国际组织、团体、协会合作，搭建旅游景区民间合作与营销平台。

8. 强势品牌带动工程

将旅游景区品牌创建提升到国家形象高度，推举一些发展基础好、服务质量高、品牌口碑优秀的重点景区，借助国家级宣传平台面向全世界推广。通过强势品牌，带动提升中国旅游的国际影响力，形成中国景区的整体品牌口碑。

三、高质量营销路径

旅游市场的高质量营销，是指旅游市场营销不仅要追求数量的增长，还要注重质量的提升，即旅游市场营销要符合旅游者的多样化、个性化和体验化的需求，要提升旅游产品的创新性、差异化和附加值，要优化旅游渠道的便捷性、互动性和智能化，要增强旅游促销的有效性、精准性和互动性，从而实现旅游市场营销的可持续发展。旅游市场高质量营销是当前旅游产业持续增长的关键。随着技术的进步和消费者需求的多样化，旅游市场营销必须采取更为精细化、个性化和创新性的策略来吸引和维护客户。

（一）对标游客需求

首先，需要通过广泛的市场调研，了解游客的需求、兴趣和行为模式。这包括分析不同年龄、性别、职业和文化背景的游客群体，以及他们在旅游过程中的关注点、期望值和痛点。其次，基于市场调研结果，设计符合游客需求的个性化产品和服务，并开展相应的营销工作。例如，针对家庭游客，提供亲子活动、儿童游乐设施和家庭套餐；针对文化爱好者，推出文化讲座、古迹导览等特色项目。最后，从游客的角度出发，优化景区内的配套设施，提供便捷多样的服务，确保游客在景区内能够享受到舒适、愉快的体验，并以此为特征，面向不同类型的游客开展相应的营销策略。此外，利用社交媒体、短视频平台等新媒体渠道，传播景区的特色和优势。通过内容营销、短视频营销等方式，吸引更多潜在游客的关注。同时，积极回应游客的评论和反馈，及时调整营销策略。建立有效的投诉处理机制，对于游客的投诉和纠纷，要及时、公正、合理地处理，确保客户的权益得到保障。同时，通过处理投诉，可以发现问题并改进服务，提升景区的整体质量。

（二）紧跟时代步伐

随着旅游市场、消费者行为、科技发展以及社会文化等方面的不断变化，旅游景区营销应该与时俱进、紧跟时代步伐。随着互联网和社交媒体的普及，现代消费者在选择旅游目的地时更依赖于网络信息和社交网络上的评价。旅游景区需要通过社交媒体营销、在线口碑管理等手段吸引现代消费者。同时需要结合时事热点话题，融入跨界营销、热点营销、网络红人营销等多样化的营销方法，带来全新的营销感受。

（三）维护客户关系

大部分旅游景区面临重游率不高的问题，也是景区高质量发展的瓶颈，因此如何维护客户关系成为提升其重游率的关键。景区可与客户建立定期沟通的机制，可以通过电子邮件、短信、社交媒体等多种渠道，分享景区的最新动态、优惠活动等信息，同时收集客户的反馈和建议。这种互动不仅能增进彼此的了解，还能及时发现并解决问题，提升客户满意度。针对客户的兴趣、需求和偏好，提供个性化的产品和服务。例如，为喜欢户外运动的游客推荐适合的徒步线路、为家庭游客提供亲子活动套餐等。通过个性化服务，能够增强客户对景区的归属感和忠诚度。通过设立会员制度、积分奖励等方式，鼓励客户多次消费并推荐新客户。忠诚计划可以包括会员专享优惠、生日礼物、节日祝福等，让客户感受到景区的关怀和尊重。通过社交媒体、论坛等平台，建立一个客户社区，让客户之间可以互相交流、分享经验和心得。这不仅可以增强客户之间的联系和互动，还能为景区提供更多宝贵的反馈和建议。

（四）丰富营销手段

景区营销一定是一个多渠道、多层次、多主体、多内容的过程，因此景区旅游营销高质量发展的关键在于如何运用好多样化的营销工具和营销策略，实现营销目标。本章前半部分重点分析了各类营销策略及手段，而其中的关键点在于多种营销手段的协调与互补，实现重点人群营销与全民营销相结合。同时，丰富营销手段还有助于提升旅游景区的品牌形象和口碑。通过精心策划的营销活动，景区可以展示自己的特色和文化，树立积极的品牌形象。同时，口碑营销也可以让游客成为景区的传播者，通过他们的分享和推荐，吸引更多潜在游客。

（五）重点案例解析

1. 故宫博物院：创意营销的范本

故宫博物院是中国最著名的博物馆之一，也是世界上规模最大、藏品最丰富的综合性博物馆之一。故宫博物院不仅承载着中国传统文化的精髓，也肩负着传播中华文明、促进文化交流、提升国家形象的重要使命。为了适应时代发展和社会需求，故宫博物院在近年来进行了一系列创新和改革，构建了多元化的营销体系，展现了故宫博物院的创新能力和策略思维。

故宫博物院充分利用自身的历史文化资源和现代审美需求，结合传统节日的文化内涵和市场潜力，推出了一系列与传统节日相关的活动和产品，如"紫禁城上元之夜""故宫月饼""故宫日历"等。这些活动和产品不仅展示了故宫的文化魅力和专业水平，也满足了消费者的情感和审美需求，增加了故宫的话题度和影响力。另外，借势热门话题和热播剧，及时发布相关的内容和产品。故宫博物院紧跟时代潮流和社会热点，结合自身的特色和优势，及时发布与热门话题和热播剧相关的内容和产品，如"故宫雪景图""延禧宫 VR 体验"等，增加了故宫的话题度和影响力。

景区还注意深耕影响范围，全力推进海外营销。利用自身丰富的藏品资源和专业水平，与国外知名博物馆合作，举办各类国际巡展，向海外观众展示中国传统文化的精髓和多样性，提升中国文化在国际上的认知度和影响力。接连与法国凡尔赛宫博物馆、英国大英博物馆、日本东京国立博物馆、美国大都会艺术博物馆的合作，举办特展、互赠藏品、互借展品、互办学术活动、互派专家人员等，提升故宫的国际声誉和专业水平，促进国际文化交流和理解。另外，故宫博物院利用现代信息技术和网络平台，推出了外文版官网和社交媒体账号，向海外观众提供了丰富的信息和服务，如故宫历史介绍、藏品欣赏、在线参观、在线订票、在线购物等，提升了故宫的国际知名度和互动度。

此外，故宫博物院通过多渠道发力，共同引导公众舆论。故宫相继开通了微信、微博、淘宝等平台，发布各类与故宫相关的内容和产品，如故宫美景、展览信息、活动预告等，吸引和互动网民，塑造故宫的品牌形象和公众认知。

充分利用自身丰富的文化资源和现代审美需求，制作与时代风格相符的内容和产品，如 GIF 表情包、搞笑视频、创意设计等，增加了故宫的趣味性和亲切感，拉近了与网民的距离。还紧密结合公众的生活需求和兴趣爱好，推出与公众生活相关的内容和产品，如健康知识、美食推荐、生活技巧等，增加了故宫的实用性和贴心度，提升了与网民的互动和信任。

故宫博物院在构建多元营销体系方面的积极探索和创新实践，为提升故宫的社会功能和文化价值提供了有益经验。故宫博物院不仅是中国传统文化的传承者和保护者，也是中国传统文化的创新者和传播者，为景区多元化多平台营销树立了典范。

2. 两江四湖：多元营销示例

桂林两江四湖旅游景区由桂林两江四湖旅游有限责任公司管理运营，该公司是广西首家旅游上市公司桂林旅游股份有限公司的全资子公司，成立于 2010 年 4 月，与世界闻名的漓江风景区组合成桂林最精华的两江四湖旅游线路，两江四湖旅游景区在 2017 年获国家 5A 级旅游景区。桂林深厚的历史文化、优美的自然山水、良好的生态环境在两江四湖环城水系中得到完美、和谐的统一，从根本上改善了桂林市的生态环境，完善了城市功能，提升了城市的档次与品位。两江四湖旅游景区建设紧跟时代变化，以新理念、新思维、多元营销促进景区高质量发展。

一是不断提升市场竞争力、创造力，在市场营销方面彻底革新原来传统观光游、常规日夜游产品的模式，更注重本地市场、二次消费市场和高端市场的开发。

二是创新"旅游+"特色产业布局，并形成营销重点。主要推出"游船＋美食"高端船宴、"游船＋文化"非遗文化戏曲船、"游船＋党建"初心号红色航线游船、游船生日宴、游船品酒会等特色产品，积极与房地产、广告公司、银行、机关单位开展跨界合作。

三是重视限时优惠活动，针对不同客户群体和时间段推出不同的优惠措施。例如，日游一江四湖和夜游四湖活动针对全国游客和特定地区的游客，设定了不同的价格和时间限制，以吸引更多游客前来体验。同时，新春活动也提供了多样的互动和体验项目，如自助体验活动、新春快闪科目三表演等，增加了游客的参与感和乐趣。

四是充分利用社交媒体和官方网站等在线平台进行宣传和推广。通过发布最新的活动信息、景区风光、旅游攻略等内容，吸引潜在游客的关注和兴趣。同时，景区也积极与游客进行互动,及时回应游客的评论和反馈,提升游客的满意度和忠诚度。

此外,注重与其他产业或品牌进行跨界合作,共同开发旅游产品或活动。这种合作不仅可以扩大市场份额,还可以提升景区的知名度和影响力。例如,与电影、电视剧、综艺节目等进行合作,植入景区元素,提高景区知名度。

桂林两江四湖景区的营销策略是一个综合而多元化的体系,它充分利用了景区的独特资源和优势,结合市场需求和消费者行为,通过多种渠道和手段进行推广和宣传,以吸引更多游客前来体验。

3．黄陂木兰文化旅游区:文化注入的样板

湖北省黄陂木兰文化旅游区通过文化探源方式,以木兰山为文化原点,发掘花木兰替父从军、为国尽忠的忠孝节义文化,并捆绑周边的木兰云雾山、木兰草原、木兰天池三个景区,附着了花木兰外婆家、习武地、归隐地、祭祀地的完整文化背景和故事,通过旅游环线串起木兰主题文化景区,取得极大的经济、品牌和社会效益。目前黄陂区以木兰文化为主题的景区已发展到十几个,诸如木兰小镇、木兰湖等,冠以木兰文化商标的旅游产品已辐射到经济生活的方方面面。

作为黄陂木兰文化旅游区的核心,木兰文化具有深厚的历史底蕴和广泛的影响力。通过深度挖掘木兰文化的内涵,包括其忠孝节义的精神、英勇善战的形象等,可以为景区注入更丰富的文化内涵,提升景区的文化品位。景区深挖木兰文化内涵,一系列艺术精品也成为黄陂全域旅游的精彩注脚。"木兰传说"入选《国家级非物质文化遗产名录》,原创民族舞剧《花木兰》荣获中国舞蹈最高奖"荷花奖",大型音舞诗画《木兰山组歌》和大型楚剧《少年花木兰》唱响全国。此外,结合木兰文化的特点,开发一系列具有特色的文化产品,如木兰主题的纪念品、文创产品等。这些产品不仅可以满足游客的购物需求,还能通过传播将木兰文化带到更广泛的地域和人群中。定期举办与木兰文化相关的文化活动,如木兰文化节、戏曲表演、民俗展示等。这些活动能够吸引更多的游客参与,让游客在亲身体验中感受木兰文化的魅力,从而增强对景区的认同感和归属感。借助互联网、社交媒体等新媒体平台,广泛传播木兰文化的相关信息和活动。通过制作精美的图片、视频、文章等内容,吸引更多网友的关注和分享,提升景区的知名度和影响力。

4．云阳龙缸景区:品牌建设的代表

重庆市云阳龙缸景区是以"龙"为主题,集自然风光、民俗文化、休闲娱乐、

科普教育为一体的 5A 级旅游景区。

　　景区深入挖掘文化价值，特别是与"天下龙缸"品牌形象相关的历史文化和地质特色。通过举办文化节庆活动、展示地质奇观等方式，强化游客对龙缸景区独特文化的认知和记忆。此外，为了提升景区的品牌形象和知名度，云阳龙缸景区委托了专业的设计公司，对其品牌视觉识别系统（VIS）进行了全面的设计和规范。

　　云阳龙缸景区的 VIS 设计主要包括品牌标志、色彩、字体和图形等方面。品牌标志是由一个龙形图案和"云阳龙缸"四个字组成。龙形图案采用了简约的线条，象征着龙缸景区的自然之美和神秘之气。龙形图案的颜色是绿色，代表着生机和活力。标志中的"云阳"二字采用楷体字，体现了景区的历史文化底蕴。"龙缸"二字用了圆润的手写体，体现了景区的现代感和亲切感。标志整体呈现出一种既古典又时尚，既神秘又友好的氛围。

　　品牌色彩由绿色、蓝色和白色组成。绿色代表着景区的生态环境和自然资源，蓝色代表着景区的水域和天空，白色代表着景区的纯净和清新。这三种色彩相互搭配，营造出一种清新自然、舒适宜人的视觉效果。

　　品牌字体由楷体和手写体组成。楷体用于表示景区的名称、标语、导示等正式场合，手写体用于表示景区的特色项目、活动、提示等非正式场合。楷体和手写体相结合，既保持了景区的庄重和尊贵，又增加了景区的活泼和趣味。

　　品牌图形由龙形图案、水波纹、山峰等元素组成。这些元素都是从景区的自然风光中提取的，具有很强的代表性和识别性。品牌图形可以用于景区的各种宣传材料、礼品、纪念品等，增强景区的品牌印象。

　　云阳龙缸景区的 VIS 设计是一个成功的案例，它不仅体现了景区的主题和特色，也符合了游客的审美和情感需求，有效地提升了景区的品牌形象和知名度，为景区的发展和营销带来了积极的效果。

5. 四川大熊猫基地：绿色营销的典范

　　四川大熊猫基地是一个以保护和繁育大熊猫为主要目的的非营利性机构，也是一个集科普教育、旅游观光、休闲娱乐为一体的生态园区。四川大熊猫基地以"熊猫"为核心，形成了许多具有代表性的绿色营销经验。

　　一是景区定期举办以大熊猫为主题的特色活动和节庆，如"大熊猫生日派对""大熊猫保护周"等。这些活动可以融入互动体验元素，如熊猫饲养员体验、熊猫知识问答等，让游客在参与中更深入地了解大熊猫。

　　二是四川大熊猫基地利用大熊猫的黑白色、圆润的身材、憨态可掬的表情等特点，设计出多种可爱、有趣、有意义的产品，如大熊猫毛绒玩具、大熊猫钥匙扣、大熊猫 T 恤等，让游客能够带走一份对大熊猫的喜爱和记忆。

三是四川大熊猫基地的旅游纪念品还结合了大熊猫的生态和文化，传递了保护环境、关爱动物、传承文化等理念。例如，有一款旅游纪念品是竹子形状的 USB 闪存盘，里面存储了关于大熊猫的科普知识和图片，既体现了大熊猫喜爱吃竹子的习性，又提供了科普教育和文化传播的方式。又如，有一款旅游纪念品是陶制的茶杯，上面印有一只穿着唐装的大熊猫，不仅展示了大熊猫与中国文化的联系，而且符合中国人喜欢饮茶的习惯。

四是四川大熊猫基地的旅游纪念品不仅外观精美，而且质量优良，使用寿命长久。同时，四川大熊猫基地还不断创新旅游纪念品的种类和形式，根据不同季节、节日、活动等推出新款产品，满足不同游客的需求和喜好。例如，在冬季推出大熊猫暖手宝，可以给游客带来温暖；在春节期间推出了一款大熊猫福字贴，可以给游客带来吉祥；在国庆节期间推出大熊猫国旗徽章，可以给游客带来荣耀。这些旅游纪念品不仅丰富了游客的购买选择，也增强了游客的归属感和参与感。

此外，景区还与其他知名品牌或机构进行跨界合作，共同推出联名产品或活动。例如，与服装品牌合作推出熊猫主题系列服装、与餐饮品牌合作推出熊猫形象点心等。这种合作能够借助双方的品牌影响力，实现资源共享和互利共赢。

6. 环球影城：跨文化营销的先驱

环球影城是美国环球电影制片厂下属的主题公园品牌，目前在全球有八个分布在不同国家和地区的环球影城主题公园。考虑到环球影城是一个国际化的品牌，跨文化营销也是其重要的策略。环球影城会针对不同国家和地区的文化差异，调整营销策略，以更好地迎合当地游客的需求和喜好。例如，在不同国家和地区推出具有当地特色的主题活动、餐饮和纪念品等。其品牌管理主要有以下几个特点：

一是突出影视特色和娱乐价值。环球影城是一个再现电影场景的主题游乐园，在环球影城可以参观电影实际的幕后制作及特殊的摄影技巧，还可以体验经典电影中的场景，如《侏罗纪公园》《哈利·波特》《速度与激情》等。环球影城的品牌管理充分利用了自身的影视优势，将电影的魅力和娱乐的价值作为品牌的核心内涵，通过展示电影的创意、技术、故事等方面，向游客传递了一种梦幻般的游乐体验。

二是创新主题区域和游乐项目。环球影城是一个不断创新和更新的主题公园品牌，每个环球影城都拥有自己独特的主题区域和游乐项目，如洛杉矶环球影城的"水世界"、东京环球影城的"小黄人乐园"、新加坡环球影城的"变形金刚"等。这些主题区域和游乐项目不仅具有高科技和高品质，也具有高互动和高体验，让游客感受到惊险刺激和无限欢乐。

三是整合媒体资源和营销方式。环球影城不仅是游玩的场所，也是媒体的平台。环球影城积极整合各种媒体资源和营销方式，如电视节目、网络平台、社交媒体、直播等。这些媒体资源和营销方式不仅丰富了游客的游玩内容，也提升了游客的参与感和忠诚度。

综上所述，旅游市场营销的高质量发展，需要根据不同的旅游类型、旅游资源、旅游市场和旅游主体，制定适合自身的旅游市场营销策略，充分利用旅游市场营销的四个要素，即产品、价格、渠道和促销，以满足旅游者的需求和期望，提升旅游产品的创新性、差异化和附加值，优化旅游渠道的便捷性、互动性和智能化，增强旅游促销的有效性、精准性和互动性，从而实现旅游市场营销的可持续发展。

四、品牌建设对策

旅游景区品牌是旅游景区经过长期发展之后形成的，它一般以多个具有一定影响力的旅游产品品牌为基础，反过来也会对各旅游产品的成功产生很大的推动作用。与其他类型的产品品牌不同，旅游景区品牌一般具有整体性、整合性与综合性等特点。

（一）深度挖掘景区文化内涵

品牌是旅游景区文化的最本质和最直观体现。旅游景区品牌设计在市场导向的指导下，必须回归到文化底蕴、文化提炼和彰显景区个性品质、突出景区文化品位上来。充分挖掘旅游产品的文化内涵，体现自然生态环境特点和文化内涵特征，提升旅游产品文化品位。注重口碑宣传，重视挖掘旅游吸引物的旅游服务功能。

（二）形成品牌视觉系统

品牌视觉（Visual Identity, VI）设计，是指将品牌的一切可视事物进行统一的视觉识别表现（如标志、色彩、字体、图形等）和标准化、专有化，来表达品牌的理念、特征和价值。通过视觉设计，将企业理念、企业文化、服务内容、企业规范等抽象概念转换为具体符号，塑造出独特的企业形象，从而在公众心中塑造一个独特和统一的品牌形象。一个好的品牌视觉系统可以提高品牌的辨识度和美誉度，增强品牌的影响力和竞争力。

倡导高品质景区设计科学、实施有利的视觉识别系统，以标志、标准字、标准色为核心构筑完整的、系统的视觉表达视觉体系。将社会和客户对企业产生优良印象和意识结合起来，围绕企业运营环境，结合企业发展优势，形成对企业发展有利的部分。结合景区特征，推进文旅创意可视化，将旅游景区、旅游度假区、旅游目的地、旅游风景道、旅游城镇、旅游村落等旅游空间融入视觉元素，提升旅游资源的视觉形象和品牌格调，提高旅游景区的文化品位和美学价值。

（三）创意开发旅游纪念品

有条件的景区，尤其是5A级旅游景区，可充分挖掘景区旅游资源的文化元素和价值内涵，鼓励景区自主或与其他企业、周边社区居民、合作社等联合开发特色鲜明的系列文创产品、数字旅游产品、民俗工艺品、生活化艺术品、旅游商品和纪念品，不断提升文化旅游商品的艺术性、纪念性、实用性、便携性，增强对游客的吸引力，完善产业链条，扩大文化旅游消费。支持在景区附近的旅游重点村镇设立旅游商品销售专区，开办旅游商品网店，开展旅游商品线上线下一体化销售，扩大旅游消费。

（四）构建品牌管理方案

品牌管理是通过识别功能，以品牌作为沟通代码，承诺和保证产品的质量、价值、用途、信誉，自始至终确保其价值功能，能为消费者提供认为值得购买的功能利益及其附加价值产品（张俐俐，2015）。旅游景区品牌管理是建立、维护、巩固、传播景区品牌形象的全过程，是一个有效监督控制景区和旅游者之间关系的全方位的管理过程。它以增强景区竞争力为目的，以旅游景区品牌资产为核心，通过品牌定位、品牌设计、品牌传播、品牌保护、品牌延伸和品牌创新"六位一体"的管理体系建立起相对于其他景区的竞争优势。

构建景区品牌管理方案，第一，突出特色和个性化品牌。由于旅游产品的无形性、竞争性、需求的多样性和复杂性等特点，准确的品牌定位就显得更加重要。景区品牌管理需要系统化地对景区进行分析，并放在产业发展和区域发展的大背景下，挖掘景区的个性内涵。需要旅游景区根据目标市场上竞争者的状况和自身状况的差异,确定自己的旅游产品或服务在目标市场的竞争地位,并由此形成目标市场消费者对本企业形象的认识和评价。第二,强化游客体验,可以借助旅游者的联想将其追求的文化品位、价值观、精神享受、情感体验等心理需求纳入品牌形象的主题中,从而在旅游者心中形成独特的品牌价值。第三,整合景区品牌传播方式。通过旅游市场调查和竞争者分析,传播景区知识产权(包括景区名称、商标、特色建筑、著名景点以及特色文化等内容)形成景区的市场口碑和消费者印象。从游客的游前、游中、游后各阶段对景区品牌进行系统化的管理。

第八章　实施绿色发展，贯彻生态文明理念

作为世界上规模最大、增长最快的产业之一，旅游业的持续增长也对生态环境保护及文化传承造成了巨大压力。据世界旅游组织预测，到2030年，旅游业的二氧化碳排放量，将占全球人均碳排放量的5.2%左右。可持续旅游是充分考虑旅游业发展对当前和未来的经济、社会和环境影响，满足生态环境保护、游客和当地社区需求的旅游发展模式（Wall，2022）。

而绿色发展是可持续旅游的基本要求，旅游业与绿色发展二者相辅相成，共同塑造着可持续的未来。绿色发展的核心理念是通过高效利用资源、减少环境污染和生态破坏，实现经济社会与自然环境的和谐共生。在旅游业中，这一理念体现为生态旅游、绿色酒店、低碳出行、文化遗产保护和社区参与等实践。不仅能减少对环境的负面影响，还能促进经济的可持续增长，增强社会福祉，实现经济效益、社会效益和环境效益的三赢局面。这种模式要求政府、企业、游客和当地社区共同努力，共同构建一个更加绿色、健康和繁荣的旅游生态系统。

一、旅游资源与生态环境保护

（一）保护总体思路

1. 加强资源分级分类保护

旅游资源的保护需要建立在旅游资源评价的基础上。旅游资源的评价，实质上是在旅游资源调查的基础上对其进行深入剖析和研究的过程，是旅游景区进行建设的前提，其评价的结果将对旅游资源开发利用的方向和旅游景区的规

模产生直接影响。在旅游景区建成后经营的过程中，仍需对其进行继续评价，以适应不断变化的旅游需求 (Wall, G., 2002)。根据地文景观、生物景观、水文景观、人文景观等不同资源的特点制定相应的保护措施，做好资源保护与相关规划的协调衔接，优化旅游项目的建设地点，合理确定建设规模。

在各级各类自然保护区、风景名胜区、森林公园、湿地公园、地质公园等重要保护区内开展建设旅游项目，要最大限度服从和服务于资源保护，严守生态红线，禁止旅游项目的乱开发与建设。引导生态文明建设与旅游产业发展良性循环。以生态优先为原则，高标准建设完善生态栈道、节能环保设施等。严格遵守相关法律法规，坚持保护优先、开发服从保护的方针，对不同类型的旅游资源开发活动进行分类指导。加强对生态旅游资源的分级分类保护。

2. 实施生态环境整体性保护

景区的生态环境是由大气、水体、土地、生物及地质、地貌等组成的综合体。对游客而言，它并不是直接的旅游对象或旅游吸引物，而只是一种起到承载作用的外在环境或基础环境。因此，它往往不被旅游开发者所重视，但恰恰是基础环境构成了景区生存、发展的基础，关系到旅游景区的成败兴衰。因此，景区旅游资源的保护不仅包括旅游资源本身的保护，使之不受破坏、特色不受削弱，而且还涉及其周围自然生态环境的保护问题。旅游景区的生态环境保护是系统性工程，需要从生态系统整体性着眼，统筹山、水、林、田、湖、草等生态要素，实施好生态修复和环境保护工程。尤其对于风景名胜区、自然保护区等资源依托性强的景区要坚持以生态环境为导向的开发管理机制，落实生态环境整体保护。

3. 落实主体责任和监管

为形成景区绿色发展和生态保护的良好机制体制，需要进一步落实环境保护领导责任制和责任追究制，着力形成以政府为主导、企业为主体、全社会共同推进的景区生态环保工作格局，健全和完善环保部门统一监管、有关部门分工负责的工作推进机制，逐步完善环境信用体系，强化旅游景区的环境保护监管，落实景区环境保护主体责任，倒逼旅游企业全面落实环境保护责任。

4. 推动社会力量广泛参与

旅游资源的保护不仅是政府责任，也是大众需要参与和主导的社会责任。因此，政府首先需要加强公众教育，加强宣传普及旅游法律和景区保护知识，使他们对旅游业的可持续发展有更深入的了解，意识到保护当地自然、文化的重要性，对旅游资源的保护产生更积极的态度，充分发挥他们在执行"低强度开发，高强度保护"理念的重要作用。其次，建立民众参与机制，给予社会大众以充足的参与权和话语权，包括公平的产权交易机制、合理的利益分配机制、平等的对话机制、有效的教育培训机制等，让当地居民强化"主人翁"意识。最后，可通过景区招募志愿者、与民间组织合作等多样的方式来推动资源保护效力的提升。而不论是增强公众意识和参与度，还是鼓励多主体参与，其核心都是广泛调动社会力量的积极性。

（二）旅游资源保护措施

1. 自然旅游资源保护

（1）生物资源。生物资源保护对象包括旅游景区内所有的动物、植物、微生物组成的生物群落，在保护中需要根据其生活习性（生长条件）划定核心栖息地。需要加强环境保护，扩大和恢复栖息地，同时加强各生境之间植被的延续性，提高异质性，遵循自然演替途径。对濒危树种和稀有动物进行人工培育和繁殖，扩大物种；对保护物种适时监测，进行数据分析，提供保护的科学依据；促进公众参与，增强公众意识。消除外来动植物对本地动植物的危害，对具有安全隐患的动植物进行整治。建立信息网络，及时反馈监测结果，增强人们的自然保护意识；严格遵守《中华人民共和国环境保护法》《中华人民共和国森林法》《中华人民共和国野生动物保护法》《水产资源繁殖保护条例》《森林和野生动物类型自然保护区管理办法》《中华人民共和国海洋环境保护法》等相关法律法规。加强宣传普及野生动植物相关知识，增强公众意识，增强公众的保护行为。

（2）地质资源。针对地质资源，编制地质保护规划，对保护的内容进行监测、维护，防止地质遗迹被破坏和污染。对具有国际、国内和区域性典型意义的地质遗迹，可建成国家级、省级、县级地质遗迹保护区、地质遗迹保护段、地质遗迹保护点或地质公园。任何单位和个人不得在地质保护区内及可能对地质遗迹造成影响的一定范围内进行采石、取土、开矿、放牧、砍伐以及其他对保护对象有损害的活动。加强地质资源保护的宣传和普及教育，增强全民保护意识。对易风化、易被人为破坏的地质遗迹，必须采取有效的保护措施。在重要的地质遗迹处安置标志牌、解说牌。对地质旅游资源的安全隐患，如危岩、滑坡及其他破坏的地方，应加以排除和修复，保证其安全稳定性。

（3）水资源。旅游景区内的生活污水、厕所污水严禁直接排放至水体。严禁排放各类工业及生活废水、中水。严禁利用无防渗漏措施的沟渠、坑塘等输送或者存贮含有毒污染物的废水、含病原体的污水和其他废弃物。各景区根据实际情况以地下水或地表水为水源，经过处理后，水质达到国家生活饮用水卫生标准。主要景区设置污水处理厂，污水处理达标后方可排放。有条件的景区可与城市污水处理系统联网，没有条件的景区应建设污水自处理系统，处理合格后方可排放。严格控制工业污染源，牵扯企业实行限期整改。水上交通船只利用垃圾箱、袋收集垃圾，靠岸后处理，不可直接排放于水体之中。景区内有水源地的，需加强水源监测和管理，确保水源地生态安全。

特殊类型的水资源，如温泉资源的保护和管理，应当遵循统一规划、合理配置、集约节约的原则，有计划地开采，限制取水量，保证资源可持续利用。

2. 历史文化旅游资源

（1）就地保护。建立历史文化资源"点—线—面"空间保护格局，形成历史文化资源全要素、多层级、结构化的动态保护体系。物质文化遗产是历史文化资源全要素保护体系的核心，历史文化名镇、历史文化街区、历史文化名村及传统村落、古驿道、古树名木、历史建筑则是"点—线—面"空间保护格局下的八大历史文化资源保护对象。

对于重要的历史文化资源要坚持"抢救第一，保护为主，合理开发，永续利用"的方针，严格遵守"修旧如旧"的原则，禁止随意拆迁和异地复制。对目前无条件修复的历史遗址，划定保护红线，切实保护好文物古迹，依法严惩破坏文物古迹的行为。

凡已划为国家、省、市、县各级文物保护名录的单位，均属国家所有，任何单位和个人不得以任何借口侵占、改造、拆毁，或是进行其他有碍文物安全的活动。对文物保护单位，均应根据文物的格局、安全、环境和景观需要等特点，经政府和相关管理部门批准，划定保护范围。

对历史人文建筑，需要在评估的基础上，按照不改变原状的原则进行修缮和利用，确保保护性配套建筑设施的建筑风格应当与原建筑相协调。所有技术措施在实施之前都应履行立项程序，进行专项设计，并由相关管理部门对外公布。对保护区划中有损景观的建筑进行调整、拆除或置换，清除可能引发灾害的杂物，禁止可能影响文物古迹安全的生产及社会活动，防止环境污染对文物造成的损伤。

对于历史文化名城、传统村落和特色村镇，要保护其整体风貌和城市、村镇历史肌理，其资源保护要与社区发展结合起来，要将民俗旅游资源与保护民族优秀文化结合起来，重点地区可通过建立文化生态保护区的方式，保持乡土文化特色和浓厚的传统文化氛围。管理部门需要根据文物现状和相关文物保护规划确定的游客承载量，对参观者的时空分布加强管理，确保文物古迹和参观者的安全，提高参观体验品质。

（2）记录保护。对历史文化旅游资源的静态保护采用录音、录像、拍照等方法记录，以及文物收藏的办法对实物进行保护，应建立完善的历史文化、文物、古迹档案，包括历史文献汇集、现状勘测报告、保护工程档案、监测检查记录、开放管理记录等，可编制成相应的书籍、音像制品等出版物。对历史文化原物给予保护的同时将相关资源进行整理、提炼和集中，形成综合性的展示场所。

依据历史文化资源保护体系研究成果，参照相关数字化标准制定规范，制定历史文化资源数字化保护的相关标准，明确历史文化资源数字化保护对象、技术手段、工作方法以及数据成果等内容，包括数字化技术标准、数字化工作规范、数字化成果标准、数字化共享管理规范和数字化共享接口规范等内容。

对于不可移动的文物保护，可由文物保护主管部门牵头组织景区管理部门配合，利用三维激光扫描、无人机航拍、摄影测量等数字技术，实现不可移动文物全方位、多角度数据采集，建立全面的不可移动文物数字资源管理与展示服务平台。

（三）生态环境保护措施

1. 大气环境保护

旅游景区尤其是自然型景区内对大气环境造成污染的主要是机动车尾气，对景区大气环境质量进行评价，对机动车尾气污染进行检测，严格限制尾气污染超标的机动车特别是农用车辆进入旅游景区。严格限制进入旅游景区的机动车数量与规格，禁止黄标车、农用车进入。

2. 水环境保护

加强旅游景区水体旅游景观的综合治理与保护，结合卫生环境治理，组织实施水体周边垃圾整治，排查、解决水体周边卫生及污水治理隐患。保护好风景类水体的水流量，相关水体工程需进行详细的科学评估与环境评价。水体周边的建筑物与旅游服务设施建设需统一规划，风格需与环境风貌相协调。对水体浅层可见的藻类进行打捞，减少内源性污染物产生。实施绿化种植，增强水土保持力。监督检查沿河胡搭乱建建筑及沿河污染排放行为，依法责令其恢复原状，杜绝人为污染河道。

3. 固体废弃物处理

根据游客容量和游客特征，测算景区垃圾量，在游客高峰地段增加垃圾桶设施。垃圾桶需分类设置，其设计应与景区风貌相协调。设立标牌，提醒游客不要乱丢废弃物。做好宣传工作，在旅游手册上提醒游客注意公共卫生，保持景区有一个清洁美观的环境。

建立完善的环卫机构，配备专职的管理人员和保洁队伍，保持景区的清洁。景区管理部门可定期对辖区内涉及的景区进行卫生检查和评比。重点保护区内的所有商店、饭店严禁使用塑料袋、泡沫饭盒等不可降解物品，改用纸袋等易处理的物品。有条件的景区需在景区内设置垃圾处理站，对于没有处理条件的景区，在服务区内，建设生态垃圾中转站，垃圾经中转后，送至旅游区之外的垃圾处理厂统一处理。

4. 噪声控制

不同类型的景区，同一景区的不同区域，由于其各自营造的意境和氛围的差异，对景区噪声的管理要求是不一样的。旅游景区的噪声管理主要是加强对交通噪声、生活噪声和娱乐噪声的管理。

采取合理规划，尤其在景区生态保护区域内，限制和禁止汽车鸣笛，保护区内游览点面向公路一侧，可种植高而密的树木，消除噪声并兼顾遮挡视线，使区域声环境质量达标，减缓交通噪声和游客喧闹声对景区内环境敏感点的影响。

针对景区内直升机、滑翔翼等带有噪声的游乐项目，要明确景区噪声控制标准，利用隔离带、消音材料等科学技术手段对相关设施进行降噪处理，合理规划相关设施和直升机线路，避开人口稠密区和生态保护地，将噪声危害降至最低。

（四）自然保护地旅游的举措

自然保护地是指为了保护自然资源和生物多样性，按照一定的规划和管理方式，划定的具有特定目的的地域。自然保护地的主要功能是保护生态系统的完整性、稳定性和服务功能，维护生物多样性和生态安全，促进科学研究和环境教育，提供生态旅游和康养休闲等生态产品。作为兼顾生态保护与旅游发展的关键区域，自然保护地在平衡保护与发展、完成碳中和目标、响应生态旅游政策等方面中起到核心的作用，需要统筹落实以下举措：

1. 合理制定规划

要坚持生态优先、保护为主的原则，科学规划和管理自然保护地，分级严格控制开发，避免过度开发和过度利用，防止生态环境恶化和生物多样性丧失，维护自然保护地的生态功能和价值。有旅游发展必要的，制定详细的生态旅游规划，确保旅游活动与环境保护相协调。制定和完善自然保护地旅游的管理政策，明确旅游开发的范围和强度，限制游客数量，避免过度开发对自然环境造成破坏。同时，建立严格的监管机制，确保政策得到有效执行。

2. 完善产品设计

积极探索生态旅游与自然保护地的协调发展，制定符合自然保护地特点和要求的生态旅游标准和规范，提高生态旅游的质量和水平。在旅游产品开发过程中，应充分考虑自然保护地的特色和优势，设计符合生态保护原则的旅游产品。提升自然保护地旅游的硬件设施和服务水平，建设环保型基础设施，如使用太阳能或风能等可再生能源，建设生态厕所和垃圾分类回收站，减少旅游活动的碳足迹，实现生态旅游的可持续发展。

3. 绿色化、低碳化

加强生态旅游的碳管理和碳减排，推动生态旅游的绿色化和低碳化，采用节能减排、清洁能源、循环利用等措施，降低生态旅游的碳足迹，加强对自然保护地的生态管理，保护和恢复森林、湿地、草原等生态系统，这些生态系统能够吸收和储存大量的二氧化碳，增强自然碳汇的功能，为实现碳中和目标做出贡献。

4. 强化保护意识

充分发挥生态旅游的教育和宣传作用，提供环境教育和解释服务，提高游客对生态系统服务、生物多样性以及碳中和的认识。教育游客如何在游览过程中减少对自然环境的影响，增强游客的生态意识和责任感，引导游客参与自然保护地的保护和管理，鼓励绿色低碳的生活方式，形成生态文明的社会风尚。

5. 科学监测评估

建立科学合理的监测、检测和评估的机制，定期对自然保护地旅游的发展情况进行监测和评估，及时发现问题并采取相应措施进行改进。同时，建立信息反馈机制，积极听取游客和当地居民的意见和建议，不断优化旅游产品和服务。

6. 实施功能分区管理

自然保护地应根据生态敏感性、生物多样性、科研价值和旅游潜力等因素，划分为不同的功能区，如核心区、缓冲区和实验区（或旅游区）。核心区严格禁止任何形式的开发和干扰，仅允许科研人员进入；缓冲区允许有限制的科研和教育活动，实验区（或旅游区）则可以适度开展生态旅游和科普教育活动，但需遵循严格的环境保护规定，确保生态功能不受损害。

7. 严格执行容量管控

为了防止过度旅游对自然环境造成的压力，自然保护地必须实施游客容量管控。通过科学计算确定每个功能区的最大承载力，包括日访客量、季节性游客峰值等，确保旅游活动不会超出环境的承受能力。引入预约制度，控制游客流量，减少高峰期的拥堵和资源过度消耗。同时，建立动态监测系统，实时监控游客数量和活动强度，一旦接近或达到承载极限，立即启动预警机制，适时调整游客接待计划，确保生态平衡和游客安全。

二、可持续发展模式与路径

（一）开展绿色旅游景区建设

绿色旅游景区建设致力于生态优先、绿色发展，通过科学规划、合理利用自然资源，保护生态环境，提升景区的可持续发展能力。这包括采用低碳技术和生态设计，推行绿色运营管理模式，倡导环保意识，以及提供高质量的生态旅游体验，旨在实现人与自然和谐共处，促进经济、社会与环境的全面进步。支持景区生态化基础设施建设。支持景区生态化停车场、景区周边环境整治、通景公路道路两侧生态治理、假日及高峰期景区弹性设施供给（包括环卫设施和污水处理设施）等项目。这些项目不属于景区日常经营收益性项目，与文明城市建设、人居环境改善、"黑臭"河流治理、荒山荒坡治理等国家公共服务性工作密切相关，建议予以政府资金支持，推动景区发展绿色转型、产品绿色开发、经营与服务绿色升级。预计到2030年，实现4A级以上旅游景区全部建成生态停车场，所有新修步道和新建旅游厕所实现生态化。加大生态资源富集区基础设施和生态旅游设施建设力度。尤其加大对中西部地区重点景区、乡村旅游、红色旅游、集中连片特困地区等旅游基础设施和生态环境保护设施建设的支持力度，不能因旅游和经济发展而忽视生态保护。

（二）推进景区"三化"工程

按照零违章建筑、零水体污染、零卫生死角目标，全面开展景区内外环境

"洁化、绿化、美化"（以下简称"三化"）提升改造，不断提升旅游景区综合环境质量。

1. 全面开展景区洁化

加强通景公路沿线、景区主要出入口可视范围及景区内部环境整治。对路面边坡、设备设施、建筑立面、水体环境、垃圾卫生进行全面整治，拆除或改建景区内外的违法建（构）筑物、破旧建筑、无序市场、垃圾回收中转站等有碍观瞻的场所，规范设置旅游交通、宣传广告、导览介绍等各类标识标牌，清洁游览场所地面，确保无乱堆、乱放、乱搭、乱建、乱丢、乱刻、乱画、乱吐"八乱"现象；开展景区湖面、河道、溪流等水域环境整治，开展景区污水治理，禁止将未处理达标污水直接排放，确保水质清澈洁净；开展景区垃圾无害化处理，垃圾箱数量充足、外观整洁统一，垃圾日产日清，分类处理。

2. 扎实开展景区绿化

实施景区通景公路沿线绿化改造工程，通景公路沿线宜林地段绿化率高。开展景区内植被覆绿工作，对山体、水域、道路、公共场所周边进行绿化改造，对植被退化区域、山体易滑坡区域、水体周边进行重点提升，改善景区的整体生态环境。加强园林绿化工程的养护与管理工作，打造精品绿化工程，避免出现低质景观。

3. 精心开展景区美化

加强景区建筑物外立面提升改造，确保各单体建筑风格与景区整体环境协调一致、和谐相融。完善和规范景区交通标识、景区介绍、安全警示等标识标牌系统，布局合理、图形规范、维护良好，无脱落、无破损、无腐蚀。改善景区内外村庄的村容村貌，努力做到房前屋后、庭院美丽整洁，无乱搭、无乱建，做到管线不乱拉、东西不乱挂、工具不乱放、垃圾不乱丢、车辆不乱停。

（三）实施绿色旅游引导工程

在旅游景区及内部各经营主体开展绿色发展示范。落实生态旅游相关企业的环保责任，实施能源、水资源、建设用地总量和强度双控行动，完善市场调节、标准控制、考核监管和奖惩机制。出台奖惩政策，引导旅游景区实施绿色标准，实施绿色管理，开发绿色产品，研发绿色技术，实现绿色发展。鼓励公众参与，推行政府监控和社会监督相结合的绿色发展监管制度。

建设宾馆、饭店等服务设施或进行项目设计，要达到对景区环境影响最小化。充分利用地区特有的太阳能、风能、水能等洁净能源；废弃物最小化和循环利用技术应用；利用自然风实现通风的技术；尽量实现清洁环保式发展。

（四）倡导低碳旅游，落实节能减排

低碳旅游是指在旅游发展过程中，低碳技术、推行碳汇机制和倡导低碳旅游消费方式，以获得更高的旅游体验质量和更大的旅游经济、社会、环境效益的一种可持续旅游发展新方式。低碳旅游发展的核心理念是以更少的旅游发展碳排放量来获得更大的旅游经济、社会、环境效益（甄会刚，等，2022）。低碳旅游要求在基础设施、服务设施等方面通过运用各种节能、减排、低碳技术，提高其设施水平，更应该直接使用低碳技术旅游装备，达到节约旅游运营成本、实现更大的旅游经济效益。

第一，景区应制定详细的碳中和规划，明确碳中和的目标、时间表和具体措施。这有助于景区全体员工和游客了解碳中和的重要性，形成共同的目标意识。第二，景区应通过改进能源结构、提高能源利用效率、推广清洁能源等方式减少碳排放。有条件的景区对其内部建筑进行节能、供热、节水等计量改造，建设节水型景区、酒店和旅游村镇。例如，可以优先使用太阳能、风能等可再生能源，减少化石能源的使用；同时，优化交通方式，鼓励游客使用低碳交通工具，减少汽车尾气排放。第三，景区可以通过增加植被覆盖、恢复湿地等方式增加碳吸收。增加绿色环境对碳的高吸收、高储备能力，通过高碳汇机制的创新，提高旅游体验环境质量。植树造林、恢复草地等绿色植被，不仅可以美化景区环境，还可以吸收大气中的二氧化碳，有助于实现碳中和。第四，景区应通过各种方式加强碳中和的宣传教育，增强游客和员工的环保意识。可以在景区内设置宣传栏、播放宣传片，向游客普及碳中和的知识和重要性；同时，组织员工培训，提高员工对碳中和的认识和参与度。第五，景区应建立碳中和的监测与评估机制，定期对景区的碳排放和碳吸收进行监测和评估。这有助于景区及时了解碳中和的进展情况，发现问题并采取相应的措施进行改进。第六，健全再生资源回收利用网络，加强旅游者生活垃圾分类回收与再生资源回收的衔接。第七，景区可以积极寻求政府和相关机构的政策支持与合作，争取获得更多的资金和技术支持。同时，可以与其他景区或企业开展合作，共同推动碳中和的进程。

专栏8-1 武夷山节能减排案例

福建省武夷山为擦亮"世界自然与文化双重遗产"品牌，发展低碳旅游，促进旅游产业集约化、低碳化，武夷山景区投入2.9亿元，启动南入口游客中心和生态停车场改扩建项目，项目从规划、设计、施工等方面积极响应国家节能减排政策，建设了地下停车场，利用风能和太阳能，采用新型节能减排材料（GRC板材）等方法减少对环境的破坏与污染，充分利用了资源。项目被列入南平市节能减排财政政策综合示范项目，填补了武夷山旅游景区无综合性游客服务中心的空白，全面提升和完善了综合旅游服务水平，成为武夷山旅游接待的一个重要窗口。项目启用后，实现了六大成效，一是最大限度降低碳排放，实现景区入口车辆换乘，有效减少区内交通用地的扩大，有利于景区保护和长远发展；二是提升游客体验，完善游客中心配套数字化管理与服务，推行电子票务、导游服务、车辆自动化调度、游客流量自动化控制、智慧旅游服务集散中心；三是功能配套齐全，服务涵盖旅游咨询、售票、验票、导游服务处、购物、行李寄存、救助救护等15项功能，全面提升景区的游客接待服务能力；四是指挥中心功能有效整合，充分发挥了大数据信息汇总、承载量控制、资源调度、指挥协调、咨询发布职能，景区主动融入全省大旅游格局，全力打造智慧旅游样板；五是适应自驾游市场需求，通过地下与地面生态停车场相结合的方式，有效提高土地利用率，充分满足日常自驾游游客需求；六是推进新能源产业发展，配套建设了26个新能源车辆充电桩，充分展现环保、节能理念。据不完全统计，项目营运期间，每年节约标准煤1651.3吨，减少二氧化碳排放4293.38吨，每年减少新鲜水消耗15万吨。

（五）推进旅游绿色技术开发应用

绿色技术又称"可持续发展技术"，是指劳动力支持并促进工商业和社区可持续的社会、经济发展和环境友好而需要的技术、知识、价值和态度。景区开发建设作为一个综合性建设产业，涉及房屋建筑、市政绿化等多个方面，其绿色节能技术应用也就相对比较多样，且具有一定的复杂性（甄会刚，2022）。景区绿色技术的应用尤其体现在景区设计、施工和改造等相应环节。支持绿色旅游技术研发和基地建设，加大对能源节约、资源循环利用、生态修复等重大生态旅游技术的研发和支持力度。积极推进生态旅游技术成果的转化与应用，推进旅游全产业链进行生态化、低碳化设计。推广高效节能、节水技术和产品，大力推广可再生能源和材料循环利用，例如，旅游景区的制冷设施采用环保型空调、冰箱、冷水机组等节能技术与设施；游览车辆、水上游船采用清洁能源；推动微灌、渗灌、低压管灌等植被和绿地的高效节水灌溉技术；景区建筑采用绿色建筑材料，推广低能耗房屋和零能建筑等，建立节能型景区、酒店和旅游服务区。

（六）创新利用绿色金融工具

2015年8月，国务院办公厅发布的《关于进一步促进旅游投资和消费的若干意见》中明确指出，要积极拓展旅游企业融资渠道。近年来，随着绿色可持续发展理念的深入发展，绿色金融逐渐成为主流。绿色债券、绿色基金、绿色资产证券化等绿色金融工具不仅能拓展国内旅游业投融资渠道，而且还能在投融资决策中引入环保理念，敦促旅游业减少对环境的负面影响，引导其向绿色可持续方向发展。

（七）实现旅游景区适度商业化

合理配置景区商业业态，实现产业链延长。针对部分景区过度商业化现象，需要进行有效调控，促进观光向创意生活体验层次升级，谋求适度商业化、理性商业化。编制商业业态控制规划，限制商品售卖、旅行代理、餐饮服务等类型商业在景区建筑面积总量中的比重，增加名人故居、纪念馆、艺术馆、非遗传习馆等类型空间的比重。采取时空管理策略，合理划定功能分区，将与景区主题不甚一致的店铺适当聚集在远离标志物和核心区的片区。维护旅游地标志物、代表景点和文化空间的环境主导性，周边设置文化氛围保护区、商业控制地带。对酒吧、零售等商铺的营业时间做出明确规定，灵活设置夜市、早市、周末集市等特殊时段业态。控制同类商铺的数量，引进、培育、扶持地方特色鲜明和文化创意含量高的商铺，减少甚至完全淘汰缺乏地方性的代销式商铺。大力开发文化体验和休闲度假市场，将生活环境和生活方式作为吸引点，发展文化创意、休闲体验等主题空间，从"卖景点"转向"卖文化""卖生活"。

（八）加强旅游生态文明宣传

鼓励景区结合生态资源开展生态文明教育活动，培育全民绿色旅游意识和行为，将旅游生态文明宣传与推进文明旅游相结合，推动全社会形成绿色旅游的规范、制度和环境。大力宣传旅游与生态环境保护之间的互惠互利的关系，使公众认识保护生态环境是旅游业可持续发展的前提；要大力宣传旅游活动可能会给环境造成的损害，尤其应让公众认识游客不文明旅游行为对旅游环境、景观的污染和破坏。宣传方式上，另一方面景区内采用宣传标语、标识牌、环保警示牌、旅游印刷品、宣传片等宣传文明环保行为，并充分利用网络、新媒体、电视、报纸等新旧传播媒介做好公众宣传教育工作；一方面通过不定期组织生态文明公益宣传、亲子体验、社会教育等公众活动提升公众对景区生态环境保护的认识和意识；此外，通过导游、景区志愿者等服务人员讲解传递生态保护理念，无形中对游客产生示范作用。而旅游管理部门在导游员考评、培训中应增加有关生态环境、资源保护等内容，引导和鼓励导游负责任地行使好管理资源和环境保护的职责。针对生态敏感地区，可试行征收游客资源消耗税、环境破坏惩戒等方法，将广大游客纳入生态文明制度体系中来，从而"自下而上"督导游客生态文明习惯的养成。

（九）提倡绿色旅游消费观念

游客旅游过程中会对生态环境、人文环境产生负面影响。游客的一些非环保行为如景区内随地丢弃垃圾、随意攀爬景区塑像、随手摘花折枝、文物古迹上刻字留言等不仅体现的是个人的文明素质低，更重要的是破坏了旅游活动的可持续性。因此提倡绿色旅游行为是景区绿色管理的重要工作。在引导旅游者的消费过程中，应倡导生态文明的新生活方式，实现旅游发展的社会效益。大力倡导绿色消费方式，旅游景区可协同各地政府发布绿色旅游消费指南，鼓励景区酒店实施客房价格与水电、低值易耗品消费量挂钩，逐步减少一次性用品的使用。引导旅游者低碳出行，鼓励旅游者乘坐公共交通工具。提高节能环保交通工具使用比例，大力推广公共交通、骑行或徒步等绿色生态出行方式。倡导低碳旅游住宿餐饮方式，建议游客尽量选择带有"绿色标签"的旅游酒店，在餐饮消费环节优先考虑各种绿色食品、生态食品，摒弃一次性餐饮工具。开展绿色旅游公益宣传，推出绿色旅游形象大使。加强绿色旅游教育和培训工作，制定绿色消费奖励措施，引导全行业、全社会树立绿色旅游价值观，形成绿色消费自觉。

创新倡导绿色旅游消费，开展绿色旅游消费奖励活动，如可在游客离开景区时，可用垃圾袋换景区纪念品、根据游客环境保护行为派发景区优惠券等。加强旅游生态文明教育，传播绿色管理理念，开展绿色营销，引导旅游者建立绿色旅游价值观，推动全社会形成绿色消费自觉，引领全社会的低碳生活方式。

（十）强化法治意识和执法监督

对于重点保护区的资源保护必须建立在执法的基础上，一方面加强资源保护的体系建设，严厉打击非法破坏森林、水体等资源的行为；另一方面利用多种宣传渠道，教育广大游客和经营管理人员懂法、守法、自觉地保护资源，维护各类设施，引导游客良好的旅游行为。认真落实《中华人民共和国野生动物保护法》《中华人民共和国森林法》《中华人民共和国环境保护法》《风景名胜区管理条例》《水土保持条例》等相关法律法规，在法规的指导下制定切实可行的保护措施。

建立面向全社会的投诉监督机制，针对旅游企业和游客个人设立旅游信用体系，针对环保投诉，除落实记录外，还要进一步对其行为进行追踪调查，充分利用大数据、物联网等新技术，对旅游企业和个人旅游不文明行为做到有据可查、有理可依、赏罚分明，对公众环保和执法监督的行为，给予表彰和奖励，对已核实的投诉主体，给予相应处罚，并及时针对投诉处理进行信息反馈。

（十一）引导推动公共参与

资源保护首要解决的是大众的保护意识。因此，需要不断深化全社会的保护意识，在宣传的基础上，推动公共参与的机制体制形成。在旅游开发工作中，可采用公众投票机制或各方面专家代表共同参与规划制定、共同参与管理方案制定以及相关行业法规和行业规范制定等，以避免盲目性开发和资源的掠夺式利用。此外，通过组织公众参与协商，可以极大提高公众的保护意识和宣传意识，实现多途径提高全体公民对于资源和生态保护的认识水平。

三、生态文明制度建设

（一）实施绿色认证制度

建立健全绿色景区标准体系，推行绿色旅游产品、绿色旅游企业认证制度。建立绿色认证制度有助于加强管理部门对于旅游景区和旅游企业进行指导与管理，加强绿色旅游产品供应的标准化并为其他旅游产品提供示范和指导，同时可以唤起游客对于绿色旅游的关注及相关活动和决策的支持。建立旅游景区绿色管理标准，可通过非政府组织采用认证、培训与奖励等方式，从生态环境保护、环境可持续性、自然教育、社区合作、文化保护及游客体验等方面对参与企业认证评估，对接国际经验，建立标准化体系，引导旅游景区向绿色化、环保化、标准化发展。

（二）构建全方位监测体系

建立旅游景区环境监测指标体系，是旅游景区环境管理的重要方面，它对于旅游景区有效监控景区环境、及时发现问题、保护旅游资源具有相当重要的作用，目前，正逐步被我国的许多旅游景区引进使用。

构建景区全方位监测体系，一是要建立景区生态环境监测体系，其包含旅游环境污染监测和生态监测两部分。环境污染监测是针对旅游景区环境中的各类污染物、污染源如污染气体、水源污染等进行的持续式或间隔式的测定过程。由于旅游地不同区域的污染扩散条件、影响特征差异较大，需要因地制宜设计不同的监测方案，通过设置有效的监测点构成景区内环境污染的监测网络，并及时进行分析和信息反馈，为景区环境治理提供依据。而生态监测是采用生态学的各种方法和手段，从不同尺度上对各类生态系统结构和功能的时空格局的度量，要充分考虑生态系统的功能以及不同生态类型间相互作用的关系，主要通过监测生态系统的条件、条件变化、对环境压力的反应及其趋势而获得。生态环境监测是解决景区生态环境问题的基础支撑。新形势下亟须深化生态环境监测体制改革，加快构建上下协同、信息共享的空气生态环境监测网络，确保监测数据质量、增强监测信息利用效能。制定旅游景区环境监测与保护方案，主要包括景区空气质量监测，景区水质、水量、水环境监测，景区区域降水变化量监测，景区小气候因子监测，景区视频观测和数据发布等。

二是要建立文物及历史遗迹的保护监测体系，涵盖人员的定期巡视、观察和仪器记录等，主要包括游客承载量、游人和其他社会因素对文物古迹及其环境影响的评估监测，消防、避雷、防洪、固坡等安全设施定期检测，可能发生变形、开裂、位移和损坏部位的仪器监测等指标。要求定期对重要人文历史资源进行安全检查，落实防火、防盗、防水、防虫、防坍塌等安全措施，并及时对受损资源进行加固、保护与修缮，并遵循不改变原状、不破坏历史风貌的原则，严禁损毁、改变主体结构及其附属设施。

（三）落实分级管理及整体性保护制度

依据资源的使用价值、资源价值、环境价值等特征，对旅游资源进行分类调查和等级评价，建立档案，编制资源保护名录，依照相关规定向社会公布。对定级资源需要挂牌标示，明确资源信息、保护等级和保护措施。针对不同种类和级别的资源，落实相应的保护和管理主体，制定分级保护策略。

对资源等级较高、分布较密集、特色鲜明、保护完整的区域采取整体性保护策略，保护自然环境和生态空间以及遗产的物质空间，同时也要保护其整体风貌和文化传统。当地文化主管部门可以制定整体性专项保护规划，实行区域性整体保护。

（四）推进景区建设环境影响评价制度

将旅游景区规划环境影响评价纳入宏观战略决策，建立协调旅游景区开发与环境保护的重要途径和制度保障。发挥规划引领作用，强化环境影响评价约束作用，规范旅游开发行为。构建项目建设前的环境评价和项目建设后影响反馈两套制度。项目开发前，做好项目开发环评工作，列举开发活动的负面清单。科学合理测算环境容量和最大接待能力。项目建设后，及时对其环境影响进行监测和反馈，针对旅游景区环境特色，着重于整体性、针对性和可行性视角，合理采用旅游景区规划和环保方案优化和选择的方法与技术体系，做好污染物排放总量控制和环境治理，实现水气达标排放，系统实现生态环境保护、水环境保护和旅游资源保护与开发的协调。主管部门可针对景区开展经济效益和生态损耗的双向考核机制，对于以损耗生态为代价获取经济效益的旅游项目，要坚决取缔，对于经济效益与生态效益兼顾的旅游项目，要总结先进经验和运营模式，并大力推广，对于经济效益良好但生态效益不突出的项目，要给出整改措施，促使其制定增强生态效益的举措。

（五）完善景区生态补偿机制

生态补偿机制是以保护和可持续利用生态系统服务为目的，以经济手段为主调节相关者利益关系的制度安排（中国生态补偿机制与政策研究课题组，2007），是以保护生态环境，促进人与自然和谐发展为目的，根据生态系统服务价值、生态保护成本、发展机会成本，运用政府和市场手段，调节生态保护利益相关者之间利益关系的公共制度（李文华、刘某承，2010）。生态景区的发展需要进一步借鉴发达国家的相关经验，构建保护型旅游景区生态补偿机制，建立生态旅游开发补偿基金和生态质量保障基金。在具体的政策实施过程中应遵循生态目标优先的原则，通过生态效益瞄准的方式，进一步优化区域生态补偿机制的空间选择方式，提高重要生态功能区和生态脆弱地区的资金分配比重，提升区域生态补偿机制的生态效率。

制定可行性强的生态补偿标准，考虑旅游管理者、经营者与游客等利益相关者的保护责任，探索建立旅游生态补偿机制，完善旅游生态保护与收益分配挂钩的激励约束机制，实现旅游资源和环境修复补偿建设。针对生态旅游型景区，推荐开展生态建设成效与生态补偿挂钩制度，通过组织生态建设成效评估，分析其建设成效，并给予相应资金补贴扶持。

积极推行旅游资源确权、价值评估和产权交易。探索旅游碳汇交易的相关制度和机制，保护旅游企业的生态利益，深入挖掘旅游业发展的绿色价值。

（六）形成环境信息公开制度

环境纠纷和环境矛盾是引发景区环境保护问题、景区与周边社区关系紧张的重要因素，建立环境信息公开制度是加强景区与周边社区、政府与旅游企业、景区与公众等各方沟通的重要手段，并促使各相关主体在生态环境保护中形成共识和合力。景区需要将与自身生产相关的一切环境信息通过政府网站、互联网平台、媒体等方式和渠道提供给公众，并形成监督渠道。做好突发环境公共事件和相关舆情事件的新闻发布和信息公开工作，相关环境事件进展和处理情况及时通过大众媒体通报。环境信息公开的主要内容包括产品环境信息、防治信息、污染信息、工作动态以及其他环境相关信息。

（七）探索旅游资源产权制度

长期以来，由于受我国自然资源管理体系及其法规、制度安排的影响，旅游资源产权关系长期界定不清，产权制度安排不够合理，从而导致旅游资源粗放经营、低效配置、旅游资源质量下降、环境污染加剧等一系列负的外部效应，束缚旅游业的进一步发展和妨碍旅游资源的可持续利用（刘旺、张文忠，2002）。通过建立和完善旅游资源产权制度，实现资源有效管理是推动旅游资源可持续利用的重要措施。对于景区旅游资源产权管理，首先要进行旅游资源价值评价，实现旅游资源的资产化管理，明晰资源所有权、实现所有者让渡产权获得收益的依据。对旅游资源进行评价涉及使用价值、市场价值、经济价值、生态价值、社会价值等。需要在明确资源特征的基础上，根据生态环境的综合状况确定资源开发利用的方式和途径，结合市场价格，初步估计资源的总价值。完善旅游资源产权制度，发挥产权的激励功能和约束功能。发挥市场在自然资源配置过程中的基础性作用，在旅游资源归国家或集体所有的前提下，要进一步细化产权，包括使用权、收益权和支配权。通过建立二级转让市场，让使用者之间能够进一步转让资源的使用权和支配权，并根据市场决定转让价格。建立多元化的产权制度。在旅游资源开发利用过程中，应针对旅游资源的不同类型，界定不同类型的产权，建立多元化的旅游资源产权体系。在充分发挥市场配置资源的前提下，发挥政府的宏观调控。加强对旅游资源开发利用的统一管理、统筹安排，健全产权的法律保障体系。

（八）建立游客容量调控制度

旅游环境承载力是旅游地（景区、景点）在一定条件下所能承受的旅游活动强度，是区域旅游可持续发展的主要判据之一（孙道玮、俞穆清，等，2002）。旅游景区的承载力可由社会心理承载力、经济承载力和技术承载力几方面构成（崔凤军、刘家明，等，1998）。科学合理确定游客承载量，健全资源管理、环境监测等其他保护管理制度，严格评估游客活动对景区环境的影响，并规范景区工作人员和游客行为是景区生态环境保护的工作重点。

由管理部门负责指导并完成景区日最大承载量、瞬时最大承载量和游览舒适度指数等客流数据指标的测算核定工作，并及时对外发布。A级旅游景区尤其是4A级以上旅游景区的客流监控视频、实时在园人数、剩余停车位数量等数据信息实现实时共享。

进一步扩大节假日期间重点景区游览舒适度指数对外发布的景区数量和发布范围。清明、"五一"和端午、中秋以及"十一"期间，4A级以上旅游景区可通过官方途径实现实时在园人数、剩余停车位和游览舒适度指数等数据的对外发布。

提升游客游览的舒适度，积极鼓励部分旅游市场热点和重点景区创新客流控制举措，如在节假日或重大节庆活动期间实行门票预约、限定客流、分时入园、限时逗留等方式，有效降低景区安全隐患和客流拥堵风险。

A级旅游景区要高度重视游客承载量和流量控制工作，逐步实现旅游者流量监测常态化。尤其在节假日期间，要认真制定落实各项流量控制应急预案，及时通过各类平台对外公布流量信息和安全提醒。各地旅游部门要通过当地政府有效组织协调交通、公安、宣传等重点部门，构建市级指挥调度中心，在节假日期间对景区周边客流交通等进行流量监控，积极施行引导分流各项措施，确保各地旅游景区安全运营。

（九）实施旅游生态管治

生态管治体系是指在旅游活动的全过程中，对这种具有公共产品性质的产品全方位进行动态引导、规范、监控和激励的管理活动的总称。这个体系应该具备目标的多元性和参与者的多样性这两大特点。目标多元性，即充分利用旅游业的发展与可持续发展紧密联系，追求环境、社会、经济三大效益的统一；参与者的多样性，即生态旅游的良性发展需要政府部门、当地居民、旅游者、旅游生产经营者四方利益群体的积极参与。

构建源头预防、过程控制、损害赔偿和责任追究的绿色管理制度体系，提高资源集约节约利用和综合利用水平，在生态保护区和生态脆弱区，对旅游项目实施类型限制、空间规制和强度管制，形成旅游开发与生态环境保护的良性互动运行机制。而对于一般生态保护空间，在环境评估的基础上，可建设部分不影响生态环境现状的旅游基础和服务设施，推动实现旅游发展与生态保护相协调。

四、生态环境保护工程

景区生态环境保护工程是一个系统工程，旨在保护景区的自然环境和生态平衡，促进旅游资源的可持续利用。需要通过多方参与，通过科学合理的规划、有效的投入和严格的管理，实现景区的可持续发展和生态环境的长期保护。重点景区生态保护工程包括如下内容。

（一）敏感区生态保护研究工程

从国家、省级层面组织专家对重点生态旅游区、生态敏感度高及生态环境脆弱的景区进行深入研究，探讨景区保护和利用方法，合理制定景区发展策略。开展景区生态环境评估的研究及实施，建立生态环境评价标准，制定分级管理政策。针对环境遭受破坏的区域，研究修复对策，实施生态保护修复工程，对区域内已遭受破坏的生态环境限期重建与修复。建立景区生态环境保护研究基地，加强科学研究，吸引相关人才，开展景区生态环境保护与生态问题修复的科研工作，为景区建设和可持续发展提供科研技术支撑。

（二）水生态保护工程

围绕水体综合保护和景区水系治理，建立和完善水生态保护制度。由相关主管部门推动落实相关保护制度，尤其针对包含水源地或周边有水源地的景区，需要完善检查监督职责，特别是景区内或周边地区水源地旁有经营性宾馆和洗浴场所等情况，要严格落实拆除治理，恢复该区域的原始景观面貌，保证区域生态稳定。在有条件的景区推进生态缓冲带、生态隔离带的建设，控制农业面源污染和生活污水直接进入水体，加大水环境污染防治力度，提高减污和降碳能力。加强水源林保护管理，做好水源林的补植改造工作，健全水源地保护责任机制，将具体责任落实到位。

（三）自然灾害防治工程

建立完善国家公园、自然保护区、森林公园、湿地公园、地质公园、湿地公园等重点区域的生态环境监测和评价体系，及时监测预报。重点关注预防泥石流、滑坡、落石、塌陷等自然灾害的发生，尤其针对地质地貌类、水域景观类等以自然景观为主的景区进行严格检查，加大对隐患区域的防护力度，加强文化和旅游部门与农业部门、林业部门、气象部门等相关部门的联防联动，及时发布自然灾害预报和预警。鼓励政府相关部门划拨专项资金，加强防灾设施和设备的建设，严格落实景区灾害防治工作程序。

（四）生态保护传播工程

积极落实景区生态安全保护宣传工作，尤其针对以生态旅游为主的景区，落实生态保护的"三示"工程，即标识系统警示、公共信息栏提示、景区门票（导览图、宣传册等）明示。在地球日、环境保护日等组织生态环境保护活动，通过多渠道宣传，吸引公众参与，树立自觉保护环境的意识。对景区内及周边社区，联合社区居委会、村委会，开展宣讲工作，落实景区生态保护工作。

（五）志愿保护工程

由各地政府、行业协会牵头组织面向本地区的生态环境保护志愿者服务队伍，定期组织志愿者队伍协助景区进行清理垃圾、生态宣讲等工作，一定程度上减轻景区环保人力不足的问题。鼓励景区面向全社会组织志愿者招募，或同学校合作，举办景区环保实践等活动，通过多方力量协助环保工作落实。

（六）绿色景区示范工程

开展生态旅游、低碳旅游示范区建设。示范区可选择生态环境脆弱地区、绿色管理具有良好示范带动效应的景区以及游客绿色旅游行为具有重要示范意义的景区等，不断提升景区的生态管理与建设水平，择优评选为国家级生态旅游区、低碳旅游示范区，发挥优秀旅游企业引领作用，推动旅游骨干企业将质量管理的成功经验和先进方法向全行业延伸推广。

（七）生态保护国际合作工程

搭建国际合作平台，大力推进景区生态保护的国际合作。鼓励支持景区就生态保护的关键问题寻求国际经验和合作交流。积极学习发达国家景区绿色建设和生态环境保护的先进经验，组织国际考察和交流互鉴，同国际组织、相关机构等合作推动中国绿色景区的建设和宣传。

（八）景区碳中和工程

旅游景区作为旅游业的核心要素，是旅游产品的主体成分，是旅游产业链的中心环节，是旅游消费的吸引中心，在"碳中和"目标的背景导向下，通过积极响应政策将碳中和目标纳入景区长期发展战略，达到强化游客对气候变化的意识，推动公众应对气候变化行动，增加游客选取低碳或碳中和产品的选择机会。旅游景区积极实现碳中和，对推进行业绿色发展具有重要意义。

一是需要摸清景区碳排放基础情况，根据景区内部交通线路的距离、车辆排放、载客人数、每天运营班次等数据，计算出景区内交通每年的碳排放量。景区办公区日常碳排放来源于办公用电、日常活动等，统计景区办公楼的建筑面积、办公人数、年度用电量等数据并进行评估，计算出办公区每年的碳排放量。在景区内举办大型赛事、会议、论坛等活动，统计活动的人数、交通、餐饮等数据，计算得出每次大型活动的碳排放量。

二是提高游客减碳减排意识，树立创新、协调、绿色、开放、共享的新发展理念。例如，发行一定数量的碳中和门票，为门票增加碳汇值，游客购买碳中和门票，了解景区碳中和意义、促进碳中和传播力度。有条件的景区可建设碳中和科普场所，如互动机器人、碳足迹计算器、碳中和知识动画、低碳生活互动墙等体验项目，宣传和传播低碳节能环保知识，提供互动体验，树立全新的生活观和消费观，减少碳排放，促进人与自然和谐发展。

同时，鼓励景区开发多样的减碳产品，创新低碳旅游方式，如低碳线路、低碳研学课程、低碳文创产品等，由认证机构对产品进行碳排放审核，出具碳足迹核查报告，明确产品碳足迹，制定碳抵消方法，实现碳中和。编制碳中和实施规划，包括低碳减排措施、碳排放核查、碳中和目标等方面的内容，将绿色发展理念融入景区的规划、建设和经营管理活动中，降低能源消耗和碳排放，加强低碳宣传和教育，培养旅游景区工作人员和旅游者的低碳理念和环保意识，助力实现碳中和目标。

第九章　创新体制机制，增强景区发展活力

我国旅游景区建设对旅游业发展提供了强劲动力。但是，旅游景区的一些行政管理体系和经营机制上还不完善，存在政企不分、事企不分、法律保障体系不健全、监督不到位等一系列问题（王玉成，2017）。由于我国基本国情具有特殊性，因此政府的宏观调控起着至关重要的作用。从管理体制来看，我国的旅游景区大致可以分为国有经营、政府宏观调控下的市场自发经营以及私营（张玲，2017），在经营性质上分为公益型和非公益型。

为了旅游景区的长期健康发展，必须采取有效的旅游景区管理体制改革措施予以完善。旅游景区管理体制机制是旅游业改革发展的重要抓手，要以改革创新的精神推动旅游景区发展，不断创新旅游景区发展政策和产业促进机制。

一、管理体制

旅游景区管理体制是旅游景区和经营管理主体之间的关系，重点是旅游景区在管理运作的过程中，参与利益相关者的认识和地位往往取决于旅游景区行政管理模式的选择。管理模式的选择还影响着旅游景区的运行效率，并形成一系列有关旅游景区的运营、管理、治理以及相关制度的综合政策（卢林，2015）。

完善旅游景区管理机制，是旅游景区保护、开发与利用的前提和基础，也是提高旅游景区综合效益的关键。目前我国旅游景区的宏观管理格局仍存在政出多门、多头管理、条块分割、体制混乱等现状。要明晰产权，进一步明确旅游景区的管理主体、监督主体、经营主体及其各自的权、责、利范围，优化旅游景区管理环境。

（一）加快推进"三权分离"改革

长期以来，旅游景区的产权问题一直是制约景区发展和环境保护的主要障碍。我国法律规定，旅游资源归全民所有，因此，必须寻求代理人来实现对旅游景区的经营管理，正是因为这种委托代理关系，各种产权关系缺乏明确的界定，国家作为国有旅游资源的所有者无法对代理人实现有效的监督，使得在旅游开发和经营过程中出现旅游资源闲置和浪费以及利用的低效率，甚至出现破坏风景资源的现象，难以实现资源的有效保护和旅游业的可持续发展。

产权一般包括占有权、使用权、收益权和转让权，具有可分割、可转让等特性。合理分割产权可以提高资源的利用效率。因此，为了实现对旅游资源的充分利用，需要对旅游景区产权委托代理结构进行调整，建立一个责权明晰、激励有力、约束有效和各种利益兼顾的旅游景区管理和运营机制，推进旅游景区管理体制改革，理顺完善旅游资源统一管理体制，积极探索实行景区所有权、管理权、经营权"三权分离"改革。景区经营权和所有权的分离可以解决旅游发展及保护过程中政企不分及资金不足的问题，从而促进旅游资源开发与保护的良性互动。实施景区产权分配时需借助公正、科学的方法和程序，如通过景区经营权招标等形式对旅游景区经营者进行遴选。在经营过程中，产权主体还应依法对经营者的投资与经营行为予以有效地监控和帮助，从而进一步盘活国有旅游资源，激活景区市场活力。

（二）强化主管部门统筹和监管作用

政府始终是旅游景区统筹发展的最主要的管理者和决策者。因此，需要充分发挥各级政府在推动旅游产业发展和旅游目的地社会治理中的主体作用。推进旅游主管部门改革，强化旅游主管部门对旅游产业的统筹协调、公共服务和市场监管职能。深入推进旅游和文化、自然资源、生态环境、市场监管、公安、安全监管、法院等相关部门统分结合、协同联动的旅游景区综合管理体制。推动旅游业改革发展由部门行为向党委、政府统筹推进转变，由景区内部管理向全面依法治理转变。深化试点改革，推动景区与周边村镇协同发展，合理划定辖区范围，实现统一规划、统一开发、统一管理和运营，使景区发展与全域、全产业发展相融合。

明确旅游景区管理机构、经营主体和监督部门之间的权利和责任。旅游景区的管理机构需要明确主体，指定一个部门负责旅游景区的监管工作，要做到明确责权，避免出现争权夺利、推卸责任的情况。旅游主管部门和工商管理、自然资源等部门要相互配合，形成合理可行的监管机制，如常规巡查和定期抽查相结合，规范景区开发管理和相关市场行为，切实提升游客满意度。

（三）完善相关法律法规体系

旅游业的健康可持续发展，离不开完善的法律法规体系，只有真正做到有法可依，旅游景区在管理上才有支撑。因此，要对当前的旅游景区管理体制进行改革，就必须明确和旅游景区有关的行政管理部门的管理职责，让管理工作在法律法规的约束下开展。虽然我国已经出台了《中华人民共和国旅游法》《中华人民共和国自然保护区条例》《风景名胜区条例》等相关法律法规，但仍然主要是纲领性内容，在执行层面约束力很强，在景区层面的协调性和实操性尚有一定不适宜。国家相关部门和地方政府需要进一步研究制定配套法律法规，对已经出台的相关法律法规进行整理，依据我国国情，并借鉴国际经验，将不适合旅游景区长远发展的法律法规，进行废除或修改。对于地方性法规，要以国家立法为根本，不能违背国家立法，确保法律法规的透明性。建立新的法律法规要从旅游景区管理体制的实际需要出发，确保旅游景区管理体制更加完善。保证和民法、商法等其他有关法律部门的内容相协调，避免法律之间互相矛盾，发生冲突。

（四）推进规划编制方式改革

旅游景区规划是指为了科学保护和合理开发各项资源、有效经营和科学管理旅游景区，充分发挥景区资源价值而进行的各项旅游要素的统筹部署和具体安排。在旅游景区开发时，开发目标的确定依据开发主体的利益而转移，但必须兼顾考虑地方的发展和政府的总体目标，同时必须以满足游客需求为实现自己目标的前提（吴必虎，2001）。当前旅游景区规划需要秉承可持续发展理念，以国土空间规划为引领，将旅游规划融入国土空间的管理与开发当中。鼓励旅游景区与待开发区域采取旅游发展规划与相关行业规划"多规合一"的编制方式，形成科学的产业配套体系、完善的产业空间布局和合理的产业发展结构。旅游景区规划编制的技术路线应从概念导向转变为空间导向（龙江智、朱鹤，2020）。从旅游资源价值、地块综合条件和产品开发适宜度评价入手，摸清国土空间现状，以空间为出发点和落脚点，沿着"旅游空间识别（通过空间基底分析，明确旅游禁区、旅游空间）——旅游空间诊断（基于旅游综合评价，识别旅游热点区域）——旅游空间规划（立足产品匹配度和市场需求性，策划旅游项目）——旅游空间重构（根据综合交通体系和区域发展战略，确定旅游总体布局)"的技术路线来编制规划。

融合旅游规划技术与国土空间规划评价技术综合评估旅游资源开发的适宜性。首先,通过资源环境要素单项评价,分别考察旅游资源、环境容量和开发强度三个方面的情况;然后,在此基础上进行资源环境承载力集成评价,整合各个因素的信息,得出整体的资源环境承载力评价;最后,结合前两步的评价结果,进行国土空间开发适宜性评价,判断当前的资源环境条件是否适合进行旅游开发。通过这样的过程,资源环境承载力和国土空间开发适宜性评价这一双评价体系帮助决策者全面了解资源环境状况和开发利用适宜空间,为旅游资源开发提供了科学依据。

(五)实施A级旅游景区动态管理机制

建立旅游景区第三方认证和评估机制,严格执行旅游景区复核和动态退出机制。文化和旅游部以及地方文旅部门要切实加强对重点A级旅游景区提升工作的指导、协调和督促,建立完善制度化、规范化、透明化的旅游景区跟踪、监控评估机制和动态管理机制。依照《旅游景区质量等级划分》(GB/T 17775—2024)国家标准和相关规定,组织机构对旅游景区进行监督检查,监督检查采取重点抽查、定期明查和不定期暗访以及社会调查、听取游客意见反馈等方式进行,特别是对游客投诉率高的景区,实施"跟踪检查"制度。根据检查情况,定期发布评估结果,不达标的景区给予警告,并将景区等级评定与旅游"红黑榜"相结合,连续多次上"黑榜"的景区应取消其评级资格。对无法满足准入条件、不能保障旅游服务质量、无法持续提供符合等级要求的旅游产品和整改后仍不达标的旅游景区,予以取消等级、降级、严重警告、强制退出或依法取缔。

(六)区域一体化管理体制

以粤港澳大湾区、长三角、京津冀、沿黄流域等为代表的区域一体化发展背景下,地区经济的相互渗透、协作不断加强,区域内交通便捷、人员互流持续增加,也为区域旅游一体化提供了发展基础。大力推进与粤港澳大湾区、长三角、京津冀等一体化区域旅游景区加深合作,推进无障碍旅游。区域内可跨行政区成立旅游标准化技术委员会,统一旅游景区的管理规范和技术标准。尤其在旅游交通、景区门票、住宿、餐饮等相关部门形成规范化、一体化的惠民便民和主客共享的设施与服务,如建设景区一卡通系统、发行区域旅游景区套票、形成区域旅游交通一码通、建立统一标准的游客服务中心、设计同一系列旅游纪念品等。积极推动区域间各部门、各地区协同工作,打造互通连接、共享数据的旅游平台，建立联合管理、执法和服务机构，助推线上线下旅游。

（七）建立完善旅游市场监管机制

根据《国务院办公厅关于加强旅游市场综合监管的通知》要求，需要进一步创新旅游市场综合管理机制，制定旅游市场综合监管责任清单，完善旅游质量执法监管工作规范，推进综合监管体制改革试点建设，加强旅游行政执法与司法的衔接。

地方政府需要建立旅游市场综合监管协调机构，加强综合监管的基础保障，全面提升旅游市场综合监管能力。建立健全旅游诚信体系，在依法加大对旅游市场经营主体经营行为日常监管基础上，积极依托市场主体信用信息公示平台及业务平台，整合政府部门资源，形成各部门、各层次、各条块、各类应用之间信息的互联互通。建立旅游信用信息公示制度，并通过运用信息公示、信用约束等手段推动行业及旅游经营者的自律自治。加快建立旅游行业失信惩戒制度，增强旅游经营者的诚信意识和市场竞争力，助推旅游产品品牌效应的整体提升。

公益型旅游景区还需要加强景区的收益监管，加大对景区保护的投入力度。旅游景区的门票收入以及资源的有偿使用费不能私自挪用，需要进一步补偿旅游景区财产的所有权人和使用权人。事业单位型旅游景区的门票收入和旅游景区内资源使用等经营性收入要按照规定交给国家财政。国家和省市建立的旅游资源保护专项基金，要全部用于旅游景区资源的保护项目和可持续发展。

（八）强化公共监督体系建设

建立健全更加完善的监管长效机制，开拓公共监管渠道，实现常态化的旅游公共安全管理模式，形成行业监督、社会监督和舆论监督相结合的监督机制。制定旅游质监执法机构考核评价办法，开放景区监管、建议的公共交流通道。建立健全有效的游客投诉机制，加强游客咨询、投诉处理，坚决依法查处和整治行业中出现的各种违法违规经营行为，强化景区日常监管和综合协调能力，不断优化旅游服务环境，力争景区实现零投诉。加强人才的培养和服务规范化，重点对景区讲解员、管理人员、一线员工经常性开展培训，有效提升景区服务人员的整体素质。

此外，可成立旅游景区信息管理部门，从多渠道收集景区经营管理相关信息（包括景区经营状况信息和监管信息），建立信息交互平台，为游客、当地居民、媒体和其他利益相关者反映信息提供通畅的渠道，切实赋予相关者参与景区监督的权利。

二、经营机制

旅游景区经营机制指的是所有权与具体的经营者之间的关系，重点是旅游景区所采用的运营模式与经营者的所有制形式以及市场化和市场监督等。

（一）规范旅游景区经营权转让程序

旅游景区产权是指旅游景区所有权以及与所有权有关的各项权能的综合，包括旅游景区所有权、旅游景区经营权、旅游景区占有权、旅游景区收益分配权等（孙永龙，2007）。旅游景区经营权转让，就是在坚持资源国家所有、严格保护、永续利用的前提下，在一个旅游景区内，经政府统一规划后，把开发经营权剥离出来，通过政府与投资者签订保护开发、建设经营、管理协议，授权投资者依法有偿取得一定期限内（一般是30至50年）的开发建设权、经营权及其收益权，其核心是"国家所有、政府监管、企业经营"。这种模式，实现了国有资源与企业资本的优化组合，促进了资源的优化配置和有效利用，为充足的资本和现代企业管理手段打造旅游品牌创造了条件，从而找到了地方发展、企业创利、百姓致富的最佳结合点，使景区的经济效益、社会效益和生态效益达到完美统一（阎友兵，2007）。按照民营企业、社会资金参与景区经营的程度和力度，可以将旅游景区经营权转让模式分为整体转让经营、部分转让经营、项目特许经营三种。旅游景区经营权发生转让时，产权单位应在政府管理部门的指导下对受让企业的专业能力、资金实力、信用等级、经营绩效等方面进行严格审核，规范景区经营权转让程序，经产权单位、政府管理部门同意后方可落实经营权转让手续。在转让过程中，应合理评估景区经营权的价值，可采用收益还原法、重置成本法、市场价值法、实物期权法等科学的评估方法，实现景区经营权转让的定价合理和公开透明。优化经营权转让手续办理流程，对于合法合规办理经营权转让的旅游景区，可形成土地、工商、税务、物价等部门协同办公模式或探索绿色通道制度。建立景区经营权转让的法律法规体系，明晰物权、产权、转让方式、转让流程等，确保旅游景区经营权转让有法可依。

（二）推进运营体制机制改革创新

针对有条件推行三权分离的国有旅游景区，推动实施转企改制，建立"产权清晰、职责明确、政企分开、事企剥离、管理科学"的运行构架，实现国有景区的管理权、所有权、经营权分离，培育一批拥有现代企业制度的旅游市场经营主体，支持其引进战略投资者，打造混合所有制，提升市场化运营水平。加强与国内外知名专业旅游运营公司的合作，推进专业化、公司化、市场化运营。通过股份合作、租赁等多种方式，推动旅游企业向经营专业化、市场多元化、管理规范化方向发展。对于需要继续实行事业单位管理的景区，在继续实行现行管理体制的前提下，可成立经营实体单位，采用"管理体制＋公司经营"模式，由景区管委会或管理部门负责景区规划、建设、保护、监督和管理工作，将景区部分服务项目交由专业公司或其子公司运作，如市场融资、门票代理、交通运营、园林养护、环境保洁等事务剥离，将辅助性事务逐步划转第三方公司。对民营和集体企业经营的景区，可创新其经营方式，推动企业资本化运作，增加经营性设施，提高企业的经济利益。鼓励经营存在问题的景区，在程序规范的前提下，由专业托管团队或经理人协助管理，将有效的经营机制、科学的管理手段、成熟的品牌、充足的资金等引入景区。

（三）优化景区企业重组鼓励上市

鼓励景区立足自身，实现功能分区，走向复合型、多业态、多形式的经营，按照产业集聚化、业务综合化和企业集团化的模式，推进景区积极兼并收购或者入股饭店、旅行社、餐饮、交通等产业要素，从一个"景区点"形成一条"产业链"，扩展成"产业群"。推动旅游企业实施跨地区、跨行业、跨所有制兼并重组，打造跨界融合的产业集团和产业联盟。

开展旅游资产清查清理行动，对未被合理开发利用的资源，由所在地政府进行资产清算、整合和回购，通过重新规划包装、引进战略投资者。

可以根据实际条件借鉴和采用多种投融资方式，如复合投资、权益投资、股权融资、社会集资和外商投资等。有条件的国有旅游公司可以按照规定设立旅游产业投资开发基金，加强资本运营，开发"资源""资产""资本"与"资金"四大资源联动，进一步拓宽融资渠道并吸引优质的资金用于投资景区开发。扶持公益项目立项，并通过公益类服务吸引社会救助资金或集团投资，进一步激活民间资本，多渠道筹集资金。

支持有条件的旅游景区企业上市融资。鼓励各地对重点旅游景区、大型旅游综合体、度假酒店等旅游项目投资主体给予扶持。鼓励地方主管部门组织专家队伍，对旅游景区企业进行重组、上市、资本运作指导。有条件的地区可由地方政府牵头，联合旅游、财政、资源等相关部门，成立投资基金或开设绿色通道，协助条件较好的旅游景区重组、收并购和资本运作。

（四）形成门票价格分类指导方案

要健全和完善旅游资源的定价和交易制度，吸引多元主体参与到旅游资源的定价中来，真正通过市场化的方式确定旅游资源的价格，保证旅游资源公平和公正交易，实现旅游资源的真正价值，从而自发地形成对景区管理主体的约束，实现旅游资源的合理使用和持续发展。

需要对不同类型的景区实行不同的门票管理方法，整体上实行政府定价、政府指导价和市场调节价三种价格管理形式。世界遗产、国家公园由国家相关部门指导定价，国家5A级旅游景区等由省级管理部门统一管理定价，其余景区可在省级管理部门指导下，下放地市级管理部门定价。

公益性景区长期服务于国内外广大游客，承担公共服务功能，以国有景区为主。公益性景区应实行政府定价，要继续落实公益化服务，强化监管和国资扶持力度，推进公益性景区的零门票化或低门票化。建立公益型景区经营收入公开制度，定期通过官方网站等渠道，公开景区收入及用途，促使收入透明化和门票定价合理化。

市场化景区要放宽其自主经营权限，管理部门应履行其监督职责。适当放宽市场化景区的门票价格浮动区间，实行市场调节价与政府指导价相结合的定价制度，在景区自主定价的基础上，地方主管部门结合成本核算，以形成结合市场、调控范围、自主定价的机制。

充分发挥市场机制作用，合理运用旅游景区票价的分季节、分时段、分地段差别定价，调节淡旺季游客流量。建立景区门票问询制度，地方主管部门定期组织旅游相关部门、景区运营单位、专家、媒体、公众等进行座谈会或咨询会，调控门票价格。严格控制门票价格上涨，合理确定门票价格调整期限和调整幅度，保持票价水平基本稳定。旅游景区门票实行一票制，部分需单独设置门票的景点需经公开听证和上级部门批示。旅游景区内观光车、游船等交通运输服务价格，逐步实行旅游一体化管理和收费。开展门票减免主体的社会福利和普惠项目支持。面向部分免票景区、大幅度降低门票的景区、广泛开展社会公益活动和福利活动的景区，提供专项补贴或奖励资金，旨在进一步鼓励、倡导景区开展社会普惠和公益活动，减少景区社会成本开支，将有限的财力应用于景区质量提升上。

（五）健全旅游景区质量认证认可体系

为推动旅游景区服务的规范化，保证服务质量能在不同地区、不同时间达到相对一致的水准，需要建立外部认证体系（王冬萍，2018）。在旅游企业外部，对旅游产品质量的评价和监督一般采取体系认证制度，对服务质量、服务方式、服务效果和企业发展进行认证。针对旅游景区，要积极探索并逐步健全适应旅游景区发展的质量认证认可体系，参考国际及国内相关行业质量认证体系的建设经验，形成合理可行的认证体系方案和实践方式。针对实施标准化质量认证体系的企业，采取标准强制执行方式，并依法接受当地标准化行政管理部门、行业管理部门和游客的监督。积极推进旅游服务质量、环境、服务、知名旅游品牌和旅游职业资格认证工作，加强对认证认可工作的监督管理，提升旅游认证认可管理水平与服务能力。充分发挥质量监管功能，建立制度化、规范化、公开化的旅游认证准入和退出机制，制定具体实施办法，严格认证体系准入条件，对不能满足准入条件、不能保证旅游质量和整改后仍然达不到要求的旅游企业，予以取消等级、强制退出或依法取缔。

（六）推动构建旅游景区标准化体系

旅游景区管理是开放式、动态化的，有其独特性和广泛性，并受到体制、环境、空间等诸多因素的制约。景区旅游标准化工作的根本目的就是通过制定、实施标准和对标准实施情况的监督、检查，来加强行业管理，规范市场化行为，增加旅游的经济和社会效益，促进旅游业全面发展。建立景区标准化管理体系对提升景区服务和品质有着重大作用，也是一个景区走向成熟的途径和标志（李林，2016）。而旅游景区标准化发展模式，是促进旅游景区发展的一个重要举措，为景区的各项工作建立标准化体系，实施标准化管理，既尽可能保证景区的各环节有章可循、规范进行、科学管理，又能为其他景区的发展提供经验支持，起到一定示范效应，共享由标准化管理为景区带来的成果，在客观上规范旅游市场，提升景区形象，增加景区的经济效益和社会效益。

首先，企业应根据自身业务范畴，对景区管理、服务、运营全过程进行梳理，梳理需要重点贯彻落实旅游业国家的标准、地方标准、行业标准和团体标准；其次，制定标准实施方案，实现从售票检票、客运交通、导游讲解、环境保洁、索道管理到安全应急、监察管理、智慧景区建设以及景区综合管理的全过程标准化，建立适合景区特点的标准化体系；最后，在标准化实施过程中，要注意提高认识，全员参与，并重视开展督查整治，对督查结果做到有评价、有通报、有奖罚、有改进，监督检查应形成记录，并按时间排序归档保存。通过游客满意度调查及分析、游客投诉统计和分析，查漏补缺，持续改进标准化工作。并据效果评估结果，改进完善、持续改进。

（七）强化行业协会的自组织作用

旅游行业协会是指旅游行业的竞争者为保护和增进共同利益依法自愿组织起来的非营利性团体，它属于社会中介组织的一种，在社会生活中发挥着重要的信息和协调功能（黄琅，2006）。鼓励旅游企业组建综合性或专业性的旅游相关行业协会，或分会组织。建立旅游行政管理部门与行业协会的合作伙伴关系，政府支持旅游相关行业协会发展，并对其进行指导，行业协会组织则需就行业政策、战略、发展方针等向企业进行有效的宣传。充分发挥行业协会等中介组织在行业统计、技术服务、市场开发、信息咨询、联合营销等方面的作用，为政府制定法规、政策提供依据，为企业提供优质服务。发挥协会在行业自律方面的作用，规范相关企业的市场行为，维护市场公平竞争秩序。通过自组织方式动态协调行业企业，建立健全行业协会的管理规章制度，引导本行业的旅游经营者依法竞争，定期开展活动。全面加强旅游行业协会的素质建设，全面提高协会相关服务人员的理论水平和业务素质，加强协会的机构建设，创新管理机制和工作机制，充分调动各方面的积极性。充分发挥中国旅游协会和中国景区协会协调、合作以及推动全国旅游景区可持续发展方面的作用，对接企业上下游，推动形成良好的行业秩序和合作机制。

（八）建立旅游景区游客管理制度

游客管理是景区管理者以游客为对象的所有管理活动的总和。建立景区游客管理制度，重点是游客满意度反馈以及游客行为的调控与管理制度，一方面是建立游客反馈制度，即以游客满意度为基础，对游客服务的各个环节接受游客意见、建议和投诉，通过新媒体、景区网站、旅游管理部门网站、电话回访等建立方便的反映问题的渠道，针对景区游客建议和反馈，合理处理游客投诉，结合市场发展趋势对景区基础设施、旅游产品、服务等及时进行提升，及时消除不满情绪，预防破坏行为的发生。另一方面是形成游客文明旅游行为引导，鼓励景区建立正式管理制度，采用教育、罚款、黑名单等方式禁止游客违反法规、破坏环境、毁坏文物等行为，或建立非正式制度鼓励游客保护环境的行为。针对游客行为的注意事项，可通过游客中心信息发布、门票背面印制、发放宣传材料、利用交通工具上的视听设备、导游宣传讲解等方式向游客传递信息。

（九）形成旅游志愿服务机制

文化和旅游志愿服务已成为文化和旅游公共服务高质量发展的重要推动力。种类繁多、形式灵活的志愿服务以需求为导向，不仅需要政府主导着力推进，更需要全民参与创新探索。文化和旅游部印发的《"十四五"文化和旅游发展规划》提出要健全文化和旅游志愿服务体系，发扬志愿服务精神……实施"春雨工程""阳光工程""圆梦工程"，形成一批文化和旅游志愿服务品牌。加强景区志愿服务体系建设，需要推动建立旅游志愿服务管理机制，畅通旅游志愿服务参与渠道，培育旅游文明引导、游览讲解、质量监督、旅游咨询、应急救援等志愿者队伍。建立志愿者联合会，依托景区、餐饮娱乐服务点、交通枢纽站点、社区等游客集中区域建立旅游志愿者服务工作点，建立以景区服务站为阵地，类型多样、覆盖面广，与当地旅游产业发展相匹配的旅游志愿服务体系。制定志愿者服务管理办法，建立旅游志愿者招募、注册、培训、管理、考核、评价、激励、保障等制度体系，有序推进旅游志愿者服务管理工作。引导旅游业知名人士、专业工作人员、基层群众文艺骨干等分类加入专业志愿服务队伍，开展跨界人才、本地名人等的专项志愿服务招募，激发群众参与志愿服务热情。

（十）探索旅游景区保险保障机制

旅游保险指在旅游过程中可能发生的各种意外现象，并因此所导致的一切意外伤亡所做出的保障，一般情况下都可以获得理赔，其显著特点是保障旅游安全对其承担相应的责任（夏晶，2021）。当前，景区保险种类涉及较少，需要进一步整合保险专业技术优势和旅游业资源要素优势，建立旅游保险合作工作机制，形成多层次、多元化的旅游风险分散保障机制，增强旅游业抵御风险的能力。

一方面，旅游景区应按照政府部门的要求，就旅游景区相关的旅游项目和旅游设施进行投保，尤其对于较为危险的旅游体验项目，应通过有效的途径和合法的手段为游客办理人身意外伤害险。另一方面，推动景区资源保险，尤其需要推动为景区中涉及的森林、野生动植物、文物古迹等珍稀资源制定相应的保险保障产品，提高景区风险的防范能力和保障机制。

三、社区参与机制

社区居民是旅游地重要利益群体，社区居民参与旅游业发展是增加居民收益、消除旅游消极影响的有效途径，也是社区居民发挥自身能力来管理和影响旅游开发的民主化过程。社区居民在旅游景区的开发经营中占据着非常重要的地位，社区居民的参与逐渐成为实现旅游业可持续发展的重要环节。只有健全的参与机制才能使社区居民的参与从低层次上升到高层次，保证参与的延续（白中东、邱瑛，2016）。

（一）协调社区建设与旅游景区发展

在与村镇规划和城市规划相互协调的基础上，对旅游景区内的居民社区进行合体整改，可将景区内涉及的居民社区分为缩小型、搬迁型、聚居型和控制型等多种主要类型，并控制其建设管理措施和规模布局。

对于旅游景区内保留的村庄、居民社区，逐步引导其文化、政治、传统风俗和产业结构向旅游服务方向发展，原有工业和农业等产业都要逐步以旅游服务、旅游产品加工等相关产业为导向。景区内村庄、社区建设用地要与景区用地相协调，并对居民点的人口数量实行控制，避免人口增长造成的社区土地需求与景区土地资源紧缺的情况相矛盾。

在旅游开发中要充分考虑居民原有的生活模式，增加居民的生存空间。景区内居民点的建筑风格和体量需与周边环境相协调。建筑居民点本身及群体的空间组合的环境和位置建议突显当地旅游景区的地方特色和民族形式，并与景区整体风格相协调。提高居民的环境保护、旅游服务等意识，鼓励参股入股、联合经营等多种方式相结合，提升居民参与景区建设与旅游产业经营的积极性。

政府协调景区周边居民点建设，规避景区周边居民点破坏景区环境质量的风险。同时，作为景区的缓冲带，阻挠区域外层对景区的破坏。强化周边居民参与，结合全域旅游，承接景区人流外溢效应，对内提升，对外导流。

组织好社区与景区之间的交通关系，充分利用现有基础设施，支持社区建设，解决社区内居民生产生活的交通困难，对保护地区迁出居民给予资金支持和技术指导，经批准的居民生产生活区域，实施有效的监督管理，同时鼓励推动产业链延伸，实现推动居民增收。

（二）提高社区居民决策份额

社区参与旅游发展通常依赖于社区居民参与的主动性以及项目规划者、政府管理人员等所愿意给社区居民参与的支持和鼓励的程度。推动社区居民参与的首要理念是要保障社区居民的合法权益，能够让社区居民在参与中利益需求得到满足。旅游景区需要在政府的指导下，建立社区居民参与旅游景区开发经营的决策咨询机制。

加强社区公共环境建设，社会秩序应稳定，治安状况应良好，居民对外来游客应态度友善，宜使用本地产品和服务，逐步提高当地的采购份额。

加强对社区居民的教育，通过成立志愿者服务组织，增强保护生态环境和旅游资源的自觉性，提高社区居民对旅游发展的理解和生态环境保护意识。通过开展社区教育，提升居民文化水平和职业素养，提高景区居民的综合素质和景区的文明程度，推动树立良好的景区形象。

加强景区内部和周边社区的治安管理，提供有效的安全保障，创造一个安定和谐的景区环境，维护社区稳定，促进景区发展。

景区建设要增强当地居民参与决策，并为当地居民提供多种发展机会：社区参与可采取社区居民会议、项目听证、参与编制旅游景区发展与保护规划等多种形式。要实现景区的持续发展，不仅要实现社区居民的利益诉求，而且要加强其对旅游发展规划、旅游环境保护和旅游社区文化建设的全面参与，将景区发展和社区发展统一起来，真正营造和谐的旅游社区环境，以获取社区居民的支持，实现可持续发展。

鼓励景区管理部门设立专门负责处理社区关系的机构或人员，景区在制订发展规划和其他重大决策时，应征询社区居民意见，确保社区意见的表达渠道畅通。并对社区意见保留档案记录和处理意见。

采取多种方式，为社区居民创造更多的就业机会和发展机会，鼓励当地居民参与旅游从业。提倡优先培训和使用熟悉当地自然和文化的地方导游。景区内经营性设施的特许经营，在同等条件下优先考虑当地居民和企业，聘用管护人员等职工时，在同等条件下优先安排当地居民。支持社区居民组织利益共同体，建立投资风险共担、投资收益共享的良性发展机制。

创新旅游的社区参与组织模式，鼓励成立行业协会、合作社、股份制公司或适度引入工商资本形成"公司+农户""公司+合作社"等方式，进行休闲农牧业与乡村旅游生产经营、组织管理、品牌打造、形象推广，建立农工商贸游有机结合的产业体系，提升乡村旅游的组织化水平。引导和支持社会资本开发群众参与度高、受益面广的休闲旅游项目。

在旅游景区相关社区居民内部，可由社区居民自己成立旅游发展村民协会，对旅游发展方向、旅游经营行为以及旅游管理部门的行为等进行监督，以确保社区居民的权利得到有效保障,确保部门的行为符合社区居民的经济利益。

例如,娘娘山国家湿地公园位于贵州省六盘水市水城县与盘州市的交界处,包括泥炭藓沼泽、草本沼泽等湿地类型。2012 年前,山脚下的普古乡舍烹村村民人均纯收入一年不足 700 元。如今,其已成为集科普教育、湿地研究、生态观光、休闲度假为一体的生态景区,村民也实现了致富。娘娘山景区依托丰富的旅游资源和浓郁的民族文化,按照"资源变资产、资金变股金、农民变股东"的"三变"原则,推进"旅游+三变"改革引领。"三变"整合了个人资源,盘活山川、河流等集体资源,撬动社会闲散资金,实现农业产业化、规模化发展。2017 年起,娘娘山"三变"改革模式连续三年写入中央一号文件,娘娘山景区也被评为国家 4A 级旅游景区和"全国森林康养基地",年接待游客 83.1 万人次,实现旅游收入 495 万元。

(三)优化旅游景区公益化服务水平

鼓励当地社区参与景区旅游,积极保护当地的文化、环境,帮助旅游目的地获得文化、经济、社会、环境等方面更好的发展,建立起旅游者与当地社区之间更和谐的关系。加强景区与志愿者协会等公益组织的合作,一方面是景区作为公益服务和公益活动开展的重要场地,提升景区在社会服务、环境保护等方面的公益价值。另一方面是实现旅游志愿服务作为旅游咨询服务的有益补充,拓展景区原有服务功能和提高服务接待能力。

推动各地推出景区门票减免、赠送等惠民活动。鼓励旅游景区针对本区域居民开展月票、年票制服务。

针对公共事业有突出贡献的团体或个人,鼓励公益型景区采取服务价格优惠或减免门票的政策,提升景区的公益服务有效度。

对景区开展社会福利和普惠项目补贴,面向部分免票景区、大幅度降低门票的景区、广泛开展社会公益活动和福利活动的景区,提供专项补贴或奖励资金,旨在进一步鼓励、倡导景区开展社会普惠和公益活动,同时,减少景区的社会成本开支,将有限的财力应用于景区质量提升上。

推进博物馆、纪念馆、爱国主义教育示范基地等城市资源免费向市民游客开放。推动有条件的景区设立公众免费开放日。建立旅游知识宣传、公民旅游教育体系,传播旅游出游知识、旅游消费知识和旅游安全知识,推动景区公益化教育。

景区可从旅游经营利润中单独列出适量资金,用于支持收集和整理景区的自然和文化资料、生态环境保护、旅游环境保护宣传、科学研究和生态知识的普及等项目。

强化旅游企业社会责任理念，建立健全履行社会责任机制，将履行社会责任融入旅游企业经营管理决策。鼓励旅游企业为社会提供更多的就业机会，通过对贫困地区的旅游投资带动当地脱贫致富。

第十章　明确保障措施，构建高质量发展环境

为了落实前面章节提出的旅游景区高质量发展举措，在梳理新时代旅游发展的理论与实践的基础上（肖洪根，2018），本研究提出要加强组织领导、明确目标责任，加大政策扶持、完善配套政策，加强协调合作、促进区域协同，强化人才保障和科技支撑，营造社会发展环境，加大政府资金引导力度，建立健全旅游投资引导机制，不断改善社会资本投资旅游业的市场环境，以有效应对旅游景区发展中的问题，推动旅游景区高质量发展。

一、加强组织领导

（一）强化部门合作，整合发展资源

建立景区高质量发展的部际联席制度，文化和旅游部联合国家发展改革委、财政部、自然资源部等部委，建立推进旅游景区提质增效的长效合作机制，联合部署相关工作及年度性专项活动，及时解决发展中的各类问题。

争取各部委增加文化旅游发展专项资金等配置力度，通过以奖代补、贷款贴息等方式，对提升和培育旅游景区基础设施、公共设施建设等给予补助。积极做好本级财政相关专项资金的统筹安排，切实保障旅游景区开发、建设、保护及招商引资需求。协调发展改革、自然资源、交通、水利、环境保护、扶贫开发等部门的资金和项目，重点支持旅游景区工程设施更新升级建设。

建立定期督查制度，重点督办提升发展进展情况、存在问题整改和长效机制建设等内容，形成步调一致、齐抓共管的强大合力。加强对旅游景区建设和管理的指导，统筹协调全国旅游景区的均衡发展，解决和协调处理重大旅游景

区发展问题，将落实旅游景区发展的中长期规划同解决当前突出问题相结合。

（二）加强地方政策引导，落实责任到位

第一，政策引导需要紧密结合当地旅游资源和市场需求，各地政府应该根据自身的实际情况，结合国家旅游发展战略和政策，制定适合本地区的旅游业扶持政策，明确目标责任，推动跨区域旅游景区的资源保护、服务设施建设、社区参与和区域合作等，建立健全评估机制，定期组织召开和部署相关工作，切实提高旅游景区高质量发展的组织保障水平。在这一过程中，政府部门需要广泛征求相关专家、企业和民众的意见，确保政策制定的全面性和民意化。第二，针对不同类型的景区，鼓励地方政府采取引导基金投资、提供税收优惠、加强优质服务保障等方式，激励和支持优质景区的建设和发展。同时，要强化风险评估和管控机制，避免政策出台后出现负面效应，如环境破坏或者过度商业化。

地方政府通过建立健全的旅游管理体制，加强旅游行业监管，明确相关管理部门的职责和权力，确保对旅游市场的监管和服务质量的提升。实施优胜劣汰的动态管理机制，对景区建设进行暗访检查和年度考核检查等形式，对年度考核不合格的旅游景区提出处理意见，限期整改后仍不合格的予以淘汰并通报。建立落实工作责任制，对纲要实施情况进行严格检查考核，确保旅游景区各项工作目标的完成。

（三）做好评定规则改革，完善评定程序

厘清各方主体权责，使各级旅游景区评定工作更为权威、公平，严格遵守"申报—初审—实地评估—专家评审—公示投票—报批—后续管理"的认证与评定程序，确保认证评定工作的质量和公正，促进景区管理水平提升和旅游资源的合理利用。对特色景区和生态旅游示范区等主题景区进行评定时，要追溯独特文化历史的来源，研读掌握景区发展要求和标准，结合地方发展特色进行评定与认证。

在抓保障方面，继续做好基础工作，夯实景区工作的研究基础；大力做好评定内容改革，进一步强化景区的保护性开发、社会主义核心价值观导向、传播弘扬正能量功能、文旅融合和智慧化建设等内容。完善旅游景区统计上报工作。梳理清楚政府、市场、游客、景区分别需要的景区基础数据信息。

对于经济相对落后地区的景区发展予以资金和硬件设施专项支持，组织专家积极指导景区科学发展，确保有效提升发展效能。建立健全旅游景区动态评估机制，定期组织召开和部署相关工作，切实提高旅游景区高质量发展的组织

保障水平。

二、加大政策扶持

（一）加大旅游景区财政和金融支持，减轻支出成本负担

旅游景区的市场化、地域性特征明显，需在主要依靠社会投资和地方政府投入的前提下，创新中央财政产业扶持方式，多渠道、多方式、多角度支持旅游业发展。

第一，增加财政直接投入，弥补现有资金不足。政府投入资金主要用于旅游基础设施建设，改善中西部地区旅游景区基础设施落后的局面，为旅游景区发展创造良好的外部条件。

第二，提供政策性优惠贷款，降低景区融资成本。坚持金融与景区发展相结合，为旅游景区发展提供便捷的现代化金融服务，积极探索推出支持旅游景区发展的政策性优惠贷款和贷款贴息，创造良好的金融环境。

第三，强化风险补偿机制，降低景区投资风险。由于旅游景区经营存在一定的风险，门票收益不确定因素多，建议进一步加强对旅游景区，特别是低等级旅游景区保险补偿的支持，提升旅游景区经营主体风险承受能力。

第四，设立政府投资基金，形成景区投资合力。遵循"政府引导、规范管理、市场运作、鼓励创新"的原则，设立旅游景区发展政府投资基金，更好发挥财政资金的引领和杠杆作用，采取市场化方式支持旅游景区发展，具体应包括：

（1）加大政府资金引导力度，建立健全旅游投融资引导机制，不断改善社会资本投资旅游业的市场环境。全面落实旅游景区与工业企业水电气同价等政策，清理涉及对旅游景区的不合理收费，减轻企业负担，推动旅游景区税费改革。对景区开展社会福利和普惠项目补贴。

（2）面向部分免票景区、大幅度降低门票的景区、广泛开展社会公益活动和福利活动的景区，提供专项补贴或奖励资金，进一步鼓励、倡导景区开展社会普惠和公益活动，同时，减少景区社会成本开支，将有限的财力应用于景区质量提升。

（3）在尊重市场发展规律的基础上，引导旅游景区理性投资，避免旅游景区建设过热和重复建设。尤其是新冠疫情对旅游景区带来的破坏和后续影响，旅游消费市场修复的周期和复杂度较长，需要开展系统性专门安排，差异化地减免影响较重地区的旅游景区所得税，为后续经营减轻压力。

（二）改革旅游景区资源产权制度，建立现代产权管理体系

改革旅游景区资源产权制度，需要首先明晰旅游景区的社会经济功能定位，厘清旅游景区门票定价、自然资源资产评估、资源使用权转移、经营许可、资源环境监管、景区容量控制、预约制度、弹性假日制度等体制机制创新，加快建立适应市场经济体制要求的旅游景区资产市场。

对于跨行政区的旅游景区，可探索区域统一管理协调模式，由政府组织成立独立管理部门或联合管理机构，避免恶性竞争。对于资源稀缺性较明显、面积较大的旅游景区，成立旅游景区管理委员会，统一公安、工商物价、税务、交通、环保等职能。探索放权于县（市、区）、放责于协会、放事于市场的行政体制和产业促进机制。

推动旅游景区建立完善的现代产权制度。建立管理机构+公司等管理模式，实现政府所有权、管理机构管理权和企业经营权"三权分离"，重点解决旅游景区条块分割、职能交叉、权责脱节、多头管理等问题，通过专业机构介入来提升经营管理水平和景区服务质量。支持省属国有大型企业积极参与重点景区建设，优先依法依规取得景区特许经营权，强化对景区特许经营项目的清理和监管。

（三）制定旅游景区用地分类体系，保障旅游景区用地

第一，研究并构建旅游景区用地分类体系，根据已有政策、标准、案例、文献进行学习分析，依法区别景区公益性用地和商业性用地性质，将旅游景区建设用地明确纳入各级建设用地计划。涉及自然保护区、风景名胜区和世界自然遗产地、世界文化遗产地的景区项目建设应当符合相关规划要求，并按程序办理相关手续。

第二，将旅游景区用地规划纳入国土空间规划。全面落实国土资源部、住房和城乡建设部和国家旅游局《关于支持旅游业发展用地政策的意见》（国土资规〔2015〕10号），保障旅游业发展用地供应。支持使用荒山、荒坡、荒滩、荒岛、垃圾场、废弃矿山等未利用或废弃土地建设旅游项目。支持通过出让、租赁、作价出资、转让、出租等方式流转的农民集体所有用地、未利用地发展旅游项目。推动将旅游公共服务设施用地纳入国土空间规划统筹考虑，在年度土地供应中合理安排旅游服务中心、集散中心、旅游停车场、公共营地等旅游公共服务设施新增建设用地，支持农村集体建设用地依法依规用于旅游公共服务设施建设。

第三，全面落实文化和旅游部、自然资源部、住房和城乡建设部等部委关

于旅游业发展的用地政策，结合地方土地利用总体规划调整完善旅游景区规划，将旅游发展用地纳入国土空间总体规划之中统筹安排，支持城乡建设用地增减挂钩、农村用地指标统筹等综合开发利用试点项目优先安排重点旅游景区项目。

第四，各级政府在修编国土空间总体规划、集体林权制度改革方案、林业保护规划方案、城乡建设规划等工作中，充分考虑旅游资源所在地及其周边地区旅游建设项目的用地需求，将规划范围内的旅游项目建设用地以及周边尚未开发的土地一并纳入开发控制性规划，为旅游配套的公益性基础设施建设按划拨方式供地。

第五，保障景区生态化基础设施建设用地。支持景区生态化停车场、景区周边环境整治、通景公路道路两侧生态治理、假日及高峰期景区弹性设施供给（包括环卫设施和污水处理设施）等项目的用地需求，推动景区发展绿色转型、产品绿色开发、经营与服务绿色升级。

（四）加大旅游景区投资力度，推动发展模式转变

第一，应加强政府在旅游景区高质量发展所需的基础设施、公共服务设施、游憩设施和资源环境保护设施等方面的引导作用，重点在于市场化机制难以解决的领域加强引导，加强公共服务性质项目的政府资金支持。

第二，支持景区公共性智慧化服务设施建设。首先是智慧化游览服务设施，包括门票预约系统、景区智慧导览、讲解等项目，此类项目旨在解决景区假日及高峰期弹性供给问题，属引导性公共服务项目，建议由政府资金支持撬动。其次是智慧化安全公服设施，包括景区资源环境和灾害防治、应急等智慧管理项目。重点关注旅游景区特别是自然资源类型景区的泥石流、滑坡、洪水、冰雪等自然灾害应急系统、设施配备，关注景区内名木古树、古建设施等的监控防控，增加相应的智慧化监控设施设备。

第三，支持景区内文化、研学等项目设施建设。包括景区内文化展陈展演、研学场所设施等项目。文化内涵挖掘展示不足是当前普遍存在的短板，极大制约了景区高质量发展。引导景区增加文化展陈展演场所和活动，增加场所设施，鼓励景区挖掘、梳理文化底蕴，设计文化展示方式。引导景区广泛面向中小学生和其他研学对象，实现景区应当具备的科学普及、文化普及和社会主义核心价值观普及等社会功能。

第四，鼓励景区多样化经营，拓宽收入渠道，改变门票收入为主导的单一经营模式，通过财政拨款、生态补偿、捐赠基金、企业合作、发行彩票等多种手段共同支持景区运营和资源维护费用。支持有条件的旅游景区企业上市融资，

鼓励各地通过组织辅导、成立基金或开设绿色通道等方式对重点旅游景区等旅游项目投资主体给予扶持和协助。开展门票减免主体的社会福利和普惠项目支持。面向部分免票景区、大幅度降低门票的景区、广泛开展社会公益活动和福利活动的景区，给予专项补贴或奖励资金。

三、促进协调合作

（一）加强跨区域景区协作发展

跨界合作是一个涉及利益主体间反复博弈的过程，加强政区横向联系是保障共同利益最大化的最佳安排。加强中央与地方各级政府的联动是支持大型自然区域的旅游景区设施一体化建设、加大在旅游景区产品设计、宣传推广、人才培养等方面的统筹协调和帮扶力度的前提。鼓励跨区域旅游景区相关省（区、市）加强区域合作建设。各行政区之间由旅游景区各方政府签署跨界合作协议并召开联席会议，在高级别行政管理层面进行协商并达成共识。同时由各方政府主导成立旅游合作协调管理机构，机构成员从各行政区政府部门、社区组织、居民代表、专家学者中按比例选拔，提供社区组织与当地居民参与跨界管理的有效途径。旅游合作协调管理负责人可由上一级行政区旅游局或政府成员担任，并按期对负责人进行绩效考核；同时保证该机构对区域内的相关部门、社区组织、居民群体具有绝对的监督权和协调管理权，形成利益共享、成本共担的跨界合作机制。推动跨区域旅游景区的资源保护、服务设施建设、社区参与和区域合作等，合作举办联合宣传、协同推广等重要活动。

（二）加强旅游景区国际交流与合作

加强与国际组织、旅游院校、旅游企业的合作，跟踪国际前沿理论成果和实践经验，重视技术推广转化，建立科研教学、培训实践合作平台，就市场培育、行业标准、信息平台、金融支持、政策支持等方面展开交流讨论，联合开展科学研究。鼓励重点旅游景区建立专家咨询委员会，加强规划开发、产品设计等方面的专业指导。组织企业家沙龙、商务洽谈等业务对接，开展业界及跨业合作，引导和促进旅游产业化的投资与合作，为景区吸纳优质资源、引进优强企业、加快业态转型升级提供支持。

加强旅游人才国际交流与合作。加强与联合国世界旅游组织、世界旅游业理事会、亚太旅游协会等国际组织的人才开发合作。支持开展与"一带一路"

沿线国家、传统友好国家、中东欧国家、周边国家和发展中国家间的双边、多边国际旅游人才开发合作。

四、强化人才保障

（一）加强人才政策和资金支持

在明确旅游景区发展规律和旅游人才成长规律的基础上，鼓励旅游景区人才教育差异化发展，大力实施"科教兴旅、人才强旅"战略，以提升旅游景区人才整体素质和职业能力为主题，以构建现代旅游景区人才开发体系为主线，以深化体制机制改革、实施重点人才项目为抓手，加快推进旅游景区人才结构调整，大力优化人才发展环境（国家旅游局，2017）。

第一，优化旅游人才政策，统筹旅游、人才等相关资金，加大对促进旅游发展的人才培养、引进、激励、交流、保障等方面的资金投入。鼓励旅游科研院校加强旅游景区规划设计、资本运作和景区管理等技能型人才培养。鼓励重点旅游景区建立专家咨询委员会，加强规划开发、产品设计等方面的专业指导。

第二，着力完善保障机制，优化发展环境，培养和提升高端旅游景区管理人才。通过"以平台引育人才""以人才引育人才"等方式，组织实施文化旅游人才引育工程，引进、培养集专业管理、专业规划等为一体的高层次文化旅游实用人才。通过引进紧缺人才、柔性引进高层次人才、建立旅游专家智库、加强旅游人才培育、推进培训基地建设、强化人才管理和交流、加大旅游人才激励等措施优化旅游景区人才队伍结构。

第三，提高旅游景区人才服务保障能力。建立多样化人才引进平台，引进具有全球眼光和战略开拓能力的旅游景区经营企业家、旅游专家和急需人才及团队。支持各类人才中介机构，有序承接旅游人才培养、评价、交流、激励等职能。

（二）加快发展现代旅游职业教育

第一，加强对旅游景区人才职业教育改革发展的统筹指导和综合保障，加快建立适应旅游景区产业发展需求、产教深度融合、中高职有机衔接、布局结构更加合理的现代旅游职业教育体系，支持旅游应用型本科院校和专业的发展。

第二，建立适应旅游景区高质量发展的教育体系和培训机制，加强旅游景区学科体系建设，鼓励高等院校、高职院校等设立景区建设与管理专业；大力培育一批旅游景区管理领军人才和青年人才。

第三，引导职业院校适应"互联网+"和"旅游+"，优化专业结构、完善课程体系、建立教育标准、创新实习实训模式。推动适应旅游业发展新形势的教材建设和数字化课程资源共建共享。加强旅游景区专业"双师型"教师培训，推动完善到旅游景区企业挂职交流制度。强化实习实训，积极探索现代学徒制，推广"多学期、分段式""淡旺季工学交替"等顶岗实习模式，提高"双师型"教师和企业兼职教师承担教学任务比例。

第四，深化校企合作，依托重点院校、龙头景区企业和社会机构，建设一批示范性旅游职业教育实习实训基地。培训一批示范性校企合作项目，支持开展校企联合招生、联合培养、一体化育人。

（三）统筹推进旅游景区人才队伍建设

第一，以景区人才素质能力提升为重点，统筹推进景区行政管理人才队伍、经营管理人才队伍建设，加强旅游景区人才培养，着力引进、培养旅游景区规划、项目投资、建设运营、智慧景区、市场营销、管理服务等类型专业人才建设。建立景区资源评价、景区评定检查、景区职业经理人等专业型队伍。

第二，强化景区管理服务一线员工培训，为旅游景区提升发展提供智力支持。注重人才引进、培养，规范人员培训、教育，建立完善多层次的景区人力资源培训教育体系。强化景区管理服务、建设运营一线员工培训，分级举办景区专业人才（省级班）、经营人员（市级班）和景区讲解员队伍（县级班）培训班。完善旅游景区专家咨询委员会，建立由旅游核心智囊团、高等学校和职业院校、专家学者、一线行家构成的旅游景区智库。

第三，培养一批符合国际旅游组织需求的旅游专门人才，创造条件将人才输送到国际旅游机构，支持院校、行业组织等举办旅游人才开发国际论坛、研讨会。鼓励院校开展旅游人才培养和国际交流，引进海外优质教育资源，扩大旅游专业教师和学生到海外留学、进修、实习的数量。

第四，培养一批旅游主播、民宿管家、乡村运营师以及文化创意、旅游演艺、露营、体育旅游等新兴业态的职业经理人，推动旅游景区创新发展。

（四）优化旅游景区人才发展环境和职业待遇

优化景区人才发展环境和职业待遇应从用工制度、经理人制度、人才服务保障能力和人才流动配置机制四方面开展：

第一，完善景区用工制度。建立景区管理与建设人才继续教育制度，推进旅游景区管理职业经理人制度，加强职业培训完善认证，建立现代化、规范化管理体系。鼓励国有旅游景区实行经理层成员任期制和市场化薪酬分配机制。对于旅游景区吸收大学生创业和当地居民或贫困人口就业的情况，在税收和社会保险等方面给予优惠。

第二，建立并推进旅游景区管理职业经理人制度，加强职业培训完善认证，建立现代化管理体系。鼓励国有旅游景区实行经理层成员任期制和市场化薪酬分配机制。对旅游景区吸收大学生创业和当地老百姓或贫困人口就业的，在税收和社会保险等给予优惠。

第三，构建阶梯式薪酬体系与福利保障。建立"基本工资＋绩效奖金＋淡季补贴"的复合薪酬结构，确保员工收入稳定。针对导游、安全员等核心岗位，设置岗位津贴和技能等级补贴，依据专业证书、服务年限等分级增薪。完善福利体系，提供免费住宿、餐饮补贴、交通补助等，尤其对偏远景区员工加大生活保障力度。同时，探索政府—企业联合补贴模式，对参与职业技能提升的员工发放培训津贴，增强职业吸引力。

第四，健全旅游人才流动配置机制。加强旅游景区人才流动配置信息引导，推动发布旅游企业人才需求清单和旅游院校人才供给清单和网络平台支撑，建立分级、分类旅游人才数据库。健全旅游景区服务技能人才社会保障体系和职业保险体系的流动衔接。

（五）优化旅游景区人才绩效激励制度

旅游景区存在运营区域面积大、业态多等特点，岗位类别繁多，一方面，绩效激励指标设定需在公司战略目标基础上，将部门目标和岗位执行要求从上至下统筹考虑；另一方面，也需将景区的经营业态划分至最小经营单元，从经营指标由下至上反思部门目标，避免出现部门与各岗位间权、责、利不一致的情况；同时还需要根据指标的类别确定考核方式、激励措施，对员工提供高附加值服务的行为及时给予奖励，小事小奖、大事重奖，奖励形式多样。通过灵活的绩效机制激励员工充分发挥主观能动性，有效践行服务标准，敏锐捕捉游客的需求，主动提供高附加值服务，为景区向高质量发展体系化运作积累可复制的经验。

另外，旅游景区高质量发展需要考虑从服务标准的制定、实操培训、监督执行等多方面建立配套的绩效激励机制。充分重视基层一线人才，创造和谐、顺畅、协作的企业氛围，调动每个员工的积极性和创造性，吸引并留住员工。绩效激励的目标决定着员工努力的方向，通过在绩效激励中增设服务维度，提高员工在服务执行中的积极性，引导员工更好地践行标准甚至超越标准。

同时，旅游景区需构建能力模型，树立专业的高素养旅游从业人员形象。根据不同的岗位类别设计不同的评价指标并纳入员工绩效激励体系中。双通道驱动、体系化运作，更好地激发员工不断地提高个人素养与专业水准。

五、强化科技支撑

（一）强化旅游景区"文旅+科技"的基础研究和创新

以旅游数字科技为引领，推动旅游业数据生产、加工和转化，打造数字文旅体验馆、数字博物馆、线上全景游、虚拟旅游、沉浸式体验空间、基于VR/AR/MR等旅游场景新模式，加快培育形成新质生产力。

首先，深入实施创新驱动发展战略，加快建设创新型景区，对旅游景区的全局性、战略性以及重点、热点、难点问题进行研究，强化旅游景区"文旅+科技"的基础研究和应用研究。加强旅游景区设施设备、绿色低耗、环境保护、监测技术、智慧化管理等方面的技术攻关。加快基础研究创新成果的应用转化，提高旅游景区建设经营服务科技化水平，降低经营管理成本。

其次，支持自主研发旅游装备，制定完善安全性技术标准体系，按规定享受国家鼓励科技创新政策，鼓励企业自建或与高校院所联合共建创新研发平台。鼓励开展旅游景区设施设备、绿色低耗、环境保护、监测技术、智慧化管理等方面的技术攻关和科技创新，大力推广先进旅游技术和设备，推动旅游景区的清洁生产、节能降耗和资源综合利用，增强旅游景区科技含量，使景区加快基础研究创新成果的应用转化，提高旅游景区建设经营服务科技化水平，降低经营管理成本。

（二）加强旅游景区智慧科技服务设施应用

第一，充分利用信息科技手段，如云计算、物联网、第五代移动通信技术（5G）、虚拟现实（VR）、增强现实（AR）、大数据技术等，大力加强智能门票和预约系统、智慧导览和讲解、环境监测和灾害防治、应急管理等领域的现代科技应用，全面利用新质生产力，提高旅游景区服务质量，提升服务效率。

第二，支持在线旅游平台经营者承担旅游服务新基建功能，引导旅游资源优化配置，以产品和内容为载体开展业态创新融合。不断完善旅游景区智慧管理。包括建立假日旅游综合监测平台，实时指导调整接待节奏和应对重点。通过目的地流量流向智慧化监管，统筹调配资源、确定分流节点和分流时长等。

第三，鼓励智慧旅游景区建设，加强各种类型旅游景区的参观引导语音提示设施应用，推动全国 4A 级以上旅游景区实现手机 App 智慧导游、电子讲解、信息推送等智慧旅游服务功能的全覆盖，进一步减少人力配备制约，提升游客的旅游景区体验感。

（三）加强智慧旅游景区标准体系建设

第一，加强智慧景区标准体系建设。在充分满足智慧景区的建设目标和要求的前提下，需要梳理、完善智慧景区相关标准，构建系统全面的智慧景区标准体系。要与当前信息技术发展水平高度契合，提升智慧旅游景区标准化的整体质量和实施效果。体系应该包括：总体标准、建设标准、管理与服务标准、安全与应急标准、综合评价标准等。通过完善的、协同性高的智慧景区标准体系指导智慧景区建设运营。

第二，在智慧景区的各个层面推进标准制定工作。标准制定是快速响应市场和创新的必要途径，没有标准的督促和规范，就不能形成统一的规模。参照中国风景名胜区协会联合全国智能建筑及居住区数字化标准化技术委员会（SAC/TC426）编制了智慧旅游景区标准体系，可以开展智慧旅游景区建设。快速推进各层面的智慧旅游景区建设标准制定，在统一的规范下指导各旅游景区在智慧化建设中"做什么""怎么做"并指导旅游景区的长效可持续运营。

（四）强化科技设施在旅游景区特殊情境中的应用

第一，科学预测景区流量，实施有效分流管控。通过景区周边道路和集散中心流量监控，制定道路管控、区内停车控制、公交调度控制等有效措施。加强重点时段管理，提前通报高峰期人流预测及当日实时入园人数和拥堵指数；对敏感时段通过分时入园、高峰限时逗留，有效控制景区内游客数量。增设电子显示牌、显示屏，显示游客密集分布情况，提示各主要景点等候时间，供游客参考并做出合理选择。

第二，加强科技在景区应急救援领域的应用。旅游景区要强化对危险地带安全防护设施、消防设施等的配备和有效性确认，要具备假日高峰期对突发灾情、设施停运、恶劣气候等特殊情况的安全处置能力。热点景区和滨水、山地及特殊旅游项目景区，在必要地段设置紧急呼救设施、急救设施和救援设备，与相关医疗机构建立紧急救援、救护联动机制。通过各类媒体、移动终端、景区导览系统等向游客提供安全宣传、安全教育和安全提示，着重加强对散客、自驾游客、个体探险者等的安全引导。

第三，推动在线旅游数字化营销，支持在线旅游经营者利用网络直播、短视频平台开展线上旅游展示活动，发展线上数字化体验产品，打造沉浸式旅游体验新场景，培育智慧旅游沉浸式体验新空间，推动乡村振兴、文旅融合、文明旅游、旅游公共服务取得新进展。

第四，重点关注旅游景区特别是自然资源类型景区的泥石流、滑坡、洪水、冰雪等自然灾害应急系统、设施配备，关注景区内名木古树、古建设施等的监控防控，增加相应的智慧化监控设施设备，全面提升旅游景区数字化管理水平，有效实施景区流量调控。

六、营造公平环境

（一）营造诚实可信的景区消费环境

第一，旅游景区应实施统一承诺、统一标识，落实经营者主体责任，提升景区管理服务水平，接受社会监督，营造安全放心的旅游消费环境。提升旅游管理从业人员素质，优化旅游景区公共环境、美化景观和公共服务，全面提升游客的旅游体验。坚决清除旅游景区内的潜规则，切实维护游客消费权益，杜绝旅游消费纠纷和安全隐患。

第二，建立旅游市场动态监督问责机制，加强旅游企业的风险排查，推进旅游文明行为标准化管理，实现事前预警预防、事中控制化解和事后追查修复，使得旅游企业文明行为制度化、规范化和常态化；另外，依托智慧旅游建设，及时发布旅游"红黑榜"，让文明旅游形成社会共识，合力营造健康的旅游环境和社会秩序。

第三，重点整治游客投诉比较集中的服务质量、服务态度、虚假宣传、价格欺诈、诱导消费、隐形宰客、承诺失信等涉旅投诉问题，关注投诉处理效率低的问题，即调解矛盾纠纷水平不高、旅游消费投诉处理不及时、旅游投诉处理质量不高、游客满意度偏低和应急反应机制不健全等突出问题。以"零容忍"的态度，严厉打击旅游景区消费违法违规经营行为，全面提升旅游服务质量和游客满意度。

（二）提高旅游景区从业人员素质和服务水平

第一，要加强旅游景区人员管理和培训，形成严谨规范的上岗机制，建立公开透明的保障和退出机制，全面提升景区从业人员素质。建立与培养高素养旅游人才相关的绩效激励机制，增加与提升服务品质相关的评估维度并加大比重，调动广大从业人员提升旅游服务质量的积极性和主动性。

第二，加强对旅游景区人才重要政策措施、重点工作和先进典型的宣传报道，营造识才、爱才、敬才、用才的良好环境，充分发挥人才队伍建设在旅游业改革发展中的支撑作用，努力开创旅游景区"人人皆可成才、人人尽展其才"的良好局面。

（三）加强旅游景区规划管理

第一，确保旅游景区规划达到高质量发展的要求。科学评估旅游景区资源，根据其特点和潜力合理规划资源利用，保障资源的可持续利用和保护。改善旅游景区交通、餐饮、住宿等基础设施，提升游客体验，同时确保设施的安全性和便捷性。

第二，鼓励当地居民、旅游从业者和社区对景区规划和管理进行参与和反馈，建立多方合作的管理模式。制定游客行为准则，加强游客教育，提倡文明旅游，避免破坏景区环境和文化遗产。

第三，建立健全的监督体系，加强对景区规划执行的监督，及时发现和纠正问题，确保规划的有效实施，通过磋商和讨论来收集各利益相关者的意见，并将其纳入规划决策中。定期进行评估和反馈，根据实际情况不断改进景区规划，使其更加适应当地和市场的需要。

（四）营造氛围和谐的社区发展环境

第一，重视旅游景区与周边社区协调发展，破除景区"孤岛化"发展困局。将旅游景区规划融入当地经济社会发展全局，在景区设计、建设、运营、维护等关键环节要坚持与社区一体化融合发展。明晰旅游景区与社区的责任和义务，实现双方利益合理分配，从景区内外整体上优化环境、美化景观，全面提升游客体验，充分发挥旅游景区的富民效应。

第二，旅游社区的规划和布局必须考虑相邻社区之间的差异性和互补性，尽量避免冲突，减小竞争，增加合作和互补，促进相邻社区的共同发展。同时，同一社区内，针对旅游给传统文化带来冲击，可以在目的地建立前台区和后台区。前台区是给旅游者展示商业化艺术展品和表演的区域，后台区是为当地居民生活所专门划定的区域，社区开展"真实的生活"，使文化保留其"真实性"。

第三，鼓励社区居民参与开发决策，可以使居民在能否进行开发、如何开发等问题上，充分发表意见建议，从而保证居民对旅游的积极配合态度。景区也应加强信息沟通，对居民进行旅游知识教育和素质教育，增强居民的参与意识。共同构建科学合理的社区参与机制，采用公平合理的经济利益分配方式，适当给予当地居民一定的经济利益作为对打扰其日常生活的补偿，或让其参与开发活动并参与利益分配。

（五）大力提高全民旅游素养

大力培育和弘扬社会主义核心价值观，充分利用广播、电视、报纸、网络等宣传典型事迹，营造各方关心支持旅游景区建设的良好舆论氛围。开展旅游景区消费教育活动，规范游客行为，引导游客把文明旅游内化为价值取向、外化为行为准则，形成思想情感上的认知认同。多措并举、综合施策，积极引导文明旅游新理念、新风尚，成立旅游志愿者队伍，加强旅游市场秩序整治，推进文明旅游培训，营造"人人都是旅游形象、人人共建旅游景区"的文明旅游意识。

参考文献

[1] Cook, W. D., Tone, K., & Zhu, J.. Data envelopment analysis: Prior to choosing a model. Omega, (2014). 44, 1–4.

[2] Goeldner,C. R. , J.R. Brent Ritchie. Tourism: Principles, Practices, Philosophies.11th ed.[M]. Wiley, 2009.

[3] Moscardo,G.Interpretating and Sustainable Tourism: Functions, examples and Principles [J]. Journal of Tourism Studies,(1998). 9(1):2–13.

[4] Niavis, S., & Tsiotas, D. Assessing the tourism performance of the Mediterranean coastal destinations: A combined efficiency and effectiveness approach. Journal of Destination Marketing & Management, (2019).14, 100379.

[5] Tone, K. A slacks–based measure of efficiency in data envelopment analysis. European Journal of Operational Research,(2001). 130(3), 498–509.

[6] Tone, K. A slacks–based measure of super–efficiency in data envelopment analysis. European Journal of Operational Research, (2002).143(1), 32–41.

[7] Wall, G. Sustainable development: political rhetoric or analytical construct? Tourism Recreation Research, (2002).27 (3), pp. 89–91.

[8] 白中东,邱瑛.旅游景区开发经营中的社区居民参与机制研究[J].经济研究导刊,2016,2:106–107.

[9] 曹梦婷,朱晓辉.旅游IP发展现状探究[J].中国市场,2018(35):28.

[10] 查尔斯·R.戈尔德耐,J.R布伦特·里奇,罗伯特·麦金托什.旅游业原理、方法与实践[M].大连:大连理工大学出版社,2003:201.

[11] 陈世光,论中国企业的绿色营销[J].暨南学报(哲学社会科学),2000,22(2):125–130.

[12] 蔡萌,汪宇明.低碳旅游:一种新的旅游发展方式[J].旅游学刊,2010:34.

[13] 崔凤军,刘家明,李巧玲.旅游承载力指数及其应用研究[J].旅游学刊,1998,3:41–44.

[14] 国家旅游局."十三五"旅游人才发展规划纲要.2017-07-04.https://cacanet.cn/article_policies_regulations.aspx?lawid=9116.

[15] 甘华蓉.旅游经济学基础[M].北京:中国财政经济出版社,2015.

[16] 郭亚军.旅游景区管理(第三版)[M].北京:高等教育出版社,2019.

[17] 贺小荣,陈雪洁.中国文化旅游70年:发展历程、主要经验与未来方向[J].南京社会科学,2019,385(11):1–9.

[18] 黄琅.中国旅游行业协会研究[D].成都：四川大学,2006.

[19] 江明明,朱甜甜,吴佳怡.论旅游景区的公共设施设计[J].艺术科技,2017,1:45.

[20] 李鹏,虞虎,王英杰.中国3A级以上旅游景区空间集聚特征研究[J].地理科学,2018,38(11):1883-1891.

[21] 刘敢生,傅剑清.论旅游产品的知识产权保护[J].旅游学刊,2004.19(3):37-41.

[22] 李明.旅游景区品牌之整合传播策略研究[D].武汉：华中科技大学,2006.

[23] 刘德光,陈凯,许杭军.旅游业营销[M].北京：清华大学出版社,2005.

[24] 李娌,王丽萍.旅游景区服务与管理[M].北京：旅游教育出版社,2017.

[25] 李萌.推进文旅融合需要深化认识厘清问题[N].中国旅游报,2020-01-15(003).

[26] 李文华,刘某承.关于中国生态补偿机制建设的几点思考[J].资源科学,2010,32(5):791-796.

[27] 刘旺,张文忠.对构建旅游资源产权制度的探讨[J].旅游学刊,2002,17(4):27-29.

[28] 卢林.旅游景区管理改革创新研究[D].南京：南京师范大学,2013.

[29] 龙江智,朱鹤.国土空间规划新时代旅游规划的定位与转型[J].自然资源学报,2020,35(7):1541-1555.

[30] 李林.推进"旅游景区+标准化"模式发展的对策思考[J].旅游纵览(下半月),2016(7):25.

[31] 宁志中,王婷,崔明川.中国旅游景区功能演变与用地分类构想[J].中国土地科学,2020,34(3):58-65.

[32] 潘肖澎,马有明.旅游规划设计机构经营与管理[M].北京：旅游教育出版社,2013.

[33] 邱勇.福州国家森林公园内部交通管理模式探讨[J].科技经济市场,2016.5.

[34] 邱继勤,刘力,邱道持.旅游景区用地分类体系探讨[J].国土与自然资源研究,2012(6):26-28.

[35] 任以胜,陆林,韩玉刚.新旅游资源观视角下旅游资源研究框架[J].自然资源学报,2022,37(3):551-567

[36] 苏振强,杨晓川.浅析厕所革命与旅游景区公共厕所[J].城市建筑,2020,17(8):80-84.

[37] 孙道玮,俞穆清,陈田,等.生态旅游环境承载力研究——以净月潭国家森

林公园为例 [J]. 东北师范大学学报（自然科学版）2002:34(1).

[38] 孙永龙. 论我国旅游景区经营权转让 [D]. 桂林：广西师范大学 ,2007.

[39] 唐鸣镝. 景区旅游解说系统的构建 [J]. 旅游学刊 ,2006(1):64-68.

[40] 文化和旅游部. "十四五"文化和旅游发展规划 [M].2021.04.29.https://www.gov.cn/zhengce/zhengceku/2021-06/03/content_5615106.htm.

[41] 王宁. 风景区产品特性及其市场属性对景区营销的影响 [J]. 重庆职业技术学院学报，2003,4.

[42] 王冬萍. 旅游产品开发与管理 [M]. 成都：西南财经大学出版社 ,2018.

[43] 王绍喜. 旅游景区服务与管理 [M]. 北京：高等教育出版社 ,2005.

[44] 王婧，钟林生，陈田. 国内外旅游解说研究进展 [J]. 人文地理 ,2015.30,1:33-39.

[45] 吴泓. 公共旅游信息服务体系构建路径和模式——基于智慧城市视角 [J]. 现代经济探讨 ,2014(9):67-71.

[46] 武鹏宇. 洪洞大槐树景区的旅游购物研究 [D]. 太原：山西大学 ,2019.

[47] 王玉成. 我国旅游景区管理体制问题与改革对策 [J]. 河北大学学报（哲学社会科学版），2017,42,(3):143-148.

[48] 文化和旅游部资源开发司.2023—2024年中国旅游景区发展报告[M].北京：中国旅游出版社，2024.

[49] 吴必虎. 区域旅游规划原理 [M]. 北京：中国旅游出版社 ,2001.

[50] 夏晶. 中国旅游保险发展探析 [D]. 桂林：广西师范大学 ,2021.

[51] 席建超. 旅游景区安全管理 [M]. 北京：旅游教育出版社 ,2015.

[52] 徐学书，况红玲，王瑜，等. 旅游资源保护与开发 [M]. 北京：北京大学出版社 ,2007.

[53] 肖洪根. 新时代中国旅游发展的理论与实践 [J]. 旅游导刊 ,2018,2(2):16-26.

[54] 袁元. 旅游景区公共设施现状分析与探究 [J]. 美与时代（上）,2014,(4):70-72.

[55] 袁素红. 论景区联合营销 [J]. 合作经济与科技 ,2008(13):2.

[56] 余伟萍. 品牌管理 [M]. 北京：清华大学出版社 ,2007.

[57] 阎友兵. 旅游景区经营权转让研究 [M]. 湘潭：湘潭大学出版社 ,2007.

[58] 张玲. 旅游景区管理体制创新 [J]. 旅游纵览（下半月）,2017,11:22.

[59] 中国生态补偿机制与政策研究课题组. 中国生态补偿机制与政策研究 [M]. 北京：科学出版社 ,2007.

[60] 周玲强. 旅游景区经营管理 [M]. 杭州：浙江大学出版社 ,2006.

[61] 甄会刚，李旭娇，沈和江. 旅游景区开发建设绿色节能技术应用研究 [J]. 可

持续发展 ,2022,12(2):381-385.

[62] 张俐俐 . 旅游市场营销 [M]. 北京 : 清华大学出版社 ,2005.

[63] 张阳 . 旅游景区全渠道解说服务质量对游客满意度影响研究 [D]. 天津 : 天津商业大学 .2022.

[64] 邹统钎 . 旅游景区开发与管理 [M]. 北京 : 清华大学出版社 ,2019.

[65] 中华人民共和国国务院 . 国务院关于促进旅游业改革发展的若干意见（国发 [2014]31 号）.

[66] 赵丽娟 , 王晓峰 , 李晓明 . 主题线路在旅游市场营销中的应用研究——以故宫博物院为例 [J]. 旅游学刊 ,2020:35(2):107-115.

[67] 张瑞 , 刘沛林 , 陈田 . 基于主题线路的旅游景区空间布局优化研究——以张家界国家森林公园为例 [J]. 地理科学进展 ,2020:39(2),210-220.

[68] 中国旅游研究院 . 中国旅游景区发展报告 (2016)[M]. 北京 : 旅游教育出版社 ,2016.

[69] 中国旅游研究院 . 中国旅游景区度假区发展报告 (2023—2024)[M]. 北京 : 旅游教育出版社 ,2023.

[70] 中国旅游景区协会，品橙旅游 . 中国旅游景区绿皮书（2018）[M]. 北京：中国旅游出版社，2019.

[71] 张广海 , 袁洪英 , 段若曦 , 等 . 中国高等级旅游景区资源多尺度时空差异及其影响因素 [J]. 自然资源学报 ,2022,37(10):2672-2687.

[72] 张凌云 . 旅游景区管理 (第 5 版)[M]. 北京 : 旅游教育出版社 ,2015.

[73] 张芳蕊 , 索虹 . 景区服务与管理 (第 2 版)[M]. 北京 : 清华大学出版社 ,2019.

策划编辑：武　洋
责任编辑：武　洋
责任印制：钱　宬
封面设计：弓　娜

图书在版编目（CIP）数据

中国旅游景区高质量发展研究 / 钟林生，虞虎，朱鹤著. -- 北京：中国旅游出版社，2025.4. -- ISBN 978-7-5032-7493-0

Ⅰ.F592.3

中国国家版本馆 CIP 数据核字第 202548NG10 号

书　　名：	中国旅游景区高质量发展研究
作　　者：	钟林生　虞　虎　朱　鹤
出版发行：	中国旅游出版社
	（北京静安东里 6 号　邮编：100028）
	https://www.cttp.net.cn　E-mail:cttp@mct.gov.cn
	营销中心电话：010-57377103，010-57377106
	读者服务部电话：010-57377107
排　　版：	北京数启智云文化科技有限公司
经　　销：	全国各地新华书店
印　　刷：	北京明恒达印务有限公司
版　　次：	2025 年 4 月第 1 版　2025 年 4 月第 1 次印刷
开　　本：	720 毫米 ×970 毫米　1/16
印　　张：	15.25
字　　数：	270 千
定　　价：	59.80 元
Ｉ Ｓ Ｂ Ｎ	978-7-5032-7493-0

版权所有　翻印必究
如发现质量问题，请直接与营销中心联系调换